예수님 이야기로 가득한 교회

| 이춘복 지음 |

쿰란출판사

추천의 글

구속사적인 관점으로 성경을 어떻게 설교할 것인가

신·구약 성경의 핵심은 예수 그리스도이다. 구약성경은 오실 예수 그리스도에 대한 말씀이고, 신약성경은 오신 예수 그리스도와 다시 오실 예수 그리스도에 대한 말씀이다. 그러므로 하나님의 말씀을 증언하는 설교는 당연히 그리스도 중심의 설교가 되어야 한다. 사실 그리스도 중심의 설교에 대한 주제는 설교학에서 매우 중요하게 다루어지는 주제이기도 하다.

그래서 그 동안 서구의 설교학자들은 《그리스도 중심의 설교》(Christ-Centered Sermons)라든지, 《구약의 그리스도, 어떻게 설교할 것인가》(Preaching Christ from the Old Testament) 등의 제목으로 이 주제를 다루어 왔다. 그러므로 신·구약 성경 전체를 예수 그리스도의 구속사적인 관점에서 바라보고 해석하고 설교하는 것은 매우 중요한 일이 아닐 수 없다.

그런데 이번에 유능한 설교자요 목회자이며 설교학자인 이춘복

목사가 이 주제와 관련한 소중한 책인 《예수님 이야기로 가득한 교회》를 한국교회와 설교자들에게 선물하였다. 이춘복 목사는 일찍부터 신·구약 성경 전체를 강해 설교한 바 있는 신실한 설교자이다. 그는 자신의 설교사역의 귀한 경험을 통하여 성경 전체를 관통하고 있는 예수 그리스도의 구속사적인 관점을 깨닫게 되었고, 그것을 한국교회의 설교자들과 나누기 위하여 이번에 이 귀한 책을 내게 되었다.

이 책은 설교학을 전공한 목회자가 구속사적인 설교 현장의 경험을 소개한 것이다. 아마도 이 책은 한국교회 안에서 구속사적인 관점으로 성경을 어떻게 설교할 것인가에 대하여 현장 목회자이자 설교학자가 쓴 최초의 책이 될 것이다. 그리고 그 내용은 평신도뿐만 아니라, 한국교회의 설교자들에게도 구속사적인 성경읽기와 해석 그리고 설교를 위하여 실제적인 도움을 준다. 따라서 하나님의 말씀을 사모하고 소중히 여기는 한국교회의 목회자들과 성도들에게 정독을 강력히 추천한다.

2017년 1월 5일

주승중

인천 주안장로교회 담임목사, 전 장로회신학대학교 설교학 교수

추천의 글

예수님 이야기로 가득한 교회

할렐루야! 예수 그리스도 안에서 친애하는 이춘복 목사님이 쓰신 책 《예수님 이야기로 가득한 교회》의 출간을 진심으로 환영하고 축하드립니다. "사람은 책을 만들고, 책은 사람을 만든다"라는 서양 격언대로 이 책을 읽는 수많은 독자들이 참된 인간, 즉 창조주 하나님을 찬양하고 오직 주께만 참 영광을 돌리는 사람(사 43:21)으로 변화되기를 기원합니다.

이춘복 목사님이 하나님께 받은 복 가운데 하나가 쉽고 아름다운 글을 쓰는 은사임을 저는 오래 전부터 알고 있었는데, 이번에도 기대하는 마음으로 보내 주신 원고를 모두 읽으면서, 과연 이 책의 내용도 예외가 아님을 확인하게 됩니다. 모든 목회자들의 한결같은 소원이 있다면 그것은 성경을 읽을 때 성령의 감동을 통하여 영감 있는 메시지를 발견하는 것인데, 이 목사님은 이와 같은 은사뿐만 아니라 그 발견한 메시지를 쉽고 아름답게 글로 표현하고 선포하는 능력까지 갖고 있어서 부럽기 그지없습니다.

　제가 장신대 신대원에서 수년간 성경주석 방법을 강의하면서 장차 목회자가 될 학생들에게 주지시킨 가장 중요한 주석 방법론은 예수님께서도 언급하신 바 있는(요 5:39) '유형론(모형론)적 주석 방법'이었는데, 이와 같은 주석 방법의 구체적인 실례를 설득력 있게 제시하는 책이 이 책이 아닌가 생각합니다.

　특히 구약에 언급된 거제와 요제와 전제 등의 희생 제사, 성막과 법궤, 모세가 든 구리뱀과 라합의 붉은 줄과 아사셀 양, 그리고 요셉과 여호수아와 다윗 등이 예수님의 모형이라는 것은 대부분의 목회자들도 알고 있지만 과연 야곱의 아내 리브가나 다윗의 친구 요나단도 예수님의 모형일까 의문을 갖고 그 부분을 먼저 읽었습니다. 그 결과는 역시 그녀도 예수님의 모형이라는 설명에 감탄을 금치 못하였습니다.

　이 책은 이 목사님이 성경을 읽고 묵상하면서 만난 예수 그리스도를 모형론적으로 제시하는 데서 그치지 않고, 성도들이 신앙생활 가운데서 한 번쯤은 반드시 물어보게 되는 여러 가지 지침들, 즉 기독교인의 헌금생활, 기도생활, 선교와 전도 방법, 종의 도와 봉사생활, 국가관과 애국하는 길, 행복한 결혼생활 등의 유익한 내용도 함께 신고 있어서 대한민국의 모든 기독교인들이 꼭 읽어 보시기를 부탁드립니다.

　아울러 이와 같은 훌륭한 책의 후속편들이 이 목사님을 통하여 앞으로도 계속 이어지기를 기대하면서, 바쁜 목회 일정 속에서도 틈을 내어 글을 쓰느라 수고하신 이 목사님께 주님의 은총과 지혜가 항상 함께하기를 축원합니다. 샬롬!

2017년 1월 5일
미국 애틀란타에서
장영일
(전)장로회신학대학교 총장, (현)성령사관 아카데미 원장

추천의 글

한시도 사랑을 놓지 말자

오래 전 김용택 시인의 신간 시집에 나오는 첫 시를 읽으면서 가슴이 뜨거워진 적이 있습니다.

"어둠이 몰려오는/ 도시의 작은 골목길 1톤 트럭 잡화장수/ 챙이 낡은 모자를 푹 눌러쓰고/ 전봇대 밑 맨땅을 발로 툭툭 찬다/ 돌아갈 집이나 있는지// 한시도 사랑을 놓지 말자"(김용택의 시, "사랑" 전문)

시를 읽으면서 가슴이 아련해져온 것은, 거기에 올려진 시어들 때문이었습니다. '어둠, 도시, 작은 골목길, 1톤 트럭, 잡화장수, 챙이 낡은 모자, 맨 땅, 발로 툭툭……' 아련한 삶의 무게와 그렇게 화려하지도, 자랑스럽지도 않은 한 사내가 떨고 있는 모습까지 느껴집니다. 그러나 시인의 "돌아갈 집이나 있는지……"라고 중얼거리는 따뜻한 마음을 대하면서 안개에 덮인 듯 어둡게만 느껴지던 장면이 갑자기 따뜻해지고 밝아짐을 느꼈습니다. 그리고 "한시도 사랑을 놓지 말자"는 시인의 외침은 힘겹게만 느껴지던 사람으로 하여금 다시 일어서 그 힘든 인생길을 달리게 만드는 힘으로 작용하고 있음을 느낍니다. 아무리 힘든 길을 걸어갈지라도 다시 일어서게 하는 힘을 시인은 노래하며 전하고 있음을 알 수 있습니다.

본서는 이런 힘든 인생길을 걸어가는 사람들을 가슴에 품고 말씀 사역을 감당해 온 저자의 따뜻한 마음이 담겨 있는 책입니다. 저자는 국내에서 목양 사역을 힘차게 펼치다가 고단한 이민 생활을 하는 이민자들을 가슴에 품고 10여 년 사역하였으며, 그후 고국 교회의 부름을 받고 돌아와 이 사랑의 사역을 계속해 가고 있는 분입니다.

예배학과 설교학을 전공한 저자는 특별히 예배의 자리에서, 하나님의 말씀을 활짝 펼치는 설교의 자리에서 가슴 가득 이 사랑이 요동치고 있어 고단한 인생길에서 지친 영혼을 향해 던지는 작은 외침들을 모아 아주 쉽고 편안하게, 그러나 밑줄을 그어가도록 만드는 내용으로 이 책을 엮었습니다. 그는 목회자의 가장 신성한 의무는 '성경을 바르게 해석해서 교인에게 전달하는 것'이라는 깊은 인식과 사명감을 가지고, '하나님의 말씀이 바로 읽혀지고, 바로 선포되고, 바로 이해되고, 그것을 따라 바로 살아갈 때만이 성도들과 교회를 바로 서게 하며 건강하게 한다'는 확신에서 이 책을 저술했습니다.

유홍준은 추사 김정희에 대한 글인 《완당평전》에서 "세상에 추사

를 모르는 사람도 없지만 아는 사람도 없다"고 했습니다. 여기에는 두 가지의 앎이 제시되지만 앞의 것과 뒤의 것은 전혀 다릅니다. 성경에 대해서 많이 알 수 있고, 많은 이야기를 들을 수 있지만 그것을 나에게 주시는 하나님의 진리로 알고, 그것을 따라 인생을 세우고 삶을 세워가는 앎은 전혀 다를 수밖에 없습니다.

하늘의 진리를 보여주시고, 만지고 느끼고 그것으로 숨쉴 수 있도록 예수 그리스도는 말씀이 육신이 되는 성육신의 사건을 이루셨습니다. 하나님의 말씀은 온 역사와 시대를 넘어서 인류에게 주시는 진리의 말씀이지만 그것이 내게 주어진 말씀으로 경험되기까지는 해석이 필요하고, 설명과 이해가 필요하고, 수용이 필요하며, 그것을 따라 일어서고 삶으로 살아내는 단계가 필요합니다. 하나님의 말씀은 '한시도 사랑을 놓지 말라'고 주시는 권고요, 희망의 노래입니다. 다양한 주제를 통해 성경의 노래를 전해주는 본서를 통해 그 노래를 선명하게 듣게 되길 빌고, 그 노래를 통해 다른 사람들도 함께 사랑을 통한 희망으로 채워질 수 있기를 빕니다.

같은 제목을 가진 또 다른 시에서 김용택 시인은 "추운 겨울의 끝에서/ 희망의 파란 봄이/ 우리 몰래 우리 세상에 오듯이/ 우리들의 보리들이 새파래지고/ 어디선가 또 새 풀이 돋겠지요……"(김용택의 시, "사랑" 일부)라면서 추운 겨울 끝에서 희망을 노래합니다.

그렇습니다. 하나님의 말씀은 죽어가는 영혼도 소생시키며, 마른 뼈처럼 절망의 시간을 보내고 있는 사람도 일어서 춤추게 합니다. 말씀의 생수가 흘러가는 곳에서 갯벌과 진펄이 소성케 된다는 것이 성경의 약속입니다(겔 48장). 답답함이 더 많은 세상길에서 작은 길잡이와 같은 책을 통해 눈 덮인 겨울 들판에서 더욱 파래지는 보리밭처럼 더 푸르러지길 바랍니다. 그리고 '아픔이 컸으나 그로 인해 세상은 더 넓어지고 세상만사와 사람들 몸짓 하나하나도 다 예뻐 보이고 소중하게 다가온다'는 시인의 고백이 부디 우리 모두의 고백이 될 수 있으면 좋겠습니다.

2017년 1월 5일

김운용

장로회신학대학교 교수, 예배/설교학

— 감사의 글 —

　얼마 전에 코 안쪽에 있는 뼈가 기형적으로 자라서 수술을 받았습니다. 수술을 받고 회복이 되는 약 한 달간 저는 숨을 제대로 쉴 수 없어 고생을 했습니다. 양쪽에 코가 막혀 있다 보니 음식도 제대로 내려가지 않아 힘들었고, 특히 밤에 잠을 잘 때 몹시 괴로웠습니다.
　코가 막혀 있다 보니 자연히 입을 열어 숨을 쉬는데 밤새도록 입을 열고 잠을 자고 일어나면 입안이 건조해져서 목구멍이 찢어질 듯 아팠고, 혓바닥이 빨갛게 충혈되면서 다 쩍쩍 갈라지는 고통을 겪었습니다. 코로 숨을 쉬는 것도 하나님의 은혜임을 나이 오십이 훨씬 넘어서 이제야 깨닫게 되었습니다. 잠깐만 멈추어 서서 생각해 보면 모든 것이 다 하나님의 은혜요, 감사할 뿐입니다.

　이 책이 나오기까지 먼저 우리 경기중앙교회 당회원들의 배려와 사랑에 감사를 드립니다. 부족한 사람의 목회와 사역을 적극적으로 협력해 주시는 장로님들의 격려가 없었으면 제가 이 책을 쓰겠다는 용기를 낼 수 없었을 것입니다.
　아울러 경기중앙교회 모든 성도들에게 감사를 드리지 않을 수 없습니다. 늘 한결같은 마음으로 하나님을 섬기고 교회를 위해서 봉사하는 모습에 저는 뜨거운 감동을 받았습니다.

여러 가지 바쁜 일정과 사역에 이 책을 끝까지 읽어주시고 적극 추천해 주신 주안장로교회 주승중 목사님, 늘 부족한 사람을 믿어주시고 아껴 주시는 장영일 총장님, 그리고 제 은사이신 김운용 교수님께 감사를 드립니다.

특별히 이 자리를 빌어 감사를 드릴 분이 계시는데 장로회신학대학교 오성춘 교수님입니다. 제가 장로회신학대학교에서 박사과정을 공부할 때 이분을 통해서 성경의 핵심이 예수님의 구속사임을 분명히 깨닫게 되었습니다. 그래서 제가 호주 시드니에서 목회할 때 교수님이 쓰신 《생명의 중심이신 예수 그리스도》, 《삶의 중심이신 예수 그리스도》라는 교재를 가지고 교인들을 모아 제자양육을 했습니다. 근 10년 동안 이 사역을 계속하면서 성경을 예수님의 이야기로 읽을 때, 예수의 영이신 성령님이 임하시고, 사람이 놀랍게 변하는 것을 경험할 수 있었습니다. 그래서 저는 늘 오성춘 교수님이 원조라면 저는 그 무늬에 불과하다고 고백했습니다.

지극히 부족하고 허물이 많은 사람인데 당신의 아들이 세계에서 가장 좋은 목사라고 믿어주시고 새벽마다 단 하루도 빠뜨리지 않고 아들을 위해서 기도해 주시는 어머니 김용선 권사님께 감사드립니다.

　어렸을 때는 어머니를 실망시킬 수 없어서 내 자신을 지키며 살았는데, 결혼해서 아이들을 낳은 후에는 아이들에게 부끄러운 아빠가 될 수 없다며 내 자신을 지켜왔습니다. 이런 의미에서 우리 두 아들은 저를 지켜준 울타리 같은 존재입니다. 지금은 훌륭하게 장성해 주어서 생각만 해도 늘 든든하고, 자랑스럽고, 언제나 보고 싶은 아이들입니다. 사랑하는 아들 희원이와 지원이에게 감사를 전합니다.

　언제나 가장 가까운 곳에서 늘 마음 졸이며 제 사역을 지켜보면서, 가끔은 '나밖에 이런 말을 할 사람은 없다'며 쓴소리도 잘하지만, 가장 저를 아껴주고 마지막에는 언제나 제 편이 되어 준 아내 이진아에게 감사와 사랑을 드립니다.

　마지막으로 모든 영광을 받으실 이는 오직 하나님 한 분뿐임을 고백하며 모든 영광을 오직 주님께 돌립니다.

　Soli Deo Gloria !

2017년 1월 5일
모락산 기슭에서
지극히 부족한 종 **이춘복**

들어가는 말

신학대학원을 졸업하던 해 나는 강북구 수유동에 있는 영락교회 기도원에서 첫 사역을 시작했다. 지내놓고 생각해 보니 나와 영락기도원과의 만남은 내 목회 여정에서 우뚝 선 이정표와 같았다.

나는 소위 사람들이 말하는 기도원파가 아니다. 나는 어려서부터 신학과 철학에 흥미가 있었다. 그래서 신학대학에 들어갔고, 신학 교수가 되고 싶었다. 굳이 말하자면 나는 학구파에 가까웠지 기도원과는 거리가 먼 사람이었다. 이런 나를 아는 사람들은 내가 영락기도원에서 사역을 하고 있는 것을 보고 하나님이 하시는 일은 과연 신묘막측하다고 했다.

31세 어린 나이에 영락기도원에 부임해서 집회를 인도하는 사역을 했다. 한 주에 최소한 열 번 이상의 집회를 인도했다. 7년을 그렇게 했으니 도대체 얼마나 많은 집회를 인도했겠는가? 나이도 어리고 경험도 없었던 나에게 그 사역이 벅찬 것은 사실이었다. 그러나 시간이 흐르면서 순수하게 성경을 연구하고 그것을 풀어 가르치는 사역이 점점 즐거워졌고, 기도원을 찾는 성도들에게 좋은 반응을 얻기 시작했다.

　야곱이 라헬을 사랑하므로 7년이 하루같이 지나갔다고 했는데, 나도 매일같이 성경을 연구하고 강해하는 기쁨에 빠져서 7년이 그야말로 순식간에 지나갔다. 그리고 만 7년 만에 결국 신·구약 성경 전체를 강해하게 되었다. 강해를 마치던 날의 감동을 아직도 잊을 수 없다. 나는 어떤 박사학위를 받은 것보다 더 귀한 것을 얻은 것 같은 큰 기쁨이 있었다.

　그리고 길지 않은 시간이 지났다. 실제로 누가 나에게 직접 물어본 것은 아니었지만 슬그머니 이런 생각이 들었다.
　'목사님이 영락기도원에서 7년 만에 신·구약 성경 전체를 다 강해하셨다고 들었는데, 그럼 성경 전체를 한마디로 요약한다면 뭐라고 하시겠습니까?'
　성경이 백과사전처럼 잡다한 이야기들을 모아놓은 것이 아니라면 처음부터 끝까지 도도하게 흘러가는 그 핵심 주제가 무엇인지를 한마디로 말할 수 있어야 하는 것 아니겠는가? 나는 이 질문 앞에 서게 되었다.
　'창세기부터 요한계시록까지 관통하여 흘러가는 하나의 주제가 무엇인가?'

그것은 예수 그리스도를 통한 구속사라고 결론을 내릴 수밖에 없었다. 이것은 교회가 2천 년 동안 고백해 온 것이고, 이 결론에 복음주의자라면 이의를 제기할 사람은 없을 것이다. "이 당연한 것을 7년이나 성경을 연구한 후에 알았느냐? 나는 요한복음 3장 16절만 읽고도 알겠던데……." 이렇게 말할 사람이 분명히 있다. 그리고 그 말도 분명히 맞다.

이렇게 결론을 내리고 보니까 나는 설교자로서 그동안 내가 가르쳤던 무수한 설교가 다 핵심에서 빗나갔었다는 것을 인정하지 않을 수 없었다. 육질이 좋은 고기는 소금만 조금 뿌려서 먹는 소금구이가 제일 맛있다. 그러나 육질이 좋지 않은 고기는 양념을 많이 해야 하고, 양념 맛으로 먹을 수밖에 없다.

하나님의 말씀을 고기로 비유하자면 가장 좋은 육질의 고기이기 때문에 설교자가 풀이한다고 양념을 너무 지나치게 많이 치면 오히려 그 맛을 잃는다고 생각했다. 그래서 나는 성경을 있는 그대로 풀이했고 그것이 성경적인 설교라고 생각했다. 그리고 나는 내 설교를 '소금구이식 설교'라고 말했다.

예를 들어 창세기를 강해하다가 아브라함 이야기가 나오면 나는 아브라함을 찬양하기에 급급했다. 아브라함처럼 믿음으로 결단하고 순종하면 여호와 이레의 축복을 받는다고 설교했고, 사람들은 많은 은혜를 받았다고 했다.

그런데 아브라함의 순종과 성경 전체를 관통하여 흐르고 있는 주제인 예수님의 구속사가 어떻게 상관이 되는지 그 연결 고리를 찾아내지 못했다. 나는 소금구이식 설교를 한다고 아브라함, 이삭, 야곱, 요셉, 모세, 여호수아, 다윗, 베드로, 바울, 디모데 등 성경에 나오는 인물들의 이야기만 한없이 반복하다가 "그래서 성경 전체의 주제는 예수님의 구속사입니다"라고 밑도 끝도 없는 결론을 지어버린 씻을 수 없는 실수를 범했다.

물론 나는 어쩌다 예수님 이야기도 했다. 복음서를 강해할 때는 예수님이 행하신 행적도 이야기했다. 그러나 그것마저도 예수님이 행하신 일을 말한 것이지 그것이 어떻게 성경 전체의 주제인 구속사와 연관이 되는지 제대로 설명을 하지 못했다.

목회자에게 주어진 가장 신성한 의무는 성경을 바르게 해석해서 교인들에게 전달하는 것이다. 그런데 나는 성경 전체를 관통하는 핵심이 무엇인지 깊이 고민하지 않고 그야말로 피상적으로 드러난 사건만 붙잡고 너무 오랫동안 씨름했다.

나는 이런 엄청난 실수를 저지른 것을 뒤늦게 깨닫고 속죄하는 마음으로 기회가 있을 때마다 성경을 구속사적인 관점에서 해석해야 한다고 주장했다. 마침 호주 시드니에서 사역할 때, 〈호주국민헤럴드〉라는 신문에 "성경을 바르게 읽기 지상 세미나"라는 타이틀로 2년 동안 연재를 하게 되었다. 신문을 읽는 독자들이 대부분 평신도들이기 때문에 가급적 쉽고 재미있게 글을 쓰려고 애를 썼다. 그리고 거기에 연재했던 것들을 모아 이번에 출판하게 되었다.

내가 이 책을 출판하면서 기대하는 것은, 쉽고 재미있게 이 책을 읽어가다가 성경의 핵심이 예수 그리스도를 통한 구속사임을 확신하게 되고, 신·구약 성경을 구속사적인 관점에서 바라보는 해석학적인 틀을 갖게 되는 것이다.

2017년은 종교개혁 500주년이 되는 해이다. 내가 생각하는 진정한 종교개혁은 교회의 전통과 관습 그리고 성자들의 이야기로 잃어버렸던 예수님을 회복하는 것이다. 중세교회가 잃어버렸던 예수님을

종교개혁을 통해서 회복했을 때, 중세 봉건 사회가 붕괴되었고 근대 사회로 나아가는 진정한 혁명이 일어났다.

    나는 성경을 예수님의 이야기로 읽어야 예수님의 영이신 성령님이 임하시고, 성령님이 임하셔야 비로소 사람이 변하고 교회와 사회가 성장한다고 믿는다. 진리의 성령께서 우리를 진리 가운데로 인도해 주시기를 사모한다.

차례

추천의 글 _ **주승중** 인천 주안장로교회 담임목사, (전) 장로회신학대학교 설교학 교수 … 2

장영일 (전) 장로회신학대학교 총장, (현) 성령사관 아카데미 원장 … 4

김운용 장로회신학대학교 교수, 예배/설교학 … 7

감사의 글 … 11

들어가는 말 … 14

제1장 구속사적인 관점으로 성경 읽기

01 성경을 기록한 목적이 무엇일까? … 26
02 예증적 설교의 문제점 … 30
03 모리아 산과 갈보리 산 … 35
04 다윗이 예언자인가? … 39
05 요제(搖祭)와 거제(擧祭) … 43
06 아사셀 양이신 예수님 … 47
07 장자의 축복을 받은 야곱과 그의 어머니 리브가 … 51
08 예수님의 모형으로서의 성막 … 55
09 르비딤의 반석 … 59
10 사도행전의 진짜 주인공 … 63
11 유월절 어린양이신 예수님 … 66

12 예수님과 가장 닮은꼴 인생을 산 요셉 … 73

13 도피성 … 77

14 십자가에 달리신 예수님 … 81

15 십일조의 영성 … 85

16 구속사적 관점에서 분석한 스데반의 설교 … 89

17 법궤 속에 담긴 물건들 … 96

제2장 율법과 복음

01 수건을 쓴 모세 … 102

02 십계명의 두 돌판 … 107

03 하만과 모르드개의 조서 … 112

04 요셉과 그 형들의 신학(神學) … 116

05 그리심 산과 에발 산 … 121

06 사유(赦宥)하시는 하나님 … 126

07 젊은 부자 청년의 고뇌(苦惱) … 130

08 간음하다 현장에서 잡혀온 여자 이야기 … 138

09 수고하고 무거운 짐 진 자들아! … 142

10 안식일 법의 참된 의미 … 147

11 로드발의 므비보셋 … 151
12 우리를 자유케 하시는 해방자 하나님 … 155
13 천국에 이르는 여정(旅程)으로서의 출애굽기 … 160
14 낚시터에서 생긴 일 … 165

제3장 행동주의와 생명 중심

01 "나는 똥 안 멕여!" … 174
02 행동 중심과 생명 중심 … 180
03 "예수님 참 많이 닮으셨네요!" … 187
04 포도원 품꾼의 비유 … 191
05 믿음이 무엇인가? … 199
06 탕자 이야기 … 203
07 지렁이 같은 너 야곱아! … 208
08 예수님 이야기로 가득한 교회 … 212
09 야훼께서 함께하셨던 사람 요셉 …216
10 번제(燔祭) … 220
11 사울은 천천 다윗은 만만? … 228
12 옥합 콤플렉스 … 233

13 단역배우 의식 … 237

14 아나니아 사역 … 242

15 찾아오시는 하나님 … 246

제4장 복음을 경험한 사람들의 삶(생활 편)

01 두 개의 돌기둥 … 256

02 언약의 패밀리가 된 리브가 … 260

03 억지로 진 십자가 … 265

04 금산교회의 조덕삼 이야기 … 271

05 다비다 할머니가 애써 찬양 단복을 만드는 이유 … 275

06 숫자놀음의 희생양 … 279

07 스프링벅의 슬픈 이야기 … 283

08 칠면조 시대 … 287

09 어느 계명이 크니이까? … 290

10 관습(慣習)과 구원(救援) 사이 … 295

11 상처를 입은 치유자 … 301

12 수건으로 허리를 동이시고 … 304

제1장

구속사적인 관점으로
성경 읽기

01
성경을 기록한 목적이 무엇일까?

　공관복음과 제4복음서라는 요한복음은 비슷한 것 같지만 분명한 차이가 있다. 공관복음은 예수님이 행한 기사를 역사적인 관점에서 기록했다면, 요한복음은 다분히 신학적인 책이다. 예를 들면, 오병이어 기사가 4복음서 전체에 기록되어 있는데, 공관복음에서는 그것을 마치 신문기사처럼 때와 장소 그리고 거기 있었던 사람들과 그들의 반응을 중심으로 기록했다. 반면에 요한복음에서는 이 기사를 간단하게 언급한 후에 이 사건이 주는 신학적 의미를 설명했다. 소위 생명의 떡에 대한 예수님의 설교를 덧붙였다.
　요한은 예수님이 행하셨던 어떤 사건을 소개하는 것이 목적이 아니라 그 사건이 주는 신학적인 의미가 무엇인지를 깊이 분석하고 그것을 설명하는 것을 자기에게 주어진 사명으로 생각했다.
　흔히 요한복음 21장을 에필로그(Epilogue)라고 한다. 갈릴리 바다에 예수님이 베드로를 비롯한 제자들을 찾아오신 기사를 후기처럼 덧붙였기 때문이다. 그렇다면 실제로 요한복음은 20장이 마지막 장인데, 요한은 복음서를 마무리하면서 아주 인상적인 말을 했다.

> "예수께서 제자들 앞에서 이 책에 기록되지 아니한 다른 표적도 많이 행하셨으나"(요 20:30).

무슨 뜻인가? 요한복음에 기록되지 않은 다른 표적도 예수님이 많이 행하셨다는 뜻이다. 당연한 말이 아닌가? 그럼 예수님께서 행하신 일들을 요한이 모조리 다 기록했겠는가?

그런데 요한복음 맨 마지막인 요한복음 21장 25절에서도 다시 말했다.

> "예수께서 행하신 일이 이 외에도 많으니 만일 낱낱이 기록된다면 이 세상이라도 이 기록된 책을 두기에 부족할 줄 아노라."

어쩌면 당연한 말인데 요한은 이 사실을 매우 강조했다.

요한이 이 당연한 사실을 두 번씩이나 강조한 이유가 무엇일까? 요한은 공관복음처럼 예수님이 행하신 일들을 가급적 많이 수집해서 사람들에게 소개하려고 이 책을 쓴 것이 아니다. 이는 예수님이 행하신 많은 일들 가운데 그가 필요한 자료들만을 발췌해서 기록했다는 뜻이다. 그럼 요한이 예수님이 행하셨던 많은 사건들 가운데 몇 가지만을 선택할 때 그 선택의 기준은 무엇이었을까?

요한은 이것을 아주 분명하게 말하고 있다.

> "오직 이것을 기록함은 너희로 예수께서 하나님의 아들 그리스도이심을 믿게 하려 함이요 또 너희로 믿고 그 이름을 힘입어 생명을 얻게 하려 함이니라"(요 20:31).

이 구절은 요한복음을 해석하는 해석의 실마리를 제공한 셈이다. 요한의 목적은 아주 분명했다. 예수님이 하나님의 아들 그리스도이심을 믿게 하고, 또 그 이름을 힘입어 영생을 얻게 하기 위해서 예수님이 행하신 일 중에서 이 사실을 가장 분명하게 잘 설명할 수 있는 사건을 발췌해서 소개했고 그것을 신학적으로 설명해 갔다.

그럼 요한복음만 이런 목적으로 기록되었을까? 성경을 기록한 목적에 대하여 가장 분명하게 언급한 구절은 디모데후서 3장 15-17절이다. 여기에 성경을 기록한 목적 두 가지가 기록되어 있다. 그 첫째가 무엇인가?

> "성경은 능히 너로 하여금 그리스도 예수 안에 있는 믿음으로 말미암아 구원에 이르는 지혜가 있게 하느니라"(15절).

예수님을 믿음으로 구원에 이르는 지혜 곧 십자가의 복음을 위해

성경이 기록되었다고 천명했다. 이것이 성경을 기록한 첫 번째 목적이고, 두 번째는 "교훈과 책망과 바르게 함과 의로 교육하기에 유익하니 이는 하나님의 사람으로 온전하게 하며 모든 선한 일을 행할 능력을 갖추게 하려 함이라"(16-17절)고 했다. 구원을 받은 사람이 온전하게 되는 길, 즉 거룩한 생활을 위해서 기록되었다. 한마디로 말하면, 성경은 십자가의 복음과 구원받은 사람의 삶에 대한 책이다.

그런데 여기서 중요한 것은 십자가의 복음이 먼저이고, 당연한 결과로서 그리스도인의 삶에 대한 교훈이 뒤따른다. 그래서 바울의 서신을 보면, 반드시 전반부에서는 구원에 이르는 지혜로서의 복음을, 그리고 후반부에서는 구원받은 백성들의 삶으로서의 생활편이 나온다. 이 두 가지가 반드시 균형을 이루어야 바른 복음이라 할 수 있다. 여기서 절대로 간과하지 말아야 할 것은 그 순서이다. 십자가의 복음이 언제나 먼저이고, 자연스럽고 당연한 결과로서 생활 편이 이어지고 있다.

02
예증적 설교의 문제점

유명한 교부 클레멘트는 성경을 "윤리적 모범을 보여주는 책"이라고 했다. 그는 갤러리(Picture Gallery) 개념을 가지고 성경을 설명했다. 화랑에 가면 많은 그림들이 전시되어 있는 것처럼 성경에도 많은 위인들의 이야기가 나온다. 성경에 나오는 인물들은 우리에게 윤리적인 모범을 보여주는 사람들로서, 예를 들면 아브라함으로부터 순종을, 모세에게서는 영적 지도력을, 한나에게서는 기도를, 에스더로부터는 죽으면 죽으리라는 믿음의 결단을, 신약성경에 나오는 백부장에게서는 믿음을 배울 수 있다고 했다.

같은 맥락에서 저스틴 마티어(Justin Martyr)도 "설교가들은 역사적 본문을 선택하고 청중들로 하여금 그것을 좋은 본보기로 제시하여 따르도록 해야 한다"고 가르쳤다. 이러한 영향으로 중세교회뿐만 아니라 현대교회까지 예증적 설교가 단골 메뉴처럼 강단을 지배했다.

그런데 성경에 나오는 인물의 성격이나 특성을 깊이 고찰해서 거기서 어떤 교훈을 얻고자 할 때 그것을 과연 성경적인 바른 해석이라 할 수 있을까?

성경에서 가장 대표적인 우정 이야기를 꼽으라면 다윗과 요나단을 들 수 있다. 사람들은 이 본문을 읽으면서 신앙생활을 할 때 다윗과 요나단처럼 사랑으로 서로 격려하고 도움을 줄 수 있는 친구가 꼭 필요하다는 것을 절실하게 느끼게 된다. 그런데 만일 이 이야기가 단순히 다윗과 요나단의 우정 이야기라면 예수님의 구속사라는 성경에 이 기사가 기록될 의미가 있었는지를 한 번쯤 의심해 봐야 한다. 정말 단순히 그들의 우정 이야기였다면 이 이야기는 다윗의 일기장에 기록되었어야 할 기사이지 성경에 기록될 이야기는 분명히 아니다.

이런 의구심을 가지고 성경을 읽어보면, 요나단이 다윗을 자기 생명처럼 사랑했다고 했지 다윗이 요나단을 그렇게 사랑했다는 기록은 없다. 우정이라는 것은 서로 아끼고 사랑하는 것이지 이 경우와 같이 어느 한쪽에서 일방적이라면 그것을 진정한 우정이라고 말할 수 없다. 우리는 너무 오랫동안 우정이라는 주제로 이 이야기를 읽었기 때문에 그 속에 숨겨져 있는 참 뜻을 발견하지 못했다.

요나단은 사울 왕의 아들이었다. 사울의 대를 이어 이스라엘의 왕이 될 사람이었다. 그러나 요나단은 죽었고, 결국 그 자리에 다윗이 이스라엘의 왕이 되었다. 이 이야기를 예수님의 구속사적인 관점에서 해석하면 어떻게 이해할 수 있을까?

요나단은 십자가에 달리신 예수 그리스도를 암시하고 있다. 예수님은 하나님의 아들로 마땅히 왕이 되실 분이었다. 그러나 그분은 죽으셨다. 그리고 마땅히 죽었어야 할 우리를 왕으로 삼으셨다(벧전 2:9). 요나단이 다윗을 자기 생명처럼 사랑했다고 했는데, 예수님이 우리를 그렇게 사랑하셨다. 십자가에 달려 죽으심으로 우리를 향한 사랑을 증명하셨다. 요나단이 십자가에 달리신 예수님을 암시한다면 다윗은 성도들을 암시한다.

구약은 율법이고, 신약은 복음이라는 말은 전적으로 옳지 않다. 만일 그렇다면 우리는 구약을 정경으로 인정하지 않는 셈이 되고 만다. 우리는 율법으로 구원을 받는다고 고백하지 않는다. 구약도 분명히 복음이다. 그러나 구약은 복음이 마치 그림자처럼 암시되어 있다. 예수님의 십자가를 인정하지 않는다면 그림자의 의미는 결코 드러나지 않는다. 이런 의미에서 구약의 모든 이야기는 예수님의 십자가 사건으로 재해석해야 한다. 그래야 구약이 비로소 복음으로 경험되는 것이다.

우리는 기독교이지 유대교가 아니다. 기독교가 유대교에 그 뿌리를 두고 있는 것은 사실이지만 기독교가 곧 유대교는 절대로 아니다. 유대교의 진리가 율법이라면 기독교의 진리는 복음이다. 율법이 그림자라면 그 본체는 십자가의 복음이다.

나는 율법학자들의 토라에 대한 열정을 충분히 존중한다. 그들은 하나님의 말씀을 생명보다 더 사랑하고 있고, 하나님의 말씀에 순종하기 위해서 자기 생명을 기꺼이 바칠 수 있는 자들임을 안다. 그러나 그들은 예수님의 십자가 사건이 모든 율법을 해석하는 해석학적 단서임을 인정하지 않기 때문에 결국 핵심을 제대로 파악하지 못하고 속된 표현 같지만 남의 다리를 피가 나도록 긁고 있는 것이다.

그런데 진짜 문제는 유대교의 율법학자들이 아니라 오늘날 교회의 목회자들과 신학자들이다. 많은 경우 교회의 목회자들이 랍비들의 말을 앵무새처럼 답습하고 있다. 특히 구약성경을 설교하거나 해석할 때 그렇다. 신·구약 성경 전체를 관통하여 흐르는 하나의 명백한 주제는 예수님의 십자가를 통한 구속사인데, 구약에 나오는 사건들이 어떻게 십자가 사건을 조명하고 있는지 그 해석의 실마리를 찾아내지 못하고 율법학자들처럼 문자적인 의미에 집착해서 윤리적으로 도덕적으로 그것을 풀이하는 데 그치고 있다. 결과적으로 예수님을 십자가에 못 박고 아직도 회개하기는커녕 오히려 기독교를 핍박하고 있는 유대교의 대변인 역할을 하고 있는 셈이다.

어렸을 때 그림자놀이를 누이들과 함께 하던 기억이 있다. 별다른 놀이기구가 없던 시대에 밤에 촛불을 켜놓고 손가락으로 새 모양의 그림자를 만들어보기도 하고, 개가 짖는 것 같은 그림자를 만들기도 했었다. 내 눈에는 분명히 새같이 보였지만 그 실체는 손가락이었다. 그림자는 우선 평면적이고, 색깔은 검은 단색으로 표현되기 때문에 그림자만 보고 본체를 정확하게 맞추는 것은 쉽지 않다.

요즘 사람들 사이에 회자(膾炙)되는 그림자 정부니, 가톨릭의 검은 교황이니 하는 말도 눈에 드러나 보이는 정부나 교황이 실체가 아니라 그들을 움직이는 실체가 따로 있다는 말이다. 그래서 미국의 대통령이 퇴임한 후에 "내 마음대로 할 수 있는 것이 하나도 없었다"고 공통적으로 고백한다고 한다. 겉으로 드러난 것 이면에 거대한 몸통이 따로 있다는 말이다.

독자들은 '그림자 신학'이라는 말이 아주 생소하게 느껴질 것이다. 이 말은 필자가 처음으로 사용한 말이다. 누구도 자기를 그림자라고 말하는 사람이 없는 것처럼, 자기 신학을 '그림자 신학'이라고 명명한 사람은 없다. 그런데 필자가 '그림자 신학'이라는 용어를 채용한 것은 구약의 율법을 설명하는 개념으로 그림자가 아주 적절하다고 생각했기 때문이다.

전에 설교를 마치고 교인들과 인사를 나누는데 어떤 교인이 설교를 통해서 은혜를 많이 받았다며 기뻐했다. 그냥 그러고 말았으면 좋았을 것을 나는 내 설교의 어떤 내용이 좋았느냐고 되물었다. 그랬더니 이분이 아주 자세하게 이런저런 내용이 참 좋았다고 말했는데, 정작 나는 그런 뜻으로 설교한 것이 아니었다. 교인들은 자기 마음대로 은혜를 받는다는 것을 나는 이날 처음 알았다.

성경을 읽을 때도 이런 우수꽝스런 일들이 종종 일어나는 것 같다. 자기 마음대로 해석하고, 자기 필요한 대로 은혜를 받고, 응답받았다고 좋아한다. 그러나 그것이 성경의 핵심이라 할 수 있는 예수님의 구속사와는 아무런 상관이 없다. 예수님과 아무 상관이 없는 깨달음을 기독교적이라고 할 수 있을까?

03
모리아 산과 갈보리 산

    성경에서 일관적으로 강조하고 있는 덕목 중의 하나가 순종이다. 아무리 강조해도 지나치지 않은 것이 순종이다. 그리고 순종이라는 주제를 가지고 말할 때 단골손님처럼 나오는 사람이 아브라함이다.

    갈대아 우르에서 나름대로 안정적으로 살고 있었던 사람이 본토와 친척 아비 집을 떠나라는 말 한마디에 모든 것을 버리고 순종하여 갔던 것이나, 백 세에 낳은 아들 이삭을 모리아 산에서 바친 이야기는 정말 감동적이다. 만일 하나님이 나에게 두 아들 가운데 하나를 아브라함처럼 제물로 바치라 요구하시면 순종할 수 있을까 진지하게 생각해 봤다. 부끄러운 고백이지만 나는 순종할 수 없다고 대답할 수밖에 없었다. 아브라함의 순종은 가히 그 누구도 범접할 수 없을 정도로 정말 위대했다.

    예수님의 십자가가 갈보리 산에 세워지기 전까지는 분명히 아브라함이 순종으로 산 사람이었고, 그렇게 살았기 때문에 믿음의 조상이라는 칭호를 받게 되었다. 그런데 예수님의 십자가 사건이 갈보리 산에서 발생하고 난 후에 이 이야기를 새롭게 조명해 보니까 그것은 단순히 한 사람의 순종 이야기가 아니라 구속사를 암시하는 사건이었음을 알 수 있다. 다시 말해 갈보리 산이 원형이라면, 모리아 산은 그 그림자라는 말이다.

신·구약 성경에 나오는 모든 이야기가 예수 그리스도를 통한 구속사임을 원칙적으로 인정한다면, 아브라함의 이 모리아 산 사건도 이런 관점해서 이해하고 해석해야 한다. 얼핏 보면 전혀 상관없어 보이는 이 두 가지 사건을 동시에 나란히 펴놓고 읽어보면 서로 짝이 지어지고 분명히 상관관계가 있다는 것을 발견할 수 있다.

너무 잘 아는 이야기니까 간단하게 다시 소개하자면, 아브라함이 하나님의 명령을 받고 이른 아침에 독자 이삭을 데리고 삼 일 길을 걸어 모리아 산으로 갔다. 모리아 산에 이르러 종들은 산 아래 머물러 있게 하고, 이삭에게 번제에 쓸 나무를 지우고 올라가서 제단을 쌓고, 결박한 후에 칼을 들어 찔러 죽이려고 했다. 이때 여호와 이레 하나님이 수풀에 어린 양을 미리 준비해 주셔서 극적으로 이삭이 죽지 않고 살게 되었다.

이 사건과 예수님의 갈보리 산 이야기가 어떻게 짝이 될까? 이삭이 아브라함의 독자라면, 예수님은 하나님의 독생자이다. 삼 일 길을 걸어 모리아 산까지 간 것은 예수님이 무덤에 계시던 삼 일을, 이삭이 번제에 쓸 장작을 등에 지고 산에 오른 것은 예수님이 지신 십자가를, 이삭 대신 죽은 어린 양은 예수님의 대속의 죽으심을, 제단 위에 올려진 이삭을 하나님이 극적으로 살리신 것은 예수님의 부활을 의미한다. 예수님이 고난을 당하시고 죽으신 골고다 언덕과 아브라함의 독자 이삭이 결박되어 누웠던 모리아 산은 실제로 같은 곳이다.

모든 성경은 예수님의 구속사라는 관점에서 새롭게 해석을 해야 그것이 기독교적인 복음이다. 유대교의 랍비들은 예수님의 구속사를 인정하지 않기 때문에 모리아 산 이야기를 단순히 아브라함이 순종함으로 믿음의 조상이 되었다고 해석할 수밖에 없다. 그러나 우리는 예수님이 하나님의 아들이요 메시아이심을 인정하지 않는 그들의 해석을 그대로 답습해서는 안 된다. 사도 바울이 로마서 4장에서 아브라함이 믿음의 조상이 된 것을 은혜의 법으로 해석했던 것같이 모든 성경은 반드시 예수님의 구속사적인 관점에서 새롭게 해석하고 그 숨겨진 의미를 찾아내야 한다.

이순신 장군의 전기를 읽어보면, 이순신이 노량해전에서 적군이 쏜 화살을 맞고 죽으면서 "내가 죽은 것을 적장에게 알리지 말라"고 했다고 한다. 죽으면서도 나라를 구하기 위한 일념으로 충만했다는 유명한 기사다. 그런데 최근에 와서 이순신 장군의 죽음에 대하여 자살했다는 설과 은둔했다는 설도 있다. 무엇이 사실인지는 알 수 없고, 또 그것이 그렇게 중요한 것도 아니다. 분명한 것은 이순신의 전기를 쓴 대부분의 역사가들이 그를 영웅으로 묘사하기 위해서 이 책을 썼다는 것이다. 그래서 우리들의 가슴에는 성웅 이순신으로 남아 있고, 그는 우리나라 사람들이 가장 존경하는 인물이기도 하다.

그러나 성경은 근본적으로 사람들의 행위를 기록한 책도 아니고, 사람을 영웅으로 묘사하기 위한 것도 아니다. 사도행전을 크게 두 부분으로 나누어 보면, 전반부는 베드로를 중심으로 한 예루살렘 교회 이야기요, 후반부는 사도 바울을 중심으로 한 이방인 교회 이야기다. 초기 교회사가들의 말에 의하면, 베드로와 바울 둘 다 순교의 제물이 되었다고 한다. 특히 베드로는 십자가에 거꾸로 매달려 죽었고, 바울은 로마에서 참수당했다고 한다. 베드로나 바울의 순교 이야기가 얼마나 많은 사람에게 감동을 주었겠는가? 그런데 왜 그렇게 귀한 자료가 사도행전에서 빠졌을까?

의도적으로 베드로나 바울을 영웅시하지 않기 위해서다. 사도행전의 진정한 주인공은 성령님이시지 베드로나 바울이 아니다. 그들은 그 시대에 그곳에서 성령께서 잠깐 사용하셨던 단역배우 이상 아무것도 아니다. 사도행전은 성령께서 사도들을 통해서 어떤 일을 하셨는지 보여주는 책이지 베드로나 바울의 위인전이 아니다. 이런 의미에서 사도행전이라 하지 말고 성령행전이라 해야 한다는 말에 전적으로 동의한다. 마찬가지로 창세기도 족장들의 위인전이 아니다. 그들을 통해 하나님께서 어떻게 세상을 구원하셨는지 구속사를 말하고 있는 것이다.

성경은 반드시 하나님의 구속사라는 관점에서 읽어야 그것이 기독교적인 해석이다. 이런 의미에서 모리아 산 이야기는 반드시 갈보리 산 이야기로 풀이해야 한다.

04
다윗이 예언자인가?

　시편 22편은 가장 대표적인 메시아의 수난시(受難詩)다. 이 시는 다윗이 주전 1100년경에 기록했다고 한다. 100년 전도 아니고 1,100년 전에 쓴 이 시가 예수님이 십자가에서 수난을 당하신 사건과 너무도 명백하게 일치하고 있어서 마치 십자가 아래서 그 광경을 바라보면서 이 시를 쓴 것 같은 착각이 들게 한다.

　시편 22편 1절의 "내 하나님이여 내 하나님이여 어찌 나를 버리셨나이까?"라는 절규는 마가복음 15장 34절에서 십자가에 달리신 예수께서 외치신 "엘리 엘리 라마 사박다니, 나의 하나님 나의 하나님 어찌하여 나를 버리셨나이까?"라는 말과 토씨 하나 틀리지 않고 정확하게 일치하고 있다.

　시편 22편 8절에서 "그가 여호와께 의탁하니 구원하실 걸, 그를 기뻐하시니 건지실 걸" 하면서 백성들이 조롱하고 있는데, 이것은 누가

복음 23장 35-37절의 "백성은 서서 구경하는데 관리들은 비웃어 이르되 저가 남을 구원하였으니 만일 하나님이 택하신 자 그리스도이면 자신도 구원할지어다 하고 군인들도 희롱하면서 나아와 신 포도주를 주며 이르되 네가 만일 유대인의 왕이면 네가 너를 구원하라 하더라"라는 구절과 일치하고 있다.

시편 22편 15절에 "내 힘이 말라 질그릇 조각 같고 내 혀가 입천장에 붙었나이다"라는 구절이 있는데 이는 요한복음 19장 28절의 "내가 목마르다"와, 시편 22편 16절의 "내 수족을 찔렀나이다"는 손과 발에 못 박히시고 허리에 창으로 찔림 당하심과, 시편 22편 18절의 "겉옷을 나누며 속옷을 제비 뽑나이다"는 요한복음 19장 23-24절의 '군병들이 십자가 아래서 예수의 겉옷을 나누고 속옷을 제비 뽑았다'는 말씀과 정확하게 일치하고 있다.

다윗의 이 시편이 시간적으로 1,100년이나 후대에 십자가에서 문자 그대로 성취된 것을 어떻게 설명할 수 있을까? 다윗이 천리안으로 먼 후대에 메시아가 이러한 고통을 당하실 것을 미리 알고 예언한 것일까? 그것은 분명히 아니다. 이 시는 그가 사울의 칼과 추격해 오는 군인들의 눈을 피하여 도망 다니면서 그가 당한 고난을 묘사한 것이다. 그런데 결과적으로 그것이 예수님의 십자가에서 문자 그대로 성취되었다.

구약성경에 나오는 사건들이 구속사의 그림자라는 뜻이 바로 이런 뜻이다. 만일 예수님의 십자가를 모른다거나 인정하지 않는다면,

이 이야기는 랍비들이 가르치는 것처럼 단순히 다윗이 당한 개인적인 고난 그 이상 아무것도 아니다. 그런데 십자가가 갈보리 산에 세워지고 보니까 다윗이 당했던 그의 고난이 단순히 정치적인 핍박을 받았던 것이 아니라 예수님의 구속사를 예언하는 것이었음이 드러나게 되었다. 다시 말하면 다윗이 그리스도의 수난(受難)을 예언한 것이 아니라 그가 당했던 고난이 결과적으로 십자가의 예언이 되었다.

분명히 다윗은 사울에게 정치적으로 얽혀서 애매한 고난을 당했는데, 그것이 결과적으로 메시아의 수난을 예언한 것이 되었다는 이 사실이 오늘 우리에게 주는 의미가 무엇인가?

우리의 삶 속에서 되어지고 있는 모든 일, 그것이 과거에 있었던 일이든지, 미래에 될 일이든지 다윗에게 그랬던 것처럼 이 모든 것이 결국에는 하나님의 구속의 역사가 될 것이다. 퍼즐의 피스들처럼 이 모든 것이 날실과 씨실이 되어서 하나님의 구원을 성취하게 될 것이다.

그렇다면 나의 삶 속에서 되어지는 모든 일은 다 필요한 일이고, 결국은 모든 것이 합력하여 하나님의 구원을 성취하게 될, 없어서는 안 되는 사건들이다. 이것을 확실히 믿는다면 나에게 주어진 모든 것을 사랑할 수 있게 되고, 그 길을 당당하게 걸어갈 수 있게 되고, 고난의 짐을 지고 그 길을 가더라도 그 속에서 놀라운 평안을 누릴 수 있게 된다.

예수님께서 "평안을 너희에게 끼치노니 곧 나의 평안을 너희에게 주노라"고 하셨는데, 주님이 주시는 참된 평안은 상황을 초월해서 주시는 것이다. 상황에 따라서 손바닥 뒤집듯 변하는 그런 평안이 아니다.

　혹시 예상하지 못했던 어떤 일이 일어났는가? 두려워하지 말고 오히려 기대하라. 어떻게 이 일이 하나님의 구원을 성취하게 될 것인지 설레이는 마음으로 기대하라. 놀라운 하나님의 역사가 이루어지는 것을 반드시 경험하게 될 것이다.

05 요제(搖祭)와 거제(擧祭)

레위기 법전을 보면 제물을 드리는 방법에 따라 제물을 태워 드리는 화제(火祭), 제물을 들어올려 드리는 거제(擧祭), 좌우로 흔들어 드리는 요제(搖祭), 포도주를 제물 위에 부어 드리는 전제(奠祭)가 있다.

번제 같은 경우는 다 태워 드리는 화제(火祭)이기 때문에 남는 것이 없지만, 다른 제사는 제물의 일부만 상징적으로 태워 드리고, 나머지는 제사장의 몫이 있고 또 제사를 드린 사람의 몫이 정해져 있다. 화목제의 경우 제사장의 몫은 제물의 가슴과 오른쪽 뒷다리이다. 그런데 이 규정을 자세히 읽어보면, 제사장은 제물의 가슴을 여호와 앞에서 흔들어 요제로 삼고(레 7:30) 오른쪽 뒷다리는 거제로 삼으라고 했다.

제사장이 화목제사를 드리는 장면을 한번 상상해 보자. 먼저 제물의 가슴을 들고 좌우로 흔들어 요제로 삼은 후에 내려놓았다. 이어서 이번에는 제물의 오른쪽 뒷다리를 들고 하늘을 향하여 들어 올렸다가 내려놓음으로 거제로 삼았다. 그렇다면 결과적으로 제사장이 제물을 들고 무엇을 그린 것이 되었겠는가?

십자가(十字架)이다. 놀랍지 않은가? 마치 가톨릭 신자들이 성호를 그리듯 구약의 제사장들이 번제단 앞에서 화목제사를 드릴 때마다 십자가를 그렸다. 그들이 무수한 짐승을 잡아 요제와 거제를 드렸던 바로 그곳에 예수님의 십자가가 세워졌다. 이것이야말로 구약의 제사법이 십자가의 예표라는 결정적인 증거다.

한 걸음 더 나아가서 전제(奠祭)는 무엇인가? 신약성경에서는 관제(灌祭)로 번역하기도 했는데(딤후 4:6; 빌 2:17), 제물 위에 포도주를 붓는 제사이다. 포도주는 예수님께서 만찬상에서 제자들에게 당신의 피라고 하셨다. 전제로 부어졌던 포도주는 분명히 예수님의 보혈을 상징한다. 그러니까 구약의 제사법은 완전히 예수님의 십자가 사건의 예표이다.

이 외에도 구약성경에는 십자가의 예표들이 너무 많다. 가장 대표적인 것은 이집트에 열 번째 재앙이 임했을 때, 문설주와 인방에 발랐던 어린양의 피는 십자가의 전형적인 예표이다. 사인은 피였다. 피를 보고 넘어갔다고 해서 유월절(Passover)이다. 예수님의 피 공로를 의지하는 사람은 누구나 구원을 받는다는 확실한 예표이다.

광야에서 불평하던 이스라엘 백성들이 불뱀에 물렸을 때, 모세는 구리뱀을 만들어서 나무에 달았다. 그리고 구리뱀을 바라보면 나을 것이라는 약속이 주어졌다. 구리뱀을 바라보는 것이 어떻게 사람의 병을 낫게 할 수 있을까? 사람의 논리로는 도저히 설명할 수 없는 이야기다. 그러나 분명한 것은 이 구리뱀을 바라보는 사람은 살았고, 이 약속을 믿을 수 없었던 사람은 죽었다. 예수님의 십자가는 광야에서 들렸던 구리뱀과 같다. 십자가를 통해 주신 약속의 말씀을 믿고 바라보면 구원을 받는다. 그러나 그것을 믿을 수 없다면 죽는다.

여리고의 기생 라합의 이야기를 빼놓을 수 없다. 이스라엘의 하나님이 상천하지(上天下地)의 하나님이심을 믿고, 두 정탐꾼을 자기 집에 숨겨두었던 여인이다. 이스라엘의 정탐꾼이 이 여인에게 증표로 준 것이 무엇인가? 붉은 줄이었다. 하나님께서 여리고 성을 이스라엘 백성들에게 붙이실 때 그 붉은 줄을 라합의 집 창문에 매달라고 하셨다. 한번 상상해 보라. 여리고 성이 무너져내릴 때 라합의 집 창문에 매달려 있는 붉은 줄, 그것이 라합과 그의 집 사람들의 생명을 구했다. 왜 하필 붉은 줄일까? 그것은 분명히 예수 그리스도의 예표이다.

개인적인 이야기이지만 필자는 신약성경보다 구약성경이 더 재미있다. 신약성경은 헬라적인 영향권 아래 있었고, 또 이단자들로부터 복음을 사수해야 했기 때문에 그 기록이 논리적이고 명제적이다. 명백하게 증거하고 있기 때문에 다른 해석을 결코 용납하지 않는다. 그러나 구약성경은 예수님의 구속사건을 직접적으로 말하지 않지만 깊이 묵상하고 있으면 그 숨겨진 비밀들이 서서히 드러나기 시작한다. 감추었던 베일이 벗겨지고 십자가에 달린 예수님이 명백하게 드러날 때 그 감동은 이루 말할 수가 없다. 그 감동이 필자로 하여금 이 글을 써가게 하는 원동력이 되고 있다.

신약성경은 물론이고, 구약성경도 구원에 이르게 하는 하나님의 진리의 말씀이라고 고백한다면 구약성경에서도 십자가에 달린 예수님을 발견할 수 있어야 한다. 우리가 받는 구원은 예수님을 믿는 믿음 안에서 주어지기 때문이다. 예수님께서 "성경이 곧 내게 대하여 증언하는 것이니라"(요 5:39)고 하셨는데, 여기서 말씀하신 성경은 분명히 신약뿐만 아니라 구약성경까지도 포함하고 있다. 창세기에서 요한계시록까지 성경 전체를 도도하게 흐르는 예수님의 보배로운 피를 바라볼 수 있는 영적 안목이 열리기를 바란다.

06
아사셀 양이신 예수님

　세례 요한은 예수님을 "세상 죄를 지고 가는 하나님의 어린양이라"(요 1:29)고 했고, 이사야도 예수님을 양에 비유하면서 "그가 곤욕을 당하여 괴로울 때에도 그의 입을 열지 아니하였음이여 마치 도수장으로 끌려가는 어린양과 털 깎는 자 앞에서 잠잠한 양같이 그의 입을 열지 아니하였도다"(사 53:7)라고 했다.
　이들은 예수님을 양에 비유했는데 특히 예수님의 수난사를 읽어보면 정말 도수장에 끌려가는 어린양같이 전혀 저항하지 못했고 그들이 끌고 가는 대로 끌려가셨다. 예수님을 체포할 때 유다가 군대와 대제사장에게서 얻은 하속을 데리고 왔다고 했다. 하속은 성전 수비대로 600명 정도 된다. 예수님 한 분을 체포하는데 왜 이렇게 엄청난 군인들을 데리고 왔을까? 예수님은 놀라운 능력을 행하시는 분이기 때문에 혹시 체포하는 과정에서 저항할까 봐 그랬을 것이다. 가상 시나리오를 만들고 여러 번 훈련도 했을 것이다.

그런데 생각보다 너무 쉽게 예수님을 체포했다. 예수님은 어떤 저항도 하지 않으셨고, 아무런 기적도 행하시지 않았다. 이 작전을 마친 후 대제사장은 "알고 보니 아무것도 아니었네!"라며 승리의 축배를 마셨을 것이다.

겉으로 보기에는 예수님이 그들의 손에 끌려가신 것 같지만, 사실 예수님은 온 인류를 구원하시는 주님의 길을 한 치의 착오도 없이 걸어가셨다. 이것이 양의 능력이다. 진 것 같지만 결국은 승리한 것, 끌려가는 것 같지만 하나님의 뜻을 이루기 위해 스스로 그 길을 걸어가는 것이 양의 진정한 능력이다.

예수님을 양에 비유했는데, 이런 관점에서 보면 예수님은 분명히 양이었다. 우선 예수님이 탄생하신 곳이 마구간이었다. 마구간은 사람이 태어나는 곳이 아니라 양과 같은 가축이 태어나는 곳이다. 무엇보다 예수님의 마음이 양과 같다. 예수님이 친히 말씀하시기를 "나는 마음이 온유하고 겸손하니 나의 멍에를 메고 내게 배우라"(마 11:29)고 하셨다. '나의 멍에'라고 했는데, 멍에는 가축들이 평생을 짊어지고 사는 것이고, 마음이 온유하고 겸손하다는 것은 예수님의 마음이 양과 같다는 뜻이다.

일본의 내촌감삼이 말하길 "양은 원수를 갚지 않는 동물"이라고 했다. 가룟 유다가 군병들을 데리고 와서 배반의 표시로 예수님께 입을 맞추었다. 입을 맞춘다고 가만히 있으면 되겠는가? 따귀라도 한

대 시원하게 때려야 하지 않겠는가? 그런데 이때 예수님이 어떻게 하셨나? "유다야 네가 입맞춤으로 인자를 파느냐"(눅 22:48)라고 양처럼 부드럽게 말씀하셨을 뿐이다. 예수님은 분명히 마구간에서 양으로 태어나서 평생을 양으로 사시다가 양처럼 붙잡혀 죽으신 분이다.

구약시대 가장 대표적인 제물은 양이다. 자기 형편에 따라 소나 비둘기로 제물을 삼아 제사할 수 있었지만 이런 사람은 소수이고, 대부분은 양을 제물 삼아 하나님께 제사했다. 그래서 성전에서 해마다 무수한 양이 죽었다. 그 중에서도 가장 대표적인 것이 아사셀 양이다.

7월 10일 대속죄일에 대제사장이 이 양의 머리에 안수한 후에 두 눈을 가리고 광야로 쫓아냈다. 두 눈을 가리고 광야에 쫓겨난 이 양은 결국 광야를 헤매며 돌아다니다가 넘어지고 또 넘어지고 그러다가 어디선가 쓰러져 죽는다. 이 아사셀 양이 광야에서 쓰러져 죽으면 이스라엘 백성들의 죄가 사함을 받는다고 생각했다. 예수님이 십자가를 지고 갈보리 산에 오르실 때 넘어지고 또 넘어지신 것은 예수님이 아사셀 양이었음을 보여주는 회화적(繪畵的)인 사건이다.

아담과 하와가 범죄했을 때 하나님께서 양을 잡아서 가죽옷을 지어 입혀주신 것처럼 양이 죽어야 죄를 지은 사람이 살 수 있다. 하나님의 어린양이신 예수님이 죽으셨기 때문에 우리가 살게 되었다. 그 말을 다른 차원에서 말하면 우리의 생명이 내 것이 아닌 예수님의 것이라는 뜻이다. 예수님이 죽으심으로 내가 살게 되었다면 더 이상 내 생명은 내 것이 아니라 주님의 것이다.

생명 그 자체가 내 것이 아닐진대 더 이상 무엇을 더 내 것이라 고집할 수 있겠는가? 시간도, 물질도, 은사도, 건강도, 사업도, 가정도 내 것이 아니다. 남의 것을 가져다가 자기 마음대로 쓰는 사람을 도둑이라고 한다. 생명이 자기 것이 아닌데 내 마음대로 쓴다면 분명히 우리는 영적인 도둑이다.

건강을 위해서 기도할 수 있다. 그런데 무조건 건강하게 해 달라고 하지 말고 건강을 주시면 그 건강한 몸으로 무엇을 할 것인지 분명한 목적이 있어야 한다. 이 목적이 분명하지 못하면 건강한 몸을 가지고 죄를 짓게 된다. 생각해 보라. 죄에 빠진 대다수의 사람이 다 건강한 사람이지 죽을 병에 걸린 사람이 몸으로 죄 짓는 것을 봤는가?

요즘 같이 어려운 때에 경제적인 문제로 기도할 수 있다. 하나님이 물질을 풀어주시면 도대체 그것 가지고 무엇을 할 것인지 우선 목표를 분명하게 설정해야 한다. 그래야 하나님이 베풀어주신 물질의 복이 자기 자신뿐만 아니라 다른 사람에게도 진정한 복이 될 수 있다.

> "우리가 살아도 주를 위하여 살고 죽어도 주를 위하여 죽나니 그러므로 사나 죽으나 우리가 주의 것이로다"(롬 14:8).

07
장자의 축복을 받은 야곱과 그의 어머니 리브가

성경에 나오는 인물들 가운데 아브라함이나 모세, 엘리야 같은 사람은 보통 사람인 우리가 가까이하기에는 너무나 큰 인물이기 때문에 어떤 거리감 같은 것을 느낄 수밖에 없다. 그러나 야곱은 우리와 닮은 면이 많아서 그런지 왠지 모르게 친근감이 든다. 남을 속여서라도 성공해 보려고 몸부림치는 것이나, 얍복 나루에서 복을 받기 위해서 천사와 씨름하는 장면이나, 그 치열한 싸움 끝에 환도 뼈가 위골되어 절뚝거리는 이야기를 읽고 있노라면 꼭 나 자신을 보는 것 같은 동질감을 느낀다.

특히 그는 형이 배고파 죽을 지경인 기회를 노려서 팥죽 한 그릇 주고 장자의 명분을 가로챘고, 나이 들어 앞을 보지 못하는 아버지 이삭을 거짓말로 여러 번 속이고 장자의 축복을 받아냈다. 들에서 돌아온 에서가 장자의 축복을 도둑맞았다는 사실을 알고 소리 내어 울었다고 한다(창 27:34). 도대체 장자의 축복이 무엇이기에 에서는 그것을 빼앗겼다고 그렇게 울었고, 야곱은 그것을 훔치기 위해서 거짓말까지 했을까?

성경을 보면 야곱을 기점으로 하여 선민 이스라엘 민족의 혈통분리(血統分離) 작업이 종결(終結)된다. 무슨 뜻인가 하면 하나님은 아담의 아들인 가인과 셋 중에서 셋을 선택하셨고, 노아의 세 아들인 셈, 함, 야벳 중에서 셈을 선택하셨다. 또 아브라함의 두 아들 이스마엘과 이삭 중에서 이삭을 선택하셨다. 이와 같이 하나님은 여러 자녀들 가운데서 하나를 선택하셔서 메시아의 혈통을 만들어가셨다. 마치 심지를 하나씩 뽑아가듯이 야곱을 마지막으로 택하셨는데 이것을 혈통분리 작업이라고 한다.

그런데 야곱에 이르러서는 이것이 달라진다. 혈통분리 작업이 종결되고 오히려 야곱 때부터 선민 혈통의 확장(擴張)이 시작된다. 그래서 야곱의 열두 아들 모두가 이스라엘의 열두 지파가 되었고, 이들이 이스라엘 민족을 형성하게 되었다. 이것을 신학적으로는 '언약 가문의 계승자로서의 축복'이라고 한다. 그러니까 이삭이 베푸는 축복은 단순히 장자로서 다른 형제보다 두 배의 유산을 물려받는 정도의 상대적인 축복이 아니라 언약 가문의 유일한 계승자로서 받는 절대적인 축복이다. 에서는 이 장자권을 빼앗기고 영원히 언약의 가문에서 배제(排除)되었다.

그런데 장자의 축복을 받은 장면을 깊이 관찰해 보면 정작 야곱 자신보다 그의 어머니 리브가가 더 주도적으로 이 일을 추진했음을 알 수 있다. 이삭이 에서에게 별미를 만들어 오면 축복하겠다는 말을 숨어서 들었던 사람도 야곱의 어머니 리브가였고, 에서가 사냥하러 들에 나갔을 때 야곱에게 이 사실을 알리고 염소 새끼 두 마리를 잡아서 별미를 만든 것도 리브가였고, 형의 옷을 가져다가 야곱에게 입힌 것도 리브가였다.

어머니 리브가가 이렇게 강하게 밀어붙이니까 야곱은 오히려 겁이 더럭 났다. 아무리 형의 옷을 입고, 형처럼 목소리를 가장한다고 해도 형 에서는 털이 많은 사람이고 자기는 털이 없이 매끈매끈한 사람인데, 혹시라도 아버지가 자기 손을 만져보고 당신을 속였다는 것을 알게 된다면 복은 고사하고 저주를 받게 될까 두려워했다. 그런데 리브가는 한치도 물러서지 않고 염소 새끼의 가죽을 야곱의 손과 목에 붙여서 털이 많은 사람인 것처럼 분장했다. 그리고 복은 고사하고 저주를 받을까 두렵다는 야곱에게 "내 아들아 너의 저주는 내게로 돌리리니 내 말만 따르라"고 했다(창 27:11-13).

왜 이렇게 리브가는 야곱에게 장자의 복을 받게 하려고 적극적으로 나섰을까? 물론 에서와 야곱, 쌍둥이 아들을 임신했을 때 하나님께서 그에게 들려주신 말씀이 있었다.

"두 국민이 네 태중에 있구나 두 민족이 네 복중에서부터 나누이리라 이 족속이 저 족속보다 강하겠고 큰 자는 어린 자를 섬기리라"(창 25:23).

그래서 리브가는 야곱을 더욱 사랑했다. 그런데 이것이 단순히 어머니의 편애(偏愛)라고 생각하고 넘어갈 수 있는 문제인가?

야곱은 분명히 장자의 축복을 받을 자격이 없는 사람이었는데, 결국은 장자의 축복을 받았다. 야곱이 이런 놀라운 복을 받는 일에 결정적인 역할을 한 사람은 그의 어머니 리브가다. 리브가는 아버지 이삭에게 나아가는 방법을 제시했고, 그 길을 적극적으로 도왔다. 심지어 모든 거짓이 드러나서 야곱이 저주를 받는 일이 발생한다면 자기가 그 저주를 대신 받겠다고 자원하고 나섰다.

여기서 리브가는 분명히 예수 그리스도의 모형이다. 자격이 없는 야곱과 같은 우리를 장자의 반열에 서게 하기 위해서 하나님께 나아가는 길을 열어준 분이다. 심지어 우리가 마땅히 받아야 할 저주를 예수님이 기꺼이 받으시고 우리를 야곱의 반열에 세워주셨다.

오늘도 예수님은 우리 자신보다 훨씬 더 열정적으로 우리가 하나님께 나아가 복을 받는 길을 열어주신다. 리브가가 만들어 준 별미를 가지고 이삭에게 나아가 장자의 축복을 받았던 야곱처럼, 예수님이 활짝 열어주신 생명의 길에 나아가서 하나님이 부어주시는 언약 가문의 계승자로서의 신령한 복과 은혜를 누리기를 바란다.

08
예수님의 모형으로서의 성막

하나님은 다른 어떤 것들보다도 성막과 그 기구들에 대하여 성경에 많은 지면을 할애하셨다. 예컨대 천지창조에 대한 이야기는 창세기 1~2장까지 두 장을 할애하셨고, 노아의 홍수에 대하여는 6~10장까지 다섯 장을 할애하셨는데, 성막에 대하여는 출애굽기 26~40장까지 무려 15장을 할애하셨다. 하나님은 성막을 그만큼 중요한 사건으로 취급하셨다.

아돌프 사피어(Adolf Saphir)는 "성막은 가장 중요한 모형 중의 하나"라고 하면서 적어도 세 가지 이상의 의미가 있다고 했다. 첫째는 하늘나라의 모형이고, 둘째는 하나님과 인간이 만나는 장소인 예수 그리스도의 모형이며, 마지막은 신자들이 예수님과 교제하는 장소 곧 교회의 모형이라고 했다.

만일 우리가 단순히 성막을 어떤 건축학적인 구조물로 본다면 그것은 보잘것없는 천막이 되고 만다. 그러나 이 성막을 구약성경에 계시된 그리스도의 그림자로 보면 우리는 이것을 통해서 마치 벳새다 들녘에서 무리들과 함께 계셨던 예수님을 생생하게 만날 수 있다.

성막은 천막으로 만든 것으로 솔로몬이 지은 성전과는 달리 영구적인 것이 아니었다. 성막은 이스라엘 백성들이 늘 이동해야 하는 광야에서 사용하기 위한 것이었다. 그래서 늘 해체와 조립을 반복해야 하는 가건물(假建物)이었다. 하나님의 임시 거처였던 성막은 예수님이 탄생하신 마구간, 목수의 아들로 인자는 머리 둘 곳도 없다고 하시던 가난한 삶, 빌린 무덤 등과 같이 어설프기 그지없었던 예수님의 생애를 예시하는 것이다.

솔로몬의 웅장하고 화려한 성전과는 달리 성막은 그 겉모양이 천막에 불과했다. 육신의 눈을 즐겁게 할 아무것도 없었다. 이와 같이 예수님은 풍채도 없으셨고, 은혜를 모르는 자들에게는 흠모할 만한 아무것도 없으셨다(사 53:2).

성막은 하나님이 임재해 계시는 곳이었다. 브살렐과 오홀리압이 하나님이 주신 설계도대로 회막을 세웠을 때, 성막에 구름이 덮이고 여호와의 영광이 충만했다. 이때부터 성막을 중심으로 낮에는 구름 기둥과 밤에는 불 기둥이 이스라엘 백성들을 인도했다. 모세가 시내산에서 율법을 받을 때도 구름 가운데서 하나님이 임재하셨고, 솔로몬이 성전을 지어 봉헌할 때 찬란한 구름이 성전 안에 가득했다. 이 구름은 히브리어로 '쉐키나'라고 하는데 언제나 하나님의 임재의 상징이었다.

성막은 하나님이 인간을 만나주시는 공식적인 장소였다. 법궤의 뚜껑 곧 시은좌 혹은 속죄소가 하나님이 앉아계시는 자리이다(출 25:21-22). 성막은 하나님이 그의 백성들을 만나주시는 공식적인 자리이다. 마찬가지로 예수님은 우리가 하나님을 만나는 유일한 통로이다. 예수님께서 말씀하시기를 "내가 곧 길이요 진리요 생명이니 나로 말미암지 않고는 아버지께로 올 자가 없느니라"(요 14:6)고 하셨다. 성막이 하나님을 만날 수 있는 유일한 통로였던 것처럼, 예수님은 하나님께 나아갈 수 있는 유일한 길이다.

성막은 언제나 이스라엘 회중의 한복판에 있었다. 민수기 1장을 보면 이스라엘 12지파가 성막을 중심으로 진을 친 것이 나타나는데 성막을 중심으로 동서남북으로 각각 세 지파씩 둘러서서 진행했다고 한다. 성막은 언제나 이스라엘 회중 그 중심에 있었다. 이와 같이 예수님은 언제나 성도들의 중심에 계신다. 주님은 택한 백성들의 마음 그 중심에 계시고, 두세 사람이 주님의 이름으로 모인 곳에는 그들 속에 언제나 좌정해 계신다(마 18:20).

성막은 한 개의 문밖에 없었다. 이것은 거룩하신 하나님 앞에 나아가는 것이 하나의 문으로밖에 들어갈 수 없다는 것을 의미한다. 우리 주님이 말씀하시기를 "내가 곧 길이요 진리요 생명이니 나로 말미암지 않고는 아버지께로 올 자가 없느니라"(요 14:6)고 하셨다. 오직 양의

문이 되시는 주님을 통해서만 하나님 앞에 나아갈 수 있다.

　성막의 문은 동편으로 나 있었다. 동편에는 유다 지파가 진을 치고 있었다. 이것은 결국 성막에 들어가려면 유다 지파를 통해야만 한다는 말이다. 그런데 예수님은 유다 지파의 후손으로 오셨다. 이것은 명백하게 예수님을 통하지 않고는 하나님 앞에 나아갈 수 없음을 말하는 것이다.

　이렇게 성막은 명백하게 우리 주님의 구속사를 회화적(繪畵的)으로 말하고 있다. 광야에서는 성막이 가나안에 정착해서는 성전이 되고, 포로기에는 회당으로, 신약시대에는 교회로 전승이 되었다. 성막은 예수 그리스도의 그림자임과 동시에 오늘날 교회의 원형이라 할 수 있다.

09
르비딤의 반석

　출애굽 여정은 이스라엘 민족의 불평의 역사라고 해도 과언이 아닙니다. 비하히롯에서는 앞에는 홍해가 가로막고 있었고 뒤에는 바로의 군대가 추격해 왔기 때문에 이제 광야에서 꼼짝없이 다 죽게 되었다며 불평했다(출 14장). 기적같이 홍해를 건넌 후 마라에서는 쓴 물 때문에 불평했고(출 15장), 신 광야에서는 먹을 것이 없어서 불평했고(출 16장), 르비딤에서는 마실 물이 없어서 불평했다(출 17장). 강 건너 불 구경하듯이 이스라엘 백성들이 불평했다고만 나무랄 것이 아니라 그들의 입장에서 생각해 보면 그들은 날마다 생사의 고비에서 사투(死鬪)를 벌여야 했다.

　그런데 이스라엘 백성들을 누가 이런 곳으로 인도했나? 모세가 그랬나? 아니면 이스라엘 백성들이 스스로 그 길을 택했나? 야훼 하나님이 구름 기둥과 불 기둥으로 그들을 인도하셨다. 출애굽기 17장

1절을 보면 이스라엘 자손들이 여호와의 명령대로 신 광야에서 떠나 그 노정대로 행하여 르비딤에 장막을 쳤는데, 거기에 백성들이 마실 물이 없었다고 한다. 하나님의 명령을 따라 간 곳이 르비딤이었고, 거기 도착해 보니 마실 물이 없었다. 광야에서 마실 물이 없는 상황은 참고 인내할 성질의 것이 아니다. 물은 하루만 먹지 못해도 사람이 살 수 없다. 성난 민중들은 모세의 멱살을 잡고 "당신이 어찌하여 우리를 애굽에서 인도해 내어서 우리와 우리 자녀와 우리 가축이 목말라 죽게 하느냐"(출 17:3)며 모세를 당장이라도 쳐 죽이려고 했다.

애꿎은 모세가 봉변을 당했지만, 모세가 이스라엘을 그곳으로 인도한 것이 아니라 하나님이 그렇게 하셨다. 그런데 하나님이 르비딤에 물이 없다는 것을 모르셨을까? 가다 보니 르비딤에 이르렀고, 도착해 보니 물이 없다는 이 난처한 상황을 그제야 알게 된 것일까?

분명히 하나님은 이스라엘 백성들을 그곳으로 인도하실 때부터 그곳에 마실 물이 없다는 것을 알고 계셨을 것이다. 물이 없다는 것을 다 알고 계시면서도 그곳으로 인도할 때는 무슨 계획이 있지 않았겠는가? 이스라엘 백성들의 불평하는 말처럼 대책 없이 끌고 가서 거기서 죽이려고 그랬겠는가? 하나님은 사람이 물을 먹지 못하면 살 수 없다는 것도 알고 계셨고, 또 르비딤에는 물이 없다는 것도 알고 계셨다. 그래서 하나님은 그곳에 반석을 준비해 놓으셨다. 르비딤의 반석은 그전에도 있었던 것이지만 그 누구도 이 반석에서 물이 나게 될 줄은 꿈에도 생각하지 못했다. 언제나 하나님은 이렇게 사람들이 상상할 수 없었던 방식으로 역사하시는 분이다.

르비딤의 반석에서 물이 솟았는데, 그러면 이 반석은 무엇을 상징할까? 고린도전서 10장 1-4절에서 아주 자세하게 이 부분을 주석하고 있다.

> "형제들아 나는 너희가 알지 못하기를 원하지 아니하노니 우리 조상들이 다 구름 아래에 있고 바다 가운데로 지나며 모세에게 속하여 다 구름과 바다에서 세례를 받고 다 같은 신령한 음식을 먹으며 다 같은 신령한 음료를 마셨으니 이는 그들을 따르는 신령한 반석으로부터 마셨으매 그 반석은 곧 그리스도시라."

홍해를 건넌 사건을 이스라엘 백성들이 광야에서 세례를 받은 것이라고 했고, 만나를 먹은 것은 신령한 식물이라고 했으며, 르비딤의 반석은 곧 그리스도라고 했다. 성경에서 이렇게 명백하게 주석을 달아놓았으니 다른 무슨 설명이 필요하겠는가? 반석은 두말할 것도 없이 그리스도이시다.

그러면 모세가 지팡이로 이 반석을 쳐서 물을 냈다고 했는데, 모세의 지팡이는 하나님의 임재의 상징이고, 이 지팡이를 가지고 반석을 친 것은 결국 하나님이 그리스도를 치신 것이다. 그렇다면 이것은 예수님의 십자가 사건을 의미한다. 모세가 르비딤에서 지팡이로 반석을 쳐서 이스라엘 백성들을 살렸다면, 하나님은 갈보리 산에서 그리스도이신 예수님을 십자가에 내어주심으로 온 세상 백성들을 살리셨다.

르비딤의 반석에서 물이 나온 것은 분명히 놀라운 기적이다. 그러나 이것은 단순히 기적 이상의 사건임을 기억해야 한다. 물이 필요한 상황에서 물을 내서 먹이신 것 이상의 의미를 가지고 있다. 이 사건은 분명히 그리스도의 구속의 사건을 암시하고 있다. 성경에 나오는 기적들은 단순히 그때 그 이적이 필요했기 때문이라기보다 그것을 통해서 계시하는 예수님의 구속사가 거기 숨어 있다. 이것을 찾아낼 수 있는 것이 성경을 구속사적으로 읽어가는 것이다.

10
사도행전의 진짜 주인공

사도행전에 나오는 베드로와 사도 바울은 순교의 제물이 되었다. 전해 내려오는 이야기처럼 베드로는 거꾸로 십자가에 못 박혀 죽었고, 사도 바울도 로마에서 순교의 제물이 되었다. 그런데 왜 이런 자료들이 사도행전에는 빠져 있을까? 그렇게 극적이고 많은 사람들에게 감동을 줄 수 있는 자료들이 왜 사도행전에 기록되지 않았을까?

사도행전은 바울이 자기 셋집에 머물면서 찾아오는 사람에게 복음을 전했다는 말로 끝났다(행 28:30-31). 어떻게 보면 무슨 이야기를 한참 하다가 어떤 사정이 생겨서 갑자기 딱 끝내버린 것같이 사도행전이 끝났다. 그래서 어떤 사람은 책이 낡으면 너덜너덜해진 맨 뒷장이 떨어져 나가는 것처럼 사도행전 29장이 있었는데 초대교회가 잃어버렸다고 추측한다. 있을 수도 없는 말이다. 하나님의 말씀은 일점일획도 가감할 수 없다고 했는데 한 장이 통째로 떨어져 나갔다면 말이 될 일인가?

그렇다면 사도행전에 이런 자료들이 기록되지 않은 분명한 이유가 있을 것이다. 그것이 무엇일까? 결론적으로 말하면 사도행전은 사도들의 위인전이 아니기 때문이다. 우리는 흔히 예루살렘을 중심으로 한 유대인 교회는 베드로가 주인공이고, 안디옥을 중심으로 한 이방인 교회는 사도 바울이 주인공이라고 하는데 이것은 전적으로 틀렸다. 베드로나 바울은 단지 성령께서 그때 거기서 잠시 사용하셨던 단역배우 이상 아무것도 아니다. 사도행전의 진정한 주인공은 성령님이시지 사도들이 아니다. 이런 의미에서 성령행전이라고 부르는 것이 더 타당하다고 본다.

사도 바울의 회심 사건은 우리들에게 많은 감동을 준다. 다메섹 도상에서 바울은 예수님을 만났다. 그는 그 자리에서 거꾸러졌고, 눈이 멀었고, 3일 동안 식음을 전폐할 수밖에 없었다. 이때 하나님께서 아나니아를 부르셨다. 아나니아와 다메섹에 사는 성도들은 사울이 대제사장의 공문을 가지고 다메섹에 있는 성도들을 결박하여 예루살렘으로 끌고 가려고 한다는 소식을 듣고 두려움에 떨고 있었다. 그런데 이런 아나니아에게 사울의 머리에 손을 얹고 안수하라고 설득했다.

아나니아는 전혀 내키지 않는 일이었다. 만일 그 사실이 다메섹에 있는 사람들에게 알려진다면 그는 큰 봉변을 당하게 될 것이다. "이 사람은 내 이름을 이방인에게 전하기 위한 나의 택한 그릇이라"는 주님의 음성을 듣고 할 수 없이 잠깐 그의 손을 주님께 빌려드렸다. 그런데 그런 아나니아를 통해서 하나님의 권능이 나타났다. 사울의 눈에서 비늘 같은 것이 벗겨지면서 앞을 보게 되었고, 이방인의 사도 바울은 이렇게 해서 세워졌다.

이런 정황을 생각해 보면 아나니아가 사도 바울을 세웠다고 전혀 말할 수 없다. 아나니아는 전혀 내키지 않았지만 잠시 성령님께 자기 손을 빌려드렸을 뿐이다. 그때 성령께서 역사하셨다. 이것은 전적으로 성령님께서 하신 일이지 아나니아가 한 일이 아니다.

바울과 바나바가 루스드라에서 앉은뱅이를 고쳤다. 이 일을 보고 제우스 신당의 제사장이 소와 화환을 가지고 나와서 바나바는 제우스라고 하고, 바울에게는 헤르메스라고 하면서 제사하려 했다. 이때 사도들이 어떻게 했는가? 자기 옷을 찢고, 무리 가운데 뛰어 들어가서 "여러분이여 어찌하여 이런 짓을 하느냐? 우리도 여러분과 같은 성정을 가진 사람"이라며 만류했다. 가만히 있으면 신처럼 대접을 받을 수 있는 자리였다. 그러나 사도들은 자신의 한계를 분명히 알았다. 자신이 주인공이 아니라는 사실을 분명히 알고 고백했다.

그런데 문제는 사람들이 진짜 주인공이신 성령님은 보지 못하고 사람들만 보고 고린도 교회처럼 바울파, 게바파, 아볼로파가 생기는 것이 문제이다. 그들이 아무리 위대한 사도였다 할지라도 그들은 그 시대에 거기서 잠시 사용되었던 단역배우 이상 아무것도 아니었음을 잊지 말자.

11
유월절 어린양이신 예수님

　이스라엘의 3대 명절은 첫 번째가 유월절(1월 15일~21일), 두 번째는 오순절(유월절로부터 50일째 되는 날), 세 번째는 장막절(7월 15일~21일)이다. 특히 유월절은 우리의 개천절같이 이스라엘의 건국 기념일이다. 히브리 달력의 1월 15일은 태양력으로 3월 혹은 4월중에 해당하는데, 출애굽기 12장 2절에 유월절이 있는 이달(니산월)을 그해의 첫 달이 되게 하라고 했다. 이것은 노예로서의 모든 과거는 지나갔고, 이제 새로운 삶이 시작되었기 때문에 이날을 특별하게 기념하는 것이다.
　유월절 식사는 유월절 축제기간 중에 가장 중요한 행사였다. 14일 정오까지는 집안에서 모든 누룩을 제거해야 했고, 14일 정오부터 오후 여섯시까지 준비된 양을 잡고 유월절 식사를 준비해야 했다. 준비된 식사는 오후 여섯시부터 자정 사이에 먹는다. 유대인들은 해가 떨어지면서 하루가 시작하는 것을 계산하기 때문에 유대력으로는 이

날이 15일이다. 따라서 유월절 어린양은 14일 오후에 성전에서 도살되고, 유월절 식사는 해가 떨어지면서 시작해서 자정 사이에 끝내야 한다. 그리고 우리 식으로는 다음 날 아침이지만 유대 날짜로는 15일 아침부터 7일 동안 21일까지 무교절이 계속된다.

히브리어로는 유월절을 '페스캅'(Pescab)이라고 하는데 그 뜻은 '넘어가다', 혹은 '지나가다'로 여기서 영어의 'Passover'가 나왔고, 또 하나의 뜻은 '날개를 펼치다, 보호하다'의 뜻이 있다. 마지막 열 번째 재앙 때에 죽음의 사자가 그냥 지나갔을 뿐만 아니라 적극적으로 하나님께서 날개를 펴서 그 백성들을 보호했다는 뜻이다.

유월절에 죽었던 어린양은 두말할 것도 없이 예수 그리스도를 상징한다. 선지자 이사야는 메시아의 수난시에서 "도수장으로 끌려가는 어린양 같다"(사 53:6)고 했고, 세례 요한은 예수님을 "세상 죄를 지고 가는 하나님의 어린양이로다"(요 1:29)라고 했으며, 사도 베드로는 예수님을 "흠 없고 점 없는 어린양"(벧전 1:19)이라고 했다. 뿐만 아니라 사도 요한은 요한계시록에서 어린양이라는 말을 28회나 사용했는데 다 예수님을 상징하는 개념으로 사용했다.

어린양은 1월 10일에 준비해 두었다가 14일 오후에 잡아야 했다(출 12:3). 유월절에 쓸 어린양을 나흘 전에 미리 택하여 준비하라고 했는데, 이것은 하나님의 어린양이신 예수님을 영원 전부터 구별해 놓으신 것을 의미한다. 많은 사람 중 의로운 사람을 갑자기 잡아서 십자가에 매달았던 우발사(偶發事)가 아니라 아담이 범죄했을 때부터 하나님이 구별해 놓으신 분이 바로 예수님이었다.

유월절의 어린양이 죽었던 1월 14일 오후 이 시간에 실제로 예수님이 십자가에 달려 돌아가셨다. 예수님이 십자가에서 죽으시고 해가 떨어지면서 유월절이 시작되었으니 얼마나 정확한 타이밍인가?

유월절 때 죽은 양이 얼마나 많았겠는가? 집집마다 양을 잡았으니 그 수가 무수했을 것이다. 그런데 성경에서는 유월절 규례를 말하면서 단 한 번도 양들이라는 복수를 사용하지 않고 항상 단수로 말했다. 왜 그랬을까? 하나님의 관심은 이집트에서 죽어간 수많은 양들에게 있었던 것이 아니라 갈보리 산에 달리신 하나님의 어린양 예수님께 있었기 때문이다.

> "내가 애굽 땅을 칠 때에 그 피가 너희가 사는 집에 있어서 너희를 위하여 표적이 될지라 내가 피를 볼 때에 너희를 넘어가리니……"(출 12:13).

사인은 피였다. 죽음의 사자는 그의 집을 보지 않고 피만 보았다. 담장이 높고 대문이 큰 집도, 바로의 궁궐도, 오두막살이도, 그것이 누구의 집이든 누가 어떻게 살든지 상관없이 어린양의 피가 없으면 죽음의 사자는 그 집에 들어갔다. 이것은 우리가 죄인이지만 살 수 있는 유일한 길은 어린양의 피뿐임을 너무도 명백하게 말하고 있다.

이런 상상을 해 보았다. 이미 이집트에 아홉 가지의 재앙이 임했다. 이 아홉 가지 재앙을 겪으면서 이집트 사람들은 이미 엄청난 두려움에 사로잡혀 있었다. 그런데 어느 날 저녁에 히브리 사람들이 집집마다 이상한 행동을 하기 시작했다. 양을 잡아 그 피를 자기 집 문설주에 바르는 것이었다. 어떤 이집트 사람이 이 광경을 지켜보고 분명 또 무슨 일이 일어날 것을 예측했다. 영문은 알 수 없었지만 만일 이 이집트 사람이 이스라엘 백성들이 하는 대로 자기도 양을 잡아 자기 집 문설주와 인방에 발랐다면 어떻게 되었을까?

히브리인이든지, 이집트 사람이든지 그 집에 누가 살든지 전혀 상관이 없다. 오직 사인은 피였다. 이것은 우리가 예수님의 피로 구속함을 입는 것이 인간의 행위와는 전혀 무관한 것임을 의미한다. 도덕적으로 고상한 삶을 살았다고 해서 구원받을 수 없다. 많은 명성과 재물로 우리의 생명이 보장될 수는 없다. 사람들에게 인정받고 성실하게 살았다고 해서 구원받는 것도 아니다. 오직 어린양의 피만이 우리를 죽음에서 구원할 수 있다. 예수님의 피 공로를 의지하면 누구든지 살 수 있다. 아무리 흉악한 죄인이라도 예수님의 십자가를 붙잡으면 살 수 있다. 이것이 우리가 가진 복음이다.

유월절이 지나면 그다음 날부터 7일 동안 누룩 없는 떡을 먹어야 하는 무교절로 이어진다. 누룩은 성경에서 죄를 상징하는 것으로, 누룩이 온 떡덩이를 부풀게 하는 것처럼 죄로 오염이 되는 것을 의미한다. 그러니까 유월절 이후 이어지는 무교절은 어린양의 피로 구속함을 입은 사람들이 이제 누룩 없는 삶, 즉 죄에 대하여 철저하게 죽은 자로 살아야 할 것을 의미한다.

　유월절과 무교절이 같이 묶여 있는데, 유월절은 1월 15일 하룻밤 저녁이라면 무교절은 7일 동안 계속된다. 이것은 구원받는 것이 생명이 잉태되는 것같이 순간에 이루어지는 것이지만, 구원받고 하나님의 자녀로서 성결의 삶을 사는 것은 지속적인 것임을 의미한다. 성화(聖化)는 하루아침에 이루어지는 것도 아니고, 특정한 어떤 기간 동안 완성되는 것도 아니며, 저절로 되는 것은 더욱 아니다. 예수님의 장성한 분량에 이르기까지 평생 힘쓰고 애쓰면서 넘어지면 또 다시 일어나서 끝까지 가야 하는 길이 바로 성화에 이르는 길이다.

　사람들이 종종 이런 말을 한다. "목사가 되기 전에 먼저 사람이 되라." 목사의 한 사람으로 부끄러운 일이지만 사람 같지 않은 목사들이 있기 때문일 것이다. 어떤 사람은 한 걸음 더 나아가서 "신자가 되기 전에 먼저 사람이 되라"는 사람도 있다. 아마 이런 말들은 신자들이 일반 사람들보다는 나아야 한다는 어떤 기대를 반영한 말일 것이다. 어느 정도 성숙한 사람이 되고 난 후에 신자도 되고 목사도 되어야 한다는 논리다. 상식적인 것 같고, 맞는 말 같지만 사실은 그렇지 않다. 생명을 잉태하는 것이 먼저이고 그 후에 자라는 것처럼, 분명히 순서는 은혜로 구원받는 것이 먼저이고 그 후에 성화의 길을 걷게 된다.

　신약성경에 사도 바울의 서신이 13개라고 한다. 바울의 서신은 모두 똑같은 구조를 가지고 있는데 전반부에서는 구원에 이르는 길로서의 복음을 선포하고 있고, 후반부에서는 구원받는 백성들의 생활 편이 이어진다. 유월절이 먼저이고 무교절이 이어지듯이 반드시 먼저 복음으로 말미암아 구원에 이르는 케리그마가 선포되고 그 후에 구원받은 백성의 삶에 대한 생활 편이 이어진다. 이 순서는 절대로 뒤바뀔 수 없다.

바울의 가장 대표적인 서신이라 할 수 있는 로마서에서는 이 두 가지를 '그러므로'라는 접속사로 연결하고 있다.

"그러므로 형제들아 내가 하나님의 모든 자비하심으로 너희를 권하노니 너희 몸을 하나님이 기뻐하시는 거룩한 산 제물로 드리라 이는 너희가 드릴 영적 예배니라"(롬 12:1).

구원받은 백성들은 이제 자신의 몸을 하나님께 산 제물로 드리는 성화의 삶을 살아야 할 것을 요구하면서 생활 편으로 이어진다.

그런데 여기서 중요한 것은 '그러므로'라는 상관접속사로 복음과 생활 편이 연결되어 있다는 점이다. '그러므로'라는 접속사는 당연한 결과를 말할 때 쓰는 연결접속사이다. 하나님의 은혜로 구원을 받았다면 당연히 그리스도인답게 살아야 한다. 어린아이들이 정상적인 과정을 거쳐서 성장해 가듯이 마땅히 구원을 받은 하나님의 자녀는 예수님의 영성과 인격을 닮아가야 한다. 그렇지 않다면 분명히 병들어 있다는 증거다.

성장 발달하는 과정이 있듯이 성화도 그 단계가 있다. 베드로후서 1장 5-7절에 그 과정들이 자세하게 묘사되어 있다.

"너희가 더욱 힘써 너희 믿음에 덕을, 덕에 지식을, 지식에

> 절제를, 절제에 인내를, 인내에 경건을, 경건에 형제 우애를, 형제 우애에 사랑을 더하라."

여기서도 보면 믿음이 그 첫 출발이다. 믿음은 생명이 잉태되는 것같이 이 모든 것을 가능하게 하는 가장 기본적인 전제다. 이 믿음 위에 7단계를 거쳐서 사랑이라는 완덕(完德)에 이르게 된다. 믿음을 유월절에 비유한다면, 나머지 7개의 덕목은 7일간의 무교절을 의미한다고 볼 수 있다.

그런데 이 성화의 과정에서 중요한 것은 '너희가 더욱 힘써'이다. 성화는 가만히 있으면 저절로 되는 것이 아니다. 예수님 믿고 구원받았다고 해서 죄에 대한 욕망이나 죄성(罪性)이 없어지는 것이 아니다. 여전히 우리의 살갗에는 죄가 남아 있다. 죄의 뿌리는 엄청난 세력을 가지고 있다. 이미 몸에 붙어버린 죄를 씻어내는 것은 절대로 쉬운 일이 아니다. 더욱 힘쓰고 애쓰지 않으면 결코 그 늪에서 벗어날 수 없다. 그리고 한 순간이라도 방심하면 순식간에 다시 죄악에 빠져 들어간다. 쌓아올리는 것은 평생이지만 무너지는 것은 순식간이기 때문에 평생을 걸쳐서 지켜가야 한다.

유월절과 무교절이 구분은 되지만 하나인 것처럼, 예수님 믿고 구원받는 것과 성화의 삶도 구분은 되지만 사실은 하나이다. 그래서 구원은 이미 받았지만 동시에 평생을 힘써 이루어가야 하는 과정 속에 있다. 이것을 영어로 표현한다면 천국의 개념처럼 "Already but not Yet"이라 할 수 있다.

12
예수님과 가장 닮은꼴 인생을 산 요셉

　구약학자요, 장로회신학대학교 총장을 지낸 장영일 교수가 출판한 《하나님이 선택한 사람들》에서 구약성서를 가장 잘 읽는 방법 가운데 하나는 어떤 구절에서든지 예수님의 모형을 찾아보는 것이라고 했다. 이것을 '그리스도 중심적 읽기'라고 했는데, 이 방법은 예수님께서 친히 제안하신 이래 하나의 정통적 성경 해석법으로 인정받고 있다고 했다(요 5:39 참조). 그러면서 그는 구약에서 나타나는 예수님의 모형 가운데 가장 대표적인 인물을 요셉이라고 했다. 요셉에 대한 기사를 읽다 보면 그를 예수님으로 착각할 정도로 닮았다고 했다.

　예수님이 은 30냥에 팔리신 것처럼 요셉도 은 20냥에 팔렸고, 예수님이 동족에게 붙잡혀 이방인(빌라도)에게 팔린 것처럼 요셉도 형제들에 의해 이방인 미디안 사람에게 팔렸으며, 예수님이 30세에 하나님의 아들로 공생애를 시작하신 것처럼 요셉도 30세에 총리대신이 되었다. 예수님이 마귀의 시험을 물리치신 것처럼 요셉도 보디발의 아내로부터 유혹을 물리쳤다.

뿐만 아니라 예수님이 마구간에서 태어나 종의 자리로 낮아지시고 마침내 인간의 죄를 지고 (음부에 내려가셨다가) 부활하심으로써 만왕의 왕이 되신 것처럼(빌 2:5-11) 요셉도 어려서(17세) 노예로 팔려 종살이와 감옥생활 끝에 총리의 영광을 얻었다. 예수님이 자신의 고난을 통하여 인류를 지옥에서 구원하신 것처럼 요셉도 이집트에서 고난을 통하여 마침내 총리가 됨으로써 기근에 처한 자신의 동족을 구원했다. 예수님이 원수들을 용서하신 것처럼 요셉도 자신을 핍박한 형제들을 용서했다(창 45:5; 50:17-20).

요셉은 예수님보다 적어도 1,500년 전 인물이다. 이 두 사람 사이에 시간적으로 1,500년이라는 엄청난 공백이 있다. 한 번도 스쳐 지나치지 않았던 이 두 사람이 이렇게 닮은꼴의 인생을 살았던 것을 어떻게 설명할 수 있을까? 요셉이 구약에 나오는 그리스도의 모형이었다고 고백할 수밖에 없지 않은가? 단순히 야곱의 가족을 기근으로부터 구원한 기사가 아니라 온 인류를 죄악 가운데서 구원할 예수 그리스도의 예표라고 인정할 수밖에 없다.

어떤 사람은 이런 해석을 끼워 맞추기식 해석이라고 비판할 수 있다. 그런데 무엇을 해석하려면 필연적으로 어떤 해석학적 관점을 가질 수밖에 없다. 예를 들면, 심리학적 관점에서 사도 바울의 회심 사건을 설명할 수 있고, 사회학적 관점에서 예수님의 성전 청결 사건을 설명할 수 있다. 또 과학적 관점에서 얼마든지 노아의 홍수를 설명할 수 있다. 그리고 이런 해석들이 터무니없다거나 잘못되었다는 것도 아니다.

물론 하나의 관점으로 성경 전체를 해석한다는 것이 무리가 따르는 것도 사실이다. 그러나 성경 전체가 한 성령의 감동으로 쓰여졌다는 것을 전제한다면 성경 전체를 관통하여 흐르는 가장 대표적인 해석학적 관점이 무엇일까? 이 점에 대하여 예수님께서 분명한 대답을 제시하셨다.

> "너희가 성경에서 영생을 얻는 줄 생각하고 성경을 연구하거니와 이 성경이 곧 내게 대하여 증언하는 것이니라"(요 5:39).

하나는 성경을 연구하는 이유에 대한 말씀이다. 성경을 연구하는 이유를 예수님은 영생을 얻기 위함이라고 분명히 하셨다.

제임스 심프슨이 하나님께서 아담을 잠들게 하신 후에 갈비뼈를 뽑아 하와를 만드셨다는 말씀을 읽고 묵상하다가 아이디어를 얻어서 클로로포름이라는 수면 마취제를 개발했다는 유명한 이야기가 있다. 이것은 성경을 읽다가 떨어진 부산물 정도로 생각하고 지나가야지 만일 과학도나 의학도가 이런 목적에서 성경을 연구하고 있다면 얼마나 우스운 꼴인가?

성경을 연구하는 목적은 아주 분명하다. 영생을 얻기 위함이라고 했다. 영생을 얻기 위해서 성경을 연구한다면 모든 성경은 예수님에 대한 증언으로 반드시 해석되어야 한다. 왜냐하면 예수님 외에는 구원을 얻을 다른 방법이 없기 때문이다. 이 영생의 진리를 인정한다면 신·구약에 나오는 모든 기사와 사건들을 예수님에 대한 증언으로 해석하는 것이 성경의 핵심을 파악하는 가장 좋은 해석학이다. 이런 의미에서 요셉은 구약성경에 나오는 가장 대표적인 예수님의 예표라고 할 수 있다.

13
도피성

    구약성경에 나오는 교회에 대한 대표적인 이미지 가운데 하나가 도피성이다. 도피성은 부지중에 살인한 자가 재판을 받기 전까지 자기 생명을 보존하기 위해서 세워졌다. 요단 동편에 세 성읍, 요단 서편 가나안 땅에 세 성읍을 도피성으로 지정하셨다. 도피성은 각 지파가 사는 곳에서 가장 빨리 갈 수 있는 교통의 요지에 세워야 하고, 반드시 길을 잘 닦아놓아야 하고, 또 이정표를 세워서 누구든지 쉽게 찾아갈 수 있도록 해야 했다.

    도피성에 들어가서 제단 뿔을 잡으면 아무리 살인을 한 사람이라 하더라도 그를 끌어내어 죽일 수 없다. 이 사람은 반드시 회중 앞에서 재판을 받아 고의로 살인을 했을 경우엔 처벌을 받을 수밖에 없지만, 의도성이 전혀 없이 부지중에 사람을 죽였으면 그는 도피성 안에 살면서 자기 생명을 지킬 수 있었다. 도피성 안에 있을 때에 자기 생명을 보호할 수 있는 것이지 만일 이 사람이 자기 마음대로 밖에 나갔다가 보복하는 자가 달려들어 이 사람을 쳐서 죽여도 그 죄를 물을 수 없었다. 그러니까 죄인은 반드시 도피성 안에 있어야 했다.

　죄인이 도피성 안에 있을 때에만 그 생명을 보장할 수 있는 것처럼 성도는 반드시 교회 안에 있어야 한다. 교회 밖에는 구원이 없다.
　계속되는 대형교회의 부자 세습, 교회 지도자들의 부덕한 문제의 노출, 교회의 분열 등으로 교회에 대한 이미지가 추락하면서 무교회주의자들이 늘어나고 있다. 성경은 진리이고 그 진리의 말씀을 따라 자기 나름대로 믿음생활을 하겠지만 교회는 싫다는 사람들이다.
　무교회주의자는 오늘날에만 있는 것이 아니다. 일본의 성자라고 이름이 붙었던 우치무라 간조(내촌감삼)도 무교회주의자요, '조선의 기독교는 조선 김치 냄새가 나야 한다'고 주장했던 김교신, 수많은 청년들이 따랐던 함석헌 선생도 무교회주의자이다.
　그러나 아무리 이들이 영향력이 있는 사람이었다 하더라도 교회 밖에는 구원이 없다. 오늘날 교회가 자정능력을 잃고 표류하고 있는 것도 사실이지만, 그럴수록 교회에 대한 애착을 가지고 끝까지 남아서 교회를 교회 되게 해야 한다. 왜냐하면 교회 안에만 구원이 있기 때문이다.

　도피성에 살던 사람은 대제사장이 죽어야 자기 집으로 돌아갈 수 있었다. 도피성은 일종의 가택 연금과 같다고 할 수 있는데, 대제사장이 죽으면 모든 제약으로부터 해방되어서 자기 집으로 돌아갈 수 있다. 그렇다면 이 법은 모호하기 그지없다.

극단적인 예로 어제 부지중에 살인을 하고 도피성에 들어와서 재판을 받고 살기 시작했는데, 오늘 대제사장이 죽었다면 이 사람은 단 하루 만에 자기 죗값을 다 치르고 집으로 돌아갈 수 있다. 반대로 어떤 사람은 벌써 몇 해 전부터 도피성에서 살고 있는데, 당시 대제사장이 장수를 해서 죽지 않으면 수십 년을 도피성에서 살아야 하는 사람도 있을 수 있다. 대제사장이 빨리 죽기를 간절히 고대하며 기도하는 어처구니없는 일이 도피성에서는 실제로 일어날 수 있었다.

이렇게 불합리한 법이 어디 있는가? 공정하게 몇 년이라고 재판관이 판정을 하든지 아니면 어떤 조건을 제시하고 그것에 맞게 모든 사람에게 법을 적용해야 공정하다 하지 않겠는가? 이 애매한 법은 세상 그 어느 나라에도 없는 법이다. 하나님이 친히 제정하셨으니 망정이지 만일 어느 나라 국회에서 이런 법을 제정할 수 있겠는가?

그렇다면 이 애매한 법의 참된 의미는 무엇일까? 참되신 대제사장 예수님이 십자가에서 죽으심으로 우리가 모든 죄에서 해방된 자유인이 된 것을 의미한다. 사람을 죽인 죄, 물론 고의로 그렇게 한 것은 아니라 할지라도 남의 귀한 생명을 잃게 한 사람이다. 이 엄청난 죄를 어떻게 해결할 수 있겠나? 자기 생명을 내어놓는다면 또 다른 사람에게 죄를 짓게 하는 죄악의 악순환만 거듭될 뿐이다. 자기 자신으로는 이 문제를 도저히 어찌할 수 없는 상황에서 대제사장의 죽음으로 이 문제가 극적으로 해결이 되었다.

예수님의 십자가가 바로 그렇다. 도저히 어찌할 수 없는 죄의 문제를 예수님이 십자가에 달려 죽으심으로 우리가 해방된 자유인이 되었다. 그러니까 구약의 도피성에 관한 규례는 예수님의 십자가 사건을 생생하게 묘사하는 복음 중의 복음이다. 구약은 율법이고 신약은 복음이라는 말은 맞지 않다. 구약성서 안에도 복음을 암시하는 사건들이 이렇게 많다.

교회는 바로 이 복음을 받아들인 사람들의 모임이다. 상대적으로 의롭다거나 높은 윤리적인 삶을 사는 사람들의 모임이 아니다. 자기가 죄인임을 고백한 사람들, 그래서 예수님의 십자가의 보혈을 의지한 사람들이 모인 곳이 교회이다.

전도할 때 종종 "나는 죄가 많아서 교회를 갈 수 없다"는 사람들이 있다. 나는 그럴 때마다 목욕탕에는 때가 많은 사람이 가듯이 교회는 죄가 많은 사람들이 가는 곳이라고 설명했다. 자기가 죄인임을 인정하지 않는다면 교회에 갈 필요가 없다. 도피성에 사는 사람은 다 죄인이었던 것처럼 교회에 다니는 사람들은 다 죄인이다. 그런데 자기가 죄인이라 고백하는 순간에 사람은 변하기 시작한다. 교회가 진정으로 새로워지기를 원한다면 내가 죄인임을 고백하는 진정한 회개 운동부터 시작해야 한다.

14
십자가에 달리신 예수님

　십자가에 달리기 전의 죄수들은 두 가지 형벌을 당했다. 첫째는 채찍으로 맞는 것이고, 둘째는 자기가 매달릴 십자가를 스스로 짊어지고 형장까지 끌고 가는 것이다.
　고고학자들의 증언에 따르면, 예수님 당시 로마의 군인들이 사용했던 채찍은 한 줄로 된 기다란 채찍이 아니라 여러 가닥이었다고 한다. 그리고 그 각각의 가닥 끝에는 날카로운 쇠붙이나 짐승의 뼈를 깎아 만든 뾰족한 물체들이 달려 있어서 그 채찍을 휘두르면 그 가닥들이 몸에 착 휘어 감기고, 가닥 끝에 달려 있던 쇠붙이가 파편처럼 살점에 각각 박혔다. 다시 치기 위해서 채찍을 잡아당기면 박혀 있던 쇠붙이가 떨어져 나오면서 한 움큼씩 살점이 뚝뚝 떨어졌다. 그러니 그 고통이 얼마나 심했겠는가?
　이러한 채찍을 심하게 맞으면 살아남을 사람이 없다. 그래서 사십에 하나를 감한 서른아홉까지만 채찍질하도록 법으로 정해 놓았다. 그러니까 십자가에 달리기 전에 이미 이 채찍을 맞는 것만으로도 거의 초주검이 되는 것이다.

이렇게 채찍으로 친 후에 자기가 매달릴 십자가를 스스로 짊어지고 형장까지 끌고 가야 했다. 이 십자가의 무게가 대략 120-150kg쯤 되었다고 한다. 한번 상상해 보라. 이미 모진 채찍에 맞았다. 성한 데가 하나도 없다. 수도 없는 살점들이 떨어져 나갔고, 살점이 떨어져 나간 그 상처들에서 피가 흐르고, 땅에 팽개쳐지면서 피와 흙이 범벅되어서 가히 눈 뜨고는 도저히 볼 수 없을 지경이 되어버렸다. 이렇게 된 사람이 그 무거운 십자가를 짊어지고 골고다의 언덕을 올라가야 했다.

예수님도 이 십자가를 지고 골고다 언덕까지 갈 때 수도 없이 넘어지셨다. 그때마다 로마 군인들의 채찍이 또 예수님의 등에 퍼부어졌다. 끌고 가다 쓰러지고, 또 쓰러지고 결국은 도저히 어찌할 수 없어서 구레네 사람 시몬이 대신 지고 가질 않았나? 시몬이 예수님의 십자가를 대신 지고 갔다는 이 사실이 당시의 상황이 얼마나 처절했는지를 생생하게 보여주는 것 아니겠는가?

이렇게 해서 형장에까지 끌려오면 십자가의 두 막대 중에 세로 막대는 먼저 땅에 박아 세우고, 그다음에 가로 막대에 죄인을 눕히고 양손에 못을 박는다. 이때 사용한 못은 오늘날 기차 철로에 놓인 침목에 박혀 있는 것과 비슷한 것이다. 가로 막대에 못을 박은 후에 도

르래 같은 것을 이용해서 세로 막대 꼭대기까지 끌어올려서 T자형의 십자가를 만들고, 세로 막대기에다 죄수의 발을 못 박는다.

처음에는 손바닥 중앙에 못을 박았다고 한다. 그런데 이렇게 해 보니까 자꾸 손바닥이 찢어지면서 죄수가 떨어졌다. 그래서 후에는 손목 가운데 있는 두 개의 뼈 사이에 못을 박았다. 그러다 보니 자연히 못을 박을 때 동맥이 터졌다. 망치로 내어칠 때마다 그 붉은 피가 분수처럼 솟아올랐다. 이렇게 피와 수분이 다 빠져나가면 심한 고열과 함께 머리가 터질 듯한 두통이 생긴다고 한다. 바로 그때 머리에 가시로 만든 관을 씌워버리는 것이다.

결국은 3개의 못에 60kg 이상 나가는 죄수의 몸이 매달려 있는 셈이다. 그러니 그 몸이 얼마나 아래로 축 처지겠는가? 몸이 아래로 축 처지면 당장은 못을 박은 손이 찢어지는 듯한 고통이 있다. 그런데 사실 이것은 오히려 둘째라고 한다. 몸이 아래로 처지면서 횡경막이 올라가서 숨을 제대로 쉴 수가 없다. 그래서 순간적으로 질식상태가 된다. 숨을 쉴 수 없어 꼴깍꼴깍 숨이 넘어가니까 어떻게 하겠는가? 발에 박힌 못에 힘을 주어서 몸을 위로 밀어 올리는 것이다. 그러면서 잠깐 숨을 쉰다.

잠깐 숨을 돌리면 발에 박힌 못 하나에 온몸을 지탱하고 있으니 그 고통이 또 얼마나 크겠는가? 견딜 수 없어서 발의 힘을 빼면 다시 몸이 축 처지면서 손바닥이 찢어지고, 다시 숨을 쉴 수 없는 상황이 된다. 이것을 죽을 때까지 반복하는 것이 십자가형이다. 나무에 달린 죄수가 너무너무 고통스러우니까 비명을 질러대고, 살려달라고 처절하게 소리치고, 그러다가 지치면 욕을 하며 저주하기도 하고, 별소리 다하니까 나무에 달기 전에 혀를 잘라버리기도 했다고 한다.

십자가 형벌의 잔인함은 이 형틀에 매달린 죄수가 금방 죽지 않는다는 데 있다. 그 말할 수 없는 고통을 마지막 숨이 넘어가는 순간까지 겪다가 죽어야 했다. 그래서 십자가에 달린 죄수에게 베풀어주는 최대의 관용은 그들의 무릎을 쳐서 끊어주는 것이라고 한다. 무릎 뼈가 끊어지면 질식할 것 같아도 몸을 위로 밀어 올릴 수 없기 때문에 결국 숨이 막혀 죽고 마는 것이다. 예수님의 좌우편에 있던 강도들의 다리를 꺾은 것도 바로 이런 이유에서였다.

죗값을 치른다는 것이 바로 이런 것이다. 십자가 처형이 처절한 만큼 우리의 죄악이 그만큼 크고 무섭다. 예수님이 다른 사람이 아닌 바로 나를 위해 이런 고통을 당하셨다. 그러니 무슨 말로 주님의 은혜를 갚을 수 있으리요!

15
십일조의 영성

신앙생활하면서 말도 많고, 탈도 많고, 은혜도 많은 것이 십일조이다. 어떤 사람은 십일조는 구약시대의 율법이었기 때문에 은혜의 시대에는 제사처럼 더 이상 반복할 필요가 없다고 하기도 하고, 또 어떤 사람은 십일조는 은혜의 시대에도 반드시 해야 한다고 주장하는 사람도 있다. 필자는 이 첨예한 신학적인 논쟁을 다루려는 것이 아니다. 다만 십일조의 효시라고 할 수 있는 아브라함이 멜기세덱에게 십분의 일을 드렸던 사건을 구속사적인 관점에서 조명해 보고자 한다.

멜기세덱은 참 특이한 인물이다. 그가 살렘 왕이었다는 것 외에 그의 아버지가 누구였고, 그가 어떻게 하나님의 제사장이 되었으며, 무슨 자격으로 아브라함을 축복했는지 아무것도 알 수 없는 신비에 싸여 있는 인물이다. 창세기 14장에 딱 한 번 나와서 아브라함을 축복하고 사라진 후로 성경에는 전혀 그에 대한 기사나 자료가 없다. 그런데 멜기세덱이 오늘 우리에게 중요한 의미를 주는 것은 아브라함이 그에게 얻은 것에서 십분의 일을 주었다는 기록 때문이다.

물론 그가 요구한 것도 아니고, 왜 아브라함이 십분의 일을 그에게 주었는지도 정확하게 알 수 없다. 그러나 이것이 분명히 오늘 성도들이 드리고 있는 십일조의 근간이 된 것이 사실이고, 아브라함뿐만 아니라 그의 후손들도 십일조 생활을 했던 것이 분명하다. 특히 야곱이 벧엘에서 하나님을 만난 후에 자기가 베고 잤던 돌에 기름을 붓고 '하나님이 내게 주신 약속을 이루어주시면 소득의 십일조를 하나님께 드리겠다'고 서원했다(창 28:22).

십일조는 10%가 아니라 열 개 중 그 첫 번째 하나를 의미한다. 그리고 첫 번째 하나는 맏아들처럼 언제나 전체를 대표했다. 그러니까 첫 번째 하나를 드리는 것은 전체가 하나님의 것이라는 고백이다. 레위기 법전에 짐승의 첫 새끼를 구별하여 제물로 삼는 것도 마찬가지 이유에서이다. 그러니까 십일조의 근본정신은 모든 것이 하나님께서 주신 하나님의 것임을 고백하는 행위이다.

이런 의미에서 10%는 하나님의 것이고, 나머지 90%는 내 것이라고 생각하는 것은 전혀 잘못된 생각이다. 모든 것이 하나님의 것임을 고백하면서 그 첫 번째 하나를 하나님께 드렸다면 나머지 아홉도 하나님의 것이기에 하나님이 원하시고 하나님이 기뻐하시는 일에 반드시 사용해야 한다.

십일조뿐만 아니라 헌금생활이 왜 어려운가? 솔직하게 말하면 아깝다는 생각이 들기 때문이다. '이 돈을 내가 어떻게 벌었는데……' 라는 생각이 먼저 든다. 내 것이라고 생각하고 내 것을 내놓으려고 하니까 힘이 든다. 그런데 잠시만 멈추어 서서 생각해 보면 전혀 내 것이 아니라는 것을 깨닫게 된다.

일할 수 있었던 건강은 누가 주셨나? 돈을 벌 수 있는 지혜 그것은 어디에서 온 것인가? 일할 수 있는 직장과 일터는 누가 주셨나? 주께서 건강을 주시고, 지혜를 주시고, 모든 여건과 환경을 제공해 주셨다는 것을 인정한다면 나의 삶은 전적으로 그분에게 빚지고 있는 것이 아닌가? 아니 먹고 사는 것뿐인가? 내가 지금 살아있는 것이 하나님의 은혜가 아니고 무엇인가? 이것을 진정으로 고백한다면 모든 것이 주님의 것임을 고백하는 십일조 생활은 마땅히 해야 한다.

모세는 아브라함보다 약 500년 후대의 인물이다. 물론 모세의 율법에 십일조가 법제화되었지만, 십일조는 그보다 훨씬 이전에 이미 자발적으로 하나님께 드리기 시작했던 아주 귀한 신앙의 유산이다.

흥미로운 사실은 멜기세덱이 아브라함을 만났던 그 장소가 사웨 골짜기 곧 왕의 골짜기(King's valley)라고 했다(창 14:17). 왕의 골짜기는 감람산과 예루살렘 성전 사이에 있는 계곡이었고, 이곳을 신약시대에는 기드론 계곡이라고 불렀다. 그리고 그 너머에 겟세마네 동산이 있었다.

멜기세덱이 떡과 포도주를 가지고 나와서 아브라함을 영접했다고 했는데, 예수님이 잡히시던 날 밤에 제자들에게 멜기세덱처럼 포도주와 떡을 떼어주시고, 이 기드론 골짜기를 건너가 겟세마네 동산에서 밤을 새워 기도하시다가 십자가형을 받으셨다. 시간적으로는 엄청난 공백이 있는 이 두 사건을 나란히 펴놓고 보면 멜기세덱이 아브라함을 영접했던 사웨 골짜기와 그가 가지고 나왔던 떡과 포도주는 분명히 예수님의 성만찬 사건의 예표였다.

그렇다면 멜기세덱이 사웨 골짜기에서 나와서 아브라함에게 준 것은 결국 예수님의 찢기신 몸과 흘리신 피였다. 떡과 포도주, 즉 예수님의 찢기신 몸과 피, 그것 때문에 우리가 살았고 이렇게 풍성한 복과 은혜를 누리며 살고 있는 것이 사실이라면 모든 것이 주님의 것임을 고백하는 십일조의 영성으로 마땅히 살아야 한다.

16
구속사적 관점에서 분석한 스데반의 설교

사도행전 7장은 스데반의 유고(遺稿) 설교이다. 스데반은 율법을 모독했다는 죄목으로 산헤드린 공의회에 붙잡혀 대제사장 가야바 앞에서 심문을 받았다. 결국 스데반은 이 설교를 채 마치지 못하고 끌려 나가 돌에 맞아 신약교회의 첫 번째 순교자가 되었다. 순교할 때 그의 얼굴이 천사와 같이 빛났다고 했고, 자기에게 돌을 던지는 사람들의 죄를 용서해 달라고 예수님처럼 기도했다는 일화는 우리에게 뜨거운 감동을 준다. 그런데 이 설교를 교리적인 관점에서 분석해 보면 역사상 최초의 기독교에 대한 변증(辨證)이라 할 수 있다.

스데반은 거기 있던 공회원들을 향해서 "여러분 부형들이여!"(행 7:2)라고 불렀다. "fathers and brothers!" 같은 혈육이요, 같은 가족이란 뜻이다. 거기 있는 모든 사람이 다 같은 혈육이라면 누구를 중심으로 그렇다는 말이겠는가? 분명히 아브라함이다. 우리는 다같이 아브라함의 후손이라는 뜻이다.

여기서 스데반이 아브라함을 언급한 것을 주목해야 한다. 그가 아브라함을 언급한 이유는 언약(言約)의 우월성을 말하기 위함이다. 선민 유대인의 역사는 아브라함에게서 시작된다. 즉 아브라함을 자기 백성으로 삼고 복의 근원이 되게 하겠다고 약속하셨기 때문에 그 자손들이 구원을 받았다.

유대인들은 모세를 가장 위대한 인물로 여겼다. 모세가 하나님의 율법을 받아 이스라엘에게 전해 주었기 때문에 언약의 백성이 되었다고 생각한다. 그러나 실제로 아브라함은 모세보다 더 중요한 인물이다. 왜냐하면 이스라엘이 하나님 백성이 된 것은 모세의 율법 때문이 아니라 아브라함에게 주신 언약 때문이다.

유대인들은 자신들이 모세의 제자라고 자랑했다. 그러나 그들은 모세의 제자이기 이전에 아브라함의 자손들이다. 아브라함의 자손이 되었기 때문에 모세의 율법을 받은 것이지, 모세의 율법을 잘 지켰기 때문에 아브라함의 자손이 된 것이 아니다. 선민이 되었기 때문에 율법을 주신 것이지 율법을 지켰기 때문에 선민이 된 것이 아니라는 말이다.

이스라엘이 어떻게 선민이 되었는가? 그것은 순전히 하나님의 선택하심 때문이다. 이스라엘이 남들보다 잘났거나 특별했기 때문에 선택받은 것은 절대로 아니다. 주지하다시피 아브라함은 본래 우상을 숭배하던 사람이었다. 그의 아버지 데라는 우상을 만들어 판매했던 사람이다. 하나님의 진노를 받아도 가장 먼저 받았어야 할 사람이다. 그런 아브라함을 하나님이 선택하셨다. 남들보다 착해서도 아니고 가문이 좋아서도 아니다. 무조건 선택하셨다. 오늘 우리가 구원받은 것도 마찬가지이다. 우리가 특별해서 하나님을 믿게 된 것이 아니다. 하나님이 우리를 자녀로 부르셨기 때문이다.

분명한 사실은 선택받은 것이 먼저이고, 그 후에 선민으로서 어떻게 살아야 할 것인지에 대한 율법이 주어졌다. 성경에서도 아브라함이 먼저 나오고 모세가 나중에 나오듯이 아브라함을 통해 자녀를 삼으신 것이 먼저이고, 모세를 통해서 율법을 주신 것이 나중이다. 이런 관점에서 바울의 서신도 보면 항상 예수님을 믿음으로 구원에 이르는 교리 편이 먼저 나오고, 구원함을 받은 백성들이 천국에 이를 때까지 이 세상에서 어떻게 살아야 할 것인지에 대한 생활 편이 그 뒤를 따른다.

스데반은 출애굽기 전반부에 나오는 이야기, 즉 이스라엘이 이집트에서 번성한 이야기를 시작했다. 하나님은 아브라함에게 자손의 번성을 약속하셨다.

> "네 자손을 하늘의 별과 같이 번성하게 하며 이 모든 땅을 네 자손에게 주리니 네 자손으로 말미암아 천하 만민이 복을 받으리라"(창 26:4).

70여 명의 야곱의 가족이 약 400년 만에 남자 장정만 약 60만 명이 되었다. 어린아이와 부녀자, 노인들까지 합치면 족히 200만 명은 넘었을 것이다. 수적으로 말한다면 이집트에서 400년 만에 약 3만 배로 늘어났다. 이 같은 번성의 결과는 탄압으로 다가왔다.

요셉이 총리로 있을 때의 이집트는 제15왕조(주전 1690-1580년)인 힉소스 왕조로 추측이 된다. 힉소스는 셈족 계통의 사람이었다고 한다. 그래서 같은 셈족 계열인 이스라엘 사람 요셉을 총리로 삼을 수 있었던 것이다. 그런데 모세가 활동했던 시기는 이집트의 제19대 왕조의 람세스 2세(주전 1290-1224년) 때라고 추정한다. 이미 왕조 자체가 여러 번 바뀌었고 과거 요셉이 어떤 사람이었는지 알지 못하는 사람이 이집트의 바로가 되었다.

이때 하나님은 이스라엘을 구원하기 위해서 모세를 부르셨다. 모세의 부모는 석 달 동안 왕명을 거역하고 모세를 숨겨 기르다가 도저히 어찌할 수 없어서 갈대상자에 담아 나일 강가에 버렸다. 이 모세를 바로의 딸이 목욕하러 나왔다가 발견하고 데려갔다. 이 사람은 람세스 2세의 딸로 알려져 있는데 그녀는 왕권을 이어받을 만큼 권세 있는 사람이었다. 모세는 이 사람의 왕자가 되었다. 왕위 계승자로 자라난 모세는 이집트 사람의 모든 학문과 지혜를 배웠다. 당시의 이집트는 대수학, 기하학, 천문학, 지리, 시, 철학, 의학, 정치학 등 여러 분야에서 첨단을 자랑하는 대제국이었다.

40세가 될 무렵에, 모세는 자기 백성을 돌아보고 싶은 마음이 생겼다(행 7:23). 돌아본다는 말은 그들을 압제에서 해방시킨다는 뜻이다.

40년이 지나도록 이집트의 왕자로 자라던 모세가 갑자기 히브리 사람을 구하겠다는 생각을 가진 것은 결코 쉽게 이해할 수 있는 일이 아닙니다.

모세가 누구인가? 이것이 스데반의 설교의 아주 중요한 쟁점이다. 스데반은 이 설교에서 유대인들이 생각하는 것같이 모세는 율법을 전해 준 선지자이기 이전에 예수님의 상징이요, 그림자임을 역설한다.

사도행전 7장 35-37절에는 이집트에서 종살이하던 이스라엘 백성들이 모세를 지칭했던 3가지 직함(職銜)이 나온다. 첫째는 관리와 재판장이다(35절). 이것은 행정적인 지도자, 곧 왕권을 의미한다. 둘째는 속량하는 자이다(35절 하). '속량'(贖良)이란 말은 '풀어준다'는 뜻으로 제사장을 말한다. 셋째는 선지자(37절)이다. 그렇다면 모세는 왕이요, 제사장이요, 선지라는 말인데, 구약시대에는 이 세 부류의 사람들이 기름 부음을 받았다.

왕, 제사장, 선지자는 예수님의 3중직(重職)을 말한다. 예수님은 만왕의 왕이시요(계 17:14), 참되고도 영원한 제사장이시며(히 7:21), 하나님의 선지자이시다(눅 24:19). 이런 의미에서 모세는 분명히 예수님의 그림자이다. 그리스도이신 예수님을 나타내는 인물이 바로 모세이다.

스데반은 계속해서 모세가 사역했던 장소 세 곳을 언급했다.

"이 사람이 백성을 인도하여 나오게 하고 애굽과 홍해와 광야에서 사십 년간 기사와 표적을 행하였느니라"(행 7:36).

모세가 사역했던 첫 번째 장소로 지명한 곳은 이집트이다. 이집트는 이스라엘 백성들의 불신상태를 의미한다고 할 수 있다. 그들은 너무 오랫동안 이집트의 노예로 살았기 때문에 언약의 백성임을 망각하고 이집트에 동화되어 그들의 각종 신들을 섬기면서 오히려 이스라엘 백성으로 태어난 것에 대한 한을 가지고 살았다. 둘째는 홍해이다. 홍해는 이스라엘 백성들이 죄 씻음을 받은 세례의 장소를 의미한다(고전 10:1). 그리고 셋째는 광야이다. 광야는 세상 속에 있는 교회를 말한다(행 7:38). 그렇다면 여기 이집트, 홍해, 광야는 성도들이 구원받는 과정을 설명하고 있다.

결과적으로 스데반이 그의 설교에서 모세에게 붙여진 세 가지 직함과 그가 사역했던 세 곳을 언급했던 것은 거기 있던 대제사장과 종교지도자들이 생각했던 것처럼 모세가 단순히 율법의 전달자가 아니라 예수 그리스도의 그림자임을 증명하기 위함이었다.

유대인들은 지금 스데반을 붙잡아 법정에 세우고 율법을 모독했다고 했는데, 그러면 광야에 있던 이스라엘 백성들이 율법을 잘 지켜서 가나안 땅의 주인공이 되었는가? 그들은 무슨 일만 생기면 모세를 원망하고 불평했다. 배고프고, 목마르면 모세를 원망하며 돌로 치려고 달려들었다. 홍해에서, 므리바에서, 신 광야에서, 시내산에서……. 그들은 모세가 시내 산에서 내려오기도 전에 금송아지를 만들어 섬겼다. 어떤 주석가는 이런 이스라엘의 모습을 '유아 회귀적 현상'이라고 했다. 미성숙한 사람들은 어떤 어려운 상황에 부딪치면 젖먹이 시절 행동을 한다. 꼭 광야에 있던 이스라엘 백성들이 그랬다.

송아지 숭배는 이집트 사람들의 중심 신앙이다. 모든 지역에서 소를 섬겼다. 멤피스 사람들은 아피스란 검은 황소를 섬겼다. 헬리오폴리스에서는 므네비스라는 황소 신을 섬겼다. 테에베 부근에서는 바시스라는 검은 황소를 섬겼다. 이스라엘 사람들은 자기들을 구원하신 여호와는 안중에 없었다. 그저 과거에 섬겼던 송아지를 숭배하는 것으로 돌아가고 싶어했다.

광야에 있던 이스라엘 백성들이 온전했기 때문에 가나안의 주인공이 된 것이 분명히 아니다. 그들을 선택하시고 끝까지 포기하지 않고 아브라함에게 약속하신 대로 그들에게 가나안 땅을 은혜로 주신 것이다. 이것은 은혜의 사건이지 율법을 행함에서 온 것이 명백히 아니다. 그런데 이스라엘 백성들은 마치 율법을 지킴으로 구원이 이루어질 것처럼 생각하고 그것을 고수하기 위해서 결국 예수님을 십자가에 못 박았고, 이 은혜의 법을 전했던 스데반을 돌로 쳐 죽였다.

기독교 최초의 변증이라 할 수 있는 스데반의 이 설교는, 구원은 하나님의 은혜로 받는 것이지 율법을 행함으로 받는 것이 아니라는 것을 명백하게 증명한 구속사적 설교의 가장 고전(古典)이라 할 수 있다.

17
법궤 속에 담긴 물건들

법궤는 유대교에서는 심장과 같은 것이고, 이스라엘 백성들은 하나님의 임재의 상징으로 가장 신성시했던 것이다. 야훼 하나님께서 모세에게 성막을 지으라고 명하신 것도 그렇고, 솔로몬이 성전을 지어 봉헌했던 것도 궁극적으로는 법궤를 모시기 위함이었다.

법궤는 말 그대로 외양이 상자이기 때문에 그 안에 무엇을 담기 위해 만들어졌다. 실제로 법궤 속에 넣어두었던 것이 무엇이었나? 주지하는 바대로 만나를 담은 금 항아리, 아론의 싹난 지팡이, 그리고 십계명의 두 돌판이었다(히 9:3-4).

야훼 하나님은 왜 이것들을 법궤 속에 넣으라 하셨을까?

먼저 출애굽기 16장 33절에, "항아리를 가져다가 그 속에 만나 한 오멜을 담아 여호와 앞에 두어 너희 대대로 간수하라"고 했다. 한 오멜은 이스라엘 백성들이 광야에서 거두어들였던 만나의 하루분 양식이다. 그렇다면 이스라엘 백성들이 광야에서 먹었던 만나를 기념하기 위함이라 할 수 있는데, 만나가 이렇게 중요한 의미가 무엇일까?

요한복음 6장 48-50절에서 예수님께서 "내가 곧 생명의 떡이니라 너희 조상들은 광야에서 만나를 먹었어도 죽었거니와 이는 하늘에서 내려오는 떡이니 사람으로 하여금 먹고 죽지 아니하게 하는 것이니라"라고 하셨다. 만나는 생명의 떡이신 예수님의 그림자라 할 수 있다(요 6:51, 6:55 참조). 이 사실을 증거하기 위해서 만나를 담은 항아리를 법궤 안에 넣어 간직하라 하셨다.

둘째는 아론의 싹난 지팡이이다. 이스라엘 백성들이 아론의 대제사장직에 대하여 도전했던 일이 있었다. 이때 하나님께서 아론의 지팡이에 순이 나고 꽃이 피어 살구열매를 맺히게 함으로써 그와 그 후손을 대제사장으로 지명하였음을 선언하셨다. 그리고 이 사실을 대대로 기억하기 위해서 아론의 싹난 지팡이를 법궤에 두라 명하셨다(민 17:4).

이것은 무엇을 의미할까? 예수님이 영원하고도 참되신 대제사장이심을 말하고 있다. 이 사실을 가장 강조하고 있는 책은 히브리서이다(히 3:1, 4:14, 6:20 참조). 그리고 지팡이는 이미 죽은 것인데 싹이 나고 꽃이 핀 것은 예수님의 부활을 상징한다고 할 수 있다.

그럼 왜 하필 아론의 지팡이가 살구꽃을 피웠을까? 예레미야 1장 11-12절을 보면, 하나님께서 예레미야를 부르고 환상을 보여주셨는데 그중의 하나가 살구나무 가지에 꽃이 핀 모습이었다. 이 사건을 설명하시기를 "이는 내가 내 말을 지켜 그대로 이루려 함이니라"고 하셨다. 예수님 안에서 이 모든 예언이 성취될 것을 살구나무 꽃을 통해 말씀하셨다.

마지막으로는 십계명의 두 돌판이다(신 10:1-2). 십계명은 율법의 가장 중요한 핵심이다. 그리고 율법의 총 결론을 로마서에서는 "죄의 삯은 사망이라"(롬 6:23)고 정리했다. 결국 죄에 빠진 사람들은 죽음에 이를 수밖에 없다. 그런데 여기에 하나님의 놀라운 은혜가 있다. 십계명의 두 돌판을 넣고 법궤의 뚜껑을 덮는데, 법궤의 뚜껑이 곧 속죄소이다. 대제사장이 일 년에 한 번씩 이 법궤의 뚜껑인 속죄소에 피를 일곱 번 뿌림으로 자기 자신과 이스라엘 백성들의 죄를 속했다.

속죄소는 히브리어로 '카포렛'이며, 카포렛의 원형인 '카팔'은 '덮는다'는 뜻이다. 하나님은 율법을 법궤 안에 넣고 닫아버렸다. 야훼 하나님이 친히 법궤의 뚜껑을 닫아버렸기 때문에 누구도 그것을 열 수 없다. 뚜껑을 닫고 예수님의 피로 덮어버렸기 때문에 그리스도 안에 있는 자들은 정죄함을 받지 않는다. 이런 의미에서 예수님은 율법의 마침이 되셨다(롬 10:4).

법궤의 뚜껑인 속죄소를 다른 말로는 시은좌라고 한다. 하나님께서 거기 앉으셔서 은혜를 베푸시는 곳이라는 뜻이다. 하나님은 법궤의 뚜껑에 앉아 누구도 그것을 열지 못하도록 지키고 계신다. 이것이 죄인일 수밖에 없는 인간을 향한 은혜이다. 그래서 우리는 그곳을 시은좌라 부른다.

법궤는 반드시 두 개의 채로 꿰어서 어깨에 메야만 했다. 법궤가 그렇게 큰 것은 아니지만 조각목으로 만들어 금으로 싸고, 그 안에 만나를 담은 금 항아리와 아론의 싹난 지팡이 그리고 십계명의 두 돌판을 넣었기 때문에 그 무게가 결코 가볍지 않았을 것이다. 그런데 이 법궤는 무겁다고 해서 마차에 실어 수레로 끌 수 없고 반드시 어깨에 메고 운반해야 했다(출 25:13-14). 이것은 예수님이 지신 십자가를 의미한다. 예수님이 십자가를 지심으로 말미암아 하나님의 모든 은혜가 우리에게 임했다.

법궤는 겉으로 보면 금으로 만든 나무 상자 같지만, 사실은 그 모든 것이 결국은 예수 그리스도의 구속사를 말하고 있다. 법궤가 그림자라면 예수님의 십자가는 그 원형이다. 이런 의미에서 율법의 핵심도 분명히 예수님의 구속사이다.

예수님 이야기로 가득한 교회

◆ ◆ ◆ ◆ ◆ ◆ ◆ ◆ ◆ ◆

제2장

율법과 복음

01
수건을 쓴 모세

모세가 시내 산에서 율법을 받고 내려왔을 때 그의 얼굴에 광채가 나서 수건으로 얼굴을 가렸다. 그런데 모세가 자기 얼굴을 수건으로 가린 때가 정확히 언제인가? 시내 산에서 내려오면서부터 아예 수건을 쓰고 내려왔는가? 아니면 온 이스라엘 회중에게 시내 산 율법을 전할 때 수건을 쓴 상태로 전했나? 그것도 아니면 율법을 다 전한 후에 수건을 썼나?

출애굽기 34장 33절에 "모세가 그들에게 말하기를 마치고 수건으로 자기 얼굴을 가렸더라"라고 했다. 그러니까 이스라엘 회중들에게 시내 산 율법을 전할 때에는 수건으로 자기 얼굴을 가리지 않았다. 이스라엘 온 회중은 하나님의 말씀을 전하는 모세의 얼굴에서 나는 광채를 보았다.

사람들은 막연히 모세가 그 얼굴 광채를 이스라엘 백성들에게 보여주지 않으려고 수건으로 얼굴을 가린 것이라고 생각한다. 그런데 사실은 그렇지 않다. 모세가 시내 산 율법을 전할 때는 수건을 쓰지 않았고, 율법을 다 전하고 자기 얼굴을 수건으로 가렸다.

그렇다면 왜 모세는 율법을 다 전하고 난 후에 자기 얼굴을 수건으로 가렸을까? 이 사건에 대한 주석이 고린도후서 3장에 나온다. 거기 보면 없어질 것과 길이 있을 것을 대비하고 있는데, 없어질 것은 율법의 조문이라고 했다(고후 3:6-7).

그렇다면 길이 있을 것은 무엇이겠는가? 두말할 것도 없이 그리스도의 복음이다. 모세는 장차 없어질 것을 사람들이 주목하지 못하게 하려고 수건으로 자기 얼굴을 가렸다고 했다(고후 3:13). 모세가 전했던 시내 산 계명은 영원한 것이 아니고 결국 없어질 것이기 때문에 그것을 더 이상 주목하지 말라는 의미에서 모세가 수건으로 자기 얼굴을 가렸다고 바울은 주석했다.

율법은 장차 없어질 것이라고 했는데 그럼 그때가 언제인가? 예수 그리스도께서 오실 때이다. 율법은 한마디로 오실 메시아에 대한 예언이다. 메시아가 오시는 길을 예비하는 것으로 율법은 자기 사명을 다했다. 그리고 예수 그리스도께서 오심으로 율법은 그 영광의 빛을 상실하게 된 것이다.

예수께서 오시기 전에 세례 요한이 나타났다. 그는 자기 자신의 사명, 주의 길을 곧게 하라고 광야에서 외치는 자의 소리라고 했다. 주의 길을 예비하는 것이 그의 사명이었다. 그래서 그가 닦아놓은 길을 따라 예수님이 오셨다. 이런 의미에서 세례 요한을 구약의 마지막 선지자라고 말했다. 모세 자신도 그의 얼굴에서 나는 광채가 참 빛이 아니라는 사실을 익히 알고 있었다. 그 빛은 잠시 있다 사라질 것임을 알았다. 율법은 모세의 얼굴에 잠시 빛났던 그 광채와 같다. 장차 사라질 영광이다. 참 빛이 나타나면 그 빛을 잃을 수밖에 없는 것이다.

태양이 떠오르면 달이 그 빛을 잃어버리는 것처럼 예수 그리스도 안에 있는 복음의 영광 앞에서 율법은 그 빛을 잃어버리게 되었다. 그러니까 율법은 과정이지 목적이 아니다. 그래서 율법은 율법으로 끝나버리면 안 된다. 율법은 반드시 복음으로 꽃을 피워야 한다.

고린도후서 3장 14절을 읽어보자.

> "그러나 그들의 마음이 완고하여 오늘까지도 구약을 읽을 때에 그 수건이 벗겨지지 아니하고 있으니 그 수건은 그리스도 안에서 없어질 것이라."

여전히 구약성경을 읽으면서 수건을 가린 채로 그대로 읽고 있는 사람들이 있다는 지적이다. 다시 말하면, 구약을 율법 그 자체로 읽는다는 말이다. 그리고 그것이 성경적이라고 착각하고 있다. 이미 영광의 빛이 떠올랐는데 아직도 수건 속에 가려진 율법을 따라 사는 어리석은 인생들이다. 아직도 율법에 매여 사는 사람은 밝은 대낮에 등불을 들고 다니는 이상한 사람과 같다.

비근한 예로 율법에는 음식에 대한 규정이 있다. 먹을 수 있는 음식과 먹을 수 없는 음식을 분명히 구분해 놓고 있다. 그러나 그리스도 안에서 모든 음식은 하나님이 주신 귀한 선물이 되었다. 그래서 무엇이든 맛있게 감사함으로 먹어야 한다. 이 이야기의 결론은 이렇게 끝이 났다.

> "주는 영이시니 주의 영이 있는 곳에는 자유가 있느니라"(고후 3:17).

복음 안에는 진정한 자유함이 있다.

> "그리스도께서 우리를 자유롭게 하려고 자유를 주셨으니 그러므로 굳건하게 서서 다시는 종의 멍에를 메지 말라"(갈 5:1).

흔히 이 구절을 자유의 대헌장이라고 한다. 이 자유는 십자가의 희생을 치른 대가로 우리에게 주어진 것이기 때문에 다시는 종의 멍에를 지고 살면 안 된다.

그러면 복음의 빛 가운데 거하면 어떻게 되는가?

> "우리가 다 수건을 벗은 얼굴로 거울을 보는 것같이 주의 영광을 보매 그와 같은 형상으로 변화하여 영광에서 영광에 이르니 곧 주의 영으로 말미암음이니라"(고후 3:18).

모세가 하나님을 대면하여 보고 있을 때 자기도 모르는 사이에 그의 얼굴에 광채가 났듯이, 우리가 수건을 벗고 주님을 얼굴과 얼굴을 대하여 봄으로 주님의 영광이 우리에게 임하게 된다. 복음으로 사는 사람에게는 주님의 영광의 빛이 있다. 자기도 모르게 예수님을 닮아 가게 되어 있다.

02
십계명의 두 돌판

시내 산에서 하나님께서 모세에게 십계명을 비롯한 율법과 성막에 관한 계시를 주시는 데 40일이 걸렸다. 40일은 짧은 기간이 결코 아니다. 시내 산은 풀 한 포기 자랄 수 없는 돌산이고, 물 한 방울 나지 않는 곳이기 때문에 40일이 가까워지도록 내려오지 않자 이스라엘 백성들은 모세가 거기서 죽었다고 생각했던 것 같다.

모세가 죽었다고 생각하니 가만히 있을 것이 아니라 어떤 대책이 필요하다고 생각했다. 그래서 아론을 찾아갔고, 아론은 금송아지 형상의 우상을 만들어주었다. 시내 산에서 아론과 이스라엘 백성들이 씻지 못할 죄를 지었다.

당시 애굽에서는 많은 동물들을 신으로 숭배했다. 예를 들면, 멤피스 지방에서는 '프타'라는 신을 섬겼는데 이는 황소였고, 테베스에서는 '아몬'을 섬겼는데 이는 암소였다. 하늘의 신이라고 하는 '호러

스'는 매(鷹, Hawk)였고, 태양의 신이라는 '라'도 역시 매였다. 죽음의 신이라는 '오시리스'는 염소였고, 그 아내 '이시스'는 암소였다. 지혜의 신 '도드'는 원숭이였고, 그 아내 '헤카'라는 여신은 개구리였다. 이스라엘 백성들도 애굽에서 살면서 애굽 사람이 섬기던 이런 신들을 같이 섬겼다.

이스라엘 백성들은 애굽에서 종살이를 했기 때문에 금, 은 보화가 전혀 없었다. 이들이 금송아지를 만들었던 금은 출애굽할 때 하나님께서 애굽 사람들에게서 빼앗아 이스라엘 백성에게 주신 선물이었다(출 12:36). 그리고 이처럼 많은 보화를 주셨던 것은 장차 성막을 짓는 데 필요했기 때문이다. 그런데 이스라엘 백성들은 하나님이 은혜로 주신 선물, 그것도 성막을 지을 때 써야 할 것을 가지고 금송아지를 만들었고 그것이 우리를 애굽에서 인도하여 낸 신이라면서 그 앞에서 제사를 드렸다.

이 광경을 보시고 하나님의 분노가 하늘에 사무쳤다.

"여호와께서 또 모세에게 이르시되 내가 이 백성을 보니 목이 뻣뻣한 백성이로다 그런즉 내가 하는 대로 두라 내가 그들에게 진노하여 그들을 진멸하고 너를 큰 나라가 되게 하리라"(출 32:9-10).

모세는 아브라함과 이삭과 약속하신 것을 기억하셔서 이스라엘의 죄를 사해 달라고 애원하면서, 만일 용서할 수 없다면 생명책에서 자기의 이름을 지워달라고까지 했다. 결국 모세의 간절한 중보적 기도로 하나님이 한 걸음 뒤로 물러나셨지만 이 사건으로 인해서 하나님과 이스라엘 백성들 사이에 엄청난 간격이 생겼다.

출애굽기 33장 1절을 보면, 이 사건 이후에 하나님이 이스라엘 백성들을 호칭하는 용어가 갑자기 달라졌다. 이스라엘 백성들을 '모세의 백성'이라고 하셨다. 한 번도 그렇게 호칭한 적이 없었다. 항상 '내 백성'이라고 하셨지 '네 백성'이라고 한 적이 없었다. 게다가 '네가 이 백성을 인도하여 가나안 땅으로 들어가라'고 하셨다. 한 번도 하나님은 모세에게 이렇게 말씀하신 적이 없었다. 항상 '내가 인도하여 가겠다'고 하셨지 모세에게 인도하라고 하신 적은 없었다.

더 중요한 것은 출애굽기 33장 2절에서 '내가 사자를 너보다 앞서 보내어 가나안 땅 사람들을 쫓아내겠다'고 했다. 구약 성경에서 사자라고 번역된 말은 두 가지 용례가 있다. 정관사 없이 사용되었을 때는 천사들을 말하고, 정관사를 붙여서 사용했을 때는 제2위 하나님, 성자 예수님을 지칭했다. 그런데 여기서는 정관사를 사용하지 않았다. 그렇다면 무슨 뜻인가? 하나님이 천사들을 보내서 약속한 대로 가나안 땅은 너희에게 주겠지만, 나는 너희와 함께 가지 않겠다는 뜻이다. 그래서 출애굽기 33장 3절에서 "나는 너희와 함께 올라가지 아니하리니 너희는 목이 곧은 백성인즉 내가 길에서 너희를 진멸할까 염려함이니라"고 하셨다.

하나님이 계시지 않는 가나안 땅이 무슨 의미가 있는가? 흔히 가나안 땅을 젖과 꿀이 흐르는 땅이라고 하지만 실제로 그 땅은 아주 척박한 땅이다. 단순히 땅으로만 이야기한다면 젖과 꿀이 흐르는 땅은 오히려 이스라엘 백성들이 살았던 애굽의 고센 땅이다. 하나님이 함께하시는 곳이기 때문에 그 땅을 젖과 꿀이 흐르는 땅이라고 하는 것이지, 하나님이 계시지 않는 가나안은 모세에게나 이스라엘 백성들에게 아무런 의미가 없었다. 그래서 모세는 '주께서 친히 가지 아니하시려거든 우리도 가지 않겠다'고 했고, 결국 하나님은 다시 뜻을 돌이키고 친히 그들과 함께하겠다고 약속하셨다(출 33:17).

이렇게 해서 모든 문제가 다 해결된 줄 알았다. 그런데 뜻밖의 사건이 발생했다. 하나님과 이스라엘 백성 사이에서 자기 생명을 걸고 기도했던 모세가 막상 산 아래에 내려와서 그들이 금송아지 앞에서 미쳐 날뛰는 것을 보고는 화를 참지 못하고 손에 들고 있던 십계명의 두 돌판을 던져서 깨뜨리고 말았다. 하나님이 친히 새겨주신 것이고, 율법의 근간인 십계명이 기록된 것이었다. 그런데 결국 그것이 깨지고 말았다.

산산이 깨어진 십계명의 돌판 이것이 무엇을 의미할까? 주경학자인 아더 핑크(A.W. Pink)는 "율법을 준수하는 일에 대한 인간의 무능함을 회화적으로 묘사하고 있다"고 했다. 인간은 깨어진 돌판처럼 하나님이 정하신 의를 이룰 수 없다. 그래서 하나님은 모세에게 두 번째 십계명의 돌판을 준비하라고 하셨고, 거기에 다시 십계명을 새겨주셨다. 이것은 깨어진 관계를 회복하시려는 하나님의 구속사적인 행위이다.

  이런 관점에서 보면 첫 번째 깨어진 십계명의 돌판이 율법을 상징한다면 두 번째 십계명의 돌판은 그리스도의 복음을 상징한다고 할 수 있다. 그리고 이 복음의 말씀을 법궤 안에 간직하라고 하셨다.

03
하만과 모르드개의 조서

에스더 하면 '죽으면 죽으리이다'가 제일 먼저 생각난다. 순교할 각오로 하만의 악한 음모를 폭로하고 이스라엘 민족을 구원한 사람이 에스더이다. 그리고 이 사건을 기념하기 위해서 유대력으로 12월 13일을 부림절로 지킨다. 그래서 일반적으로 에스더서는 부림절의 기원을 다룬 책이라고 한다.

에스더서의 이 기사는 대부분 잘 아는 이야기지만, 하만이 유대인들을 진멸하려고 "아달월 13일에 모든 유다인들을 쳐서 죽이고 탈취하라"는 조서를 온 세상에 반포했다. 에스더서에는 왕의 도장이 찍힌 조서는 왕 자신도 변개할 수 없다는 말이 여러 번 강조되었다(에 8:8). 그러니까 아달월 13일이 되면 유대인들은 꼼짝없이 다 죽게 되었다. 속된 표현이지만 제삿날을 이미 받아놓은 상태다. 이것이 바뀔 수 있는 가능성은 0%이다.

에스더가 이 사실을 알고 가만히 앉아서 당하고만 있을 수 없으니까 왕에게 나가서 하소연을 해 보려고 하는데, 아무리 왕후라고 해도 왕이 불러주지 않으면 왕에게 나아갈 수가 없었다. 언젠가 불러주겠지 하고 무작정 기다리기에는 상황이 너무 급박했기 때문에 에스더는 부름을 받지 않고 왕에게 나아가겠다고 작정했다. 그래서 3일을 수산 성에 있는 온 이스라엘 백성들과 함께 금식하고 아하수에로 왕에게 나아갔다.

에스더 5장 1-2절에 이 극적인 상황이 아주 자세하게 묘사되어 있다. 에스더가 왕후의 예복을 입고 왕궁 안뜰 어전 맞은편에 들어갔다. 아하수에로 왕이 이 보좌에 앉아 있었는데, 대궐 문이 스르르 열리면서 에스더가 들어왔다. 이때 왕이 손에 잡고 있었던 금 규(圭)를 에스더에게 내밀었고, 에스더가 가까이 가서 그 내어민 금 규를 붙잡았다. 왕이 내민 금 규를 붙잡고 에스더는 왕 앞에 나아갈 수 있었다. 만일 이 순간에 왕이 금 규를 내밀지 않았으면 아무리 왕후라 할지라도 부름을 받지 않고 왕에게 접근하는 자는 시위대가 그 자리에서 쳐죽이게 되어 있다. 결국 에스더는 내어민 금 규 때문에 살았다.

아하수에로는 에스더가 위험을 무릅쓰고 자기에게 나온 것을 보고 필시 무슨 긴박한 사연이 있다고 짐작했다. 그래서 "그대의 소원이 무엇이며 요구가 무엇이뇨? 나라의 절반이라도 그대에게 주겠노라"고 했다. 잘 아는 이야기이기 때문에 생략하지만, 결국 이렇게 해서 하만의 음모가 다 드러났고, 하만은 자신이 준비했던 50규빗이나 되는 장대에 달려 죽었다. 그리고 그의 재산을 몰수하여 모르드개에게 주었고, 뿐만 아니라 하만에게서 거둔 반지를 빼어 모르드개에게 주고, 모르드개를 이 나라 총리로 삼았다.

이렇게 해서 모든 것이 다 해결된 것 같지만, 사실은 전혀 그렇지 않았다. 하만은 죽었다 하더라도 이미 왕의 도장이 찍힌 하만의 조서는 여전히 유효했다. 그래서 에스더가 하만이 유다인을 멸하려고 꾀하여 쓴 조서를 취소해 달라고 애원했지만 왕의 도장이 찍힌 조서는 왕 자신도 변개할 수 없는 것이 이 나라 법이었다.

아하수에로는 깊은 고민에 빠졌다. 이 모든 일들이 하만의 음모로 되었고, 사랑하는 아내 에스더와 유대인을 살려내야 하겠는데, 이미 왕의 도장이 찍힌 조서는 왕 자신도 변개할 수 없으니 이 일을 어찌하면 좋겠는가?

하나님께서 아하수에로 왕에게 지혜를 주셨다. 그래서 모르드개에게 새로운 조서를 써서 유다인에게 반포하도록 했다. 만일 하만의 조서를 보고 유다인을 죽이려고 달려드는 자가 있으면 함께 모여 스스로 생명을 보호할 수 있는 방어권을 부여했고, 한 걸음 더 나아가서 그들의 처자를 죽이고 도륙하고 진멸하고 그 재산을 탈취할 수 있게 했다(에 8:8-2).

결국 에스더서에는 조서가 두 개다. 첫째는 하만의 조서이고, 두 번째는 모르드개의 조서이다. 이 두 개의 조서는 무엇을 의미할까?

이것은 분명히 율법과 복음을 말하고 있다. 하만의 조서는 율법을 상징한다. 죄의 삯은 사망이라는 선언처럼 율법은 죽음을 면할 수 없다. 그렇다면 모르드개의 새로운 조서는 십자가의 복음을 상징한다. 죽을 수밖에 없었던 사람들이 살 수 있는 길이 새롭게 열렸다. 그것이 바로 십자가의 복음이다.

이런 관점에서 에스더서를 읽어보면 에스더가 왕후로 간택된 것은 하나님께서 우리를 당신의 신부로 삼으신 것이요, 아하수에로 왕이 에스더에게 내어민 금 규는 예수의 십자가를, 이스라엘을 진멸하려고 했던 하만은 사탄을 상징한다. 에스더 7장 6절에서 그를 '악한 하만'이라고 했는데, 히브리 음으로는 '하라 하만'이고, 이것을 숫자로 풀면 666이다. 구약성경은 단순히 이스라엘의 역사책이 아니라 그 속에 면면히 흐르고 있는 복음 사건의 연속이다.

04
요셉과 그 형들의 신학(神學)

창세기 마지막 장에 야곱이 자기 아들들에게 축복한 후에 진이 다하여 그 열조에게로 돌아갔다고 한다. 요셉은 아버지의 유언을 따라 가나안 땅 막벨라 굴에 장례를 치렀다. 요셉이 장례를 다 치르고 이집트로 돌아왔을 때 형들은 괜한 걱정을 하기 시작했다. 아버지가 살아계실 때는 아버지 때문에 어떻게 하지 못했지만 이제 돌아가셨으니 요셉이 자기들에게 복수하지 않겠느냐는 생각이 슬그머니 들었다(창 50:15).

죄를 지은 사람은 늘 이런 불안 속에 있다. 요셉은 이미 형들을 다 용서했고 이미 다 지나간 일이라고 생각하고 있었는데, 형들은 아직까지도 거기서 헤어나오지 못하고 불안에 떨었다. 잠언에 "악인은 쫓아오는 자가 없어도 도망한다"(28:1)고 했다. 우리 속담에도 "도둑이 제 발 저린다"는 말이 있는데, 요셉의 형들이 지금 이런 불안에 떨고 있었다.

하나님은 "나 곧 나는 나를 위하여 네 허물을 도말하는 자니 네 죄를 기억하지 아니하리라"(사 43:25)고 하셨다. 하나님이 우리의 죄를 용서하신 것은 일차적으로 하나님 자신을 위해서 그렇게 하셨다는 말씀이다. 하나님께서 우리 죄를 사하시지 않고는 하나님 자신이 견딜 수 없었기 때문에 우리의 죄를 용서하셨고, 다시는 기억지 않겠다고 선언하셨다.

하나님께서 우리 죄를 용서하기 위해서 치르신 희생이 무엇인가? 십자가의 형벌이다. 그럼 다음 질문에 대답해 보라. 예수님께서 십자가에 달려 고통을 당하신 것과 죄인일 수밖에 없는 우리를 심판대 위에 세우시고 그 죄를 정죄하는 것 중에 어떤 것이 더 힘들었겠는가? 우리를 심판하는 것이 더 힘들고 견딜 수 없이 아팠기 때문에 하나님은 당신 자신이 십자가를 지는 길을 택하셨다.

쉬운 예를 들면 이렇다. 어린 아들이 어떤 잘못을 했다. 눈에 넣어도 아프지 않을 아들을 바르게 키우기 위해서 아빠는 회초리를 들고 종아리를 때리기 시작했다. 매를 맞는 아들이 더 아프겠는가? 아니면 때리는 아버지의 마음이 더 아프겠는가? 아프다고 울며 용서해 달라는 어린 아들의 눈물을 보면서 아들 대신 자신의 종아리를 친 사건이 바로 예수님의 십자가 사건이다.

"내가 네 허물을 빽빽한 구름 같이, 네 죄를 안개 같이 없이 하였으니 너는 내게로 돌아오라 내가 너를 구속하였음이니라"(사 44:22).

하나님께서 우리의 죄를 이렇게 용서하셨음을 믿고 구속의 감격이 새로워지기를 바란다.

요셉과 그의 형들의 대화를 분석해 보면 율법적 사고방식을 가진 사람과 은혜의 법으로 사는 사람의 그 분명한 차이를 발견할 수 있다. 우선 형들은 요셉에게 '우리가 당신의 종이 되겠다'고 했다(창 50:18). 이 말의 배후에는 우리가 예전에 너를 종으로 팔았는데, 이제 우리가 그 죗값을 치르는 마음으로 너의 종이 되겠다고 한 것이다. 전형적인 율법적 사고방식이다. 그들은 여전히 죄책감과 죄의식에 빠져 있었고, 악을 행했으니 마땅히 저주를 받아야 한다고 스스로 고백했다.

그럼 요셉은 이런 형들에게 뭐라고 답했는가?

"당신들은 두려워하지 마소서 내가 당신들과 당신들의 자녀를 기르리이다"(창 50:21).

요셉이 보복하지 않는 것만으로도 감사할 일인데 오히려 요셉은 형들뿐만 아니라 그의 자녀들까지도 자기가 책임지겠다고 약속했다. 요셉이 형들에게 이렇게까지 할 필요가 있었을까? 요셉의 이런 행위는 은혜라는 말 외에는 어떻게 다르게 설명할 수가 없다. 은혜의 법으로 사는 사람은 그가 전에 어떤 사람이었는지 더 이상 아무 문제가 되지 않는다.

필립 얀시(Philip Yancey)가 쓴 《놀라운 하나님의 은혜》라는 책에 나오는 이야기다. 시카고에서 밑바닥 사람들을 상대로 일을 하고 있는 그의 친구에게서 들은 이야기라고 소개했다.

집도 없고 몸도 병든 창녀였는데 찢어지게 가난해서 두 살 먹은 딸아이 하나 먹여 살릴 수 없었다고……. 그런데 이 여자가 울먹이면서 두 살 먹은 자기 딸을 변태 섹스를 하는 남자들에게 돈을 받고 팔고 왔다고 했다. 딸의 몸을 한 시간만 팔면 자기가 밤새도록 일하는 것보다 수입이 더 좋았기 때문에 그렇게 했다면서 마약 사먹을 돈을 구하기 위해서 어쩔 수 없었다고……. 그렇게 힘들었으면 교회에 가서 도움을 받아볼 생각은 안 해 봤냐고 겨우 물어봤더니, "교회요! 거긴 뭐하러 가요? 그러지 않아도 비참해 죽겠는데, 가면 그 사람들 때문에 나만 더 비참해질 거에요!"라고 했다는 것이다.

이 사람이 왜 교회에 가면 더 비참해진다고 생각했을까? 그동안 교회는 이런 사람을 정죄하기에 급급했기 때문이다. 복음서를 보면 시카고의 이 창녀와 다를 바 없는 여자들이 예수님을 찾아왔다. 그들은 자신이 비참할수록 예수님을 피난처로 삼았다. 그러나 분명한 것은 예수님이 살아계실 당시 그분께 모여든 밑바닥 인생들이 지금 그분의 제자들한테는 더 이상 환영받지 못하고 있다는 것이다. 어찌된 일인가? 무엇이 어디서부터 잘못되었는가?

고든 맥도널드가 이런 말을 했다.

"웬만한 일에는 세상도 교회 못지않거나 교회보다 오히려 낫다. 집을 지어주고, 가난한 자를 먹여주고, 아픈 사람을 고쳐주는 일은 굳이 교인이 아니어도 할 수 있다. 그러나 세상이 못하는 일이 하나 있다. 세상은 은혜를 베풀 수 없다."

은혜! 그것은 교회가 존재하는 이유이며, 마지막 날까지 선포해야 할 복음의 핵심이다.

05
그리심 산과 에발 산

　이스라엘 백성들에게 있어서 세겜은 아주 특별한 의미가 있다. 세겜에서 보면 북쪽에는 에발 산(해발 940m)이, 남쪽에는 그리심 산(해발 854m)이 있다. 거의 비슷한 두 개의 산이 나란히 쌍둥이처럼 있다. 모세는 '내가 오늘날 복과 저주를 너희 앞에 둔다'고 하면서, 그리심 산에서 축복을 선포하고 에발 산에서는 저주를 선포하라고 했다(신 11:26-29). 그래서 이스라엘 백성들은 그리심 산은 축복의 산, 에발 산은 저주의 산이라 했다.

　신명기는 모세의 유고 설교집이다. 모세가 임종을 앞두고 이스라엘 백성들이 가나안 땅에 들어가서 지켜야 할 규례를 말하였다. 모세의 이 긴 설교를 한마디로 요약하면 '순종하면 축복, 불순종하면 저주'라고 할 수 있다. 이것을 가장 생생하게 보여주는 곳이 신명기 28장이다. 흔히 축복장이라고 하는데 정확하게 말하면 '축복과 저주의

장'이다.

신명기 28장 1-2절에 "네가 네 하나님 여호와의 말씀을 삼가 듣고 내가 오늘 네게 명령하는 그의 모든 명령을 지켜 행하면 네 하나님 여호와께서 너를 세계 모든 민족 위에 뛰어나게 하실 것이라 네가 네 하나님 여호와의 말씀을 청종하면 이 모든 복이 네게 임하며 네게 이르리니"라고 했다. 여기서 실제로 강조된 것은 복의 내용이 아니라 '순종하면'이다(9절, 13절, 14절).

신명기 28장 15절 이하로 넘어가면 정반대로 복이 저주로 바뀌는데, '순종하지 않으면' 이 모든 저주가 임한다고 했다(45절, 58절, 62절). 이것을 흔히 '신명기 사관(史觀)'이라 하고, 이것이 율법의 근간이다. 그런데 문제는 바로 이런 율법의 틀을 그대로 가지고 성경을 읽고 가르치는 데 있다.

예를 들어 아브라함은 하나님께 순종했던 사람이라고 생각한다.

> "너는 너의 본토 친척 아비 집을 떠나 내가 네게 지시할 땅으로 가라."

본토 친척 아비 집은 그가 생존해 가는 데 가장 필수적인 것들이다. 당시에 그의 생명과 재산을 지켜주는 울타리와 같은 것이 본토와 친척 아비 집이었다. 그런데 이런 모든 것을 스스로 포기하는 것이 쉬운 일이었겠는가? 뿐만 아니라 독자 이삭을 모리아 산에 제물로 바친 사건은 정말 놀라운 순종이라 아니할 수 없다.

아브라함이 이렇게 순종했기 때문에 하나님께서 그를 믿음의 조상으로 삼으셨다고 생각한다. 이것이 바로 신명기 사관이고 전형적인 율법적 사고다.

그럼 로마서에서는 이 점에 대하여 어떻게 주석하고 있을까?

> "그런즉 육신으로 우리 조상인 아브라함이 무엇을 얻었다 하리요 만일 아브라함이 행위로써 의롭다 하심을 받았으면 자랑할 것이 있으려니와 하나님 앞에서는 없느니라"(롬 4:1-2).

본토와 친척을 떠났고, 독자까지 바쳤는데도 행위로 말하자면 자랑할 것이 없다고 했다. 이것은 율법적인 사고를 전면적으로 뒤집는 발언이다. 그러면 아브라함이 복을 받은 이유가 무엇이라고 했나?

> "아브라함이 하나님을 믿으매 그것이 그에게 의로 여겨진 바 되었느니라"(롬 4:3).

아브라함의 어떤 행위 때문이 아니라 하나님을 믿으매 그것을 의로 여겼다고 했다. 한 걸음 더 나아가 로마서 4장 5절에 "경건하지 아니한 자를 의롭다" 하셨다고 했는데, 여기서 경건하지 않은 자는 구체적으로 누구를 말하겠는가? 아브라함이다. 감히 사도 바울은 아브라함을 경건치 않은 사람이라고까지 표현했다.

도널드 그레이 반하우스(Donald Grey Barnhouse)는 《하나님의 구속》(God's Remedy)이라는 로마서 주석에서 이 부분을 이렇게 쓰고 있다.

"어느 날 하나님은 자신의 방법에 따라 경건치 아니한 아브라함을 의롭다고 선언하셨다. 아브라함 안에는 이렇게 인정받을 만한 아무것도 없었다. 그것은 하나님의 마음에서 우러나온 것으로 아브라함에게는 완전히 은혜의 선물이었다. 죄인에게 하나님의 의로움이 임했다. 하나님은 자신의 의로 아브라함을 대하셨다. 하나님께서 사랑으로 마음이 움직여 은혜로 말미암아 몸을 굽혀 아브라함의 모든 죄의 기록을 지우시고 그 위에 다시 '이 아브라함은 완전하다'고 쓰셨다. 아브라함 스스로는 경건치 않았지만, 하나님이 의롭게 하신 것이 바로 칭의(稱義)이다."

물론 아브라함의 순종은 귀하고 아름다운 것이었다. 그것을 폄하(貶下)하려는 생각은 조금도 없다. 그러나 그것이 아브라함을 의롭게 한 것은 아니다. 아브라함을 필요 이상으로 신성시하는 것은 옳지 않다. 하나님이 경건치 않은 그에게 은혜를 부어주셨다는 것이 바울의 주석이요 로마서의 가르침이다. 하나님의 의는 믿는 자에게 거저 주시는 것이지 인간의 어떤 행위로 따내는 것도, 어떤 값을 지불해야 하는 것도 아니다.

만일 당신이 친구 집에 초대를 받았다고 생각해 보라. 친구가 당신을 위해 지극한 정성으로 성대한 식사를 준비했고, 앙상블까지 불러다가 음식을 먹고 담소를 나누는 동안 계속해서 잔잔한 음악을 연주해 주었다. 왕처럼 공주처럼 섬겨주었다. 얼마나 기쁘겠는가? 파티가 끝나서 자리에서 일어나 옷을 입고 그 집에서 나오면서 지갑을 꺼내서 "오늘 밤 참 즐거웠는데 얼마예요?"라고 말한다면 당신을 초대한 그 친구를 얼마나 모욕하는 일이 되겠는가?

친구는 당신을 대상으로 장사를 한 것이 아니라 순수한 사랑으로 섬겨준 것이다. 그 순수한 사랑을 받아들이는 것이 친구의 성의에 대한 보답이다. 거기서 가격을 논하는 것은 친구의 사랑에 대한 모독이다.

은혜는 값없이 받는 것이다. 아브라함도 은혜로 의롭다 여김을 받았고 당신도 하나님의 은혜로 의롭다 여김을 받았다.

06
사유(赦宥)하시는 하나님

　느헤미야 9장 7-18절에 하나님이 이스라엘 백성에게 행하신 일과 이스라엘이 하나님께 대하여 행한 일이 대비적으로 묘사되어 있다.
　우선 하나님께서 이스라엘을 위해 행하신 일이 무엇인가? 하나님은 아브람을 갈대아 우르에서 택하셔서 아브라함 즉 열국의 아비라는 이름을 주시고 그를 이스라엘의 조상으로 삼으셨다. 그리고 가나안의 일곱 부족을 멸하시고 그 땅을 이스라엘 후손들에게 주겠다고 언약하셨다.
　이스라엘이 포로생활을 할 때 흘리던 눈물을 보시고 이집트에 열 가지 재앙을 내리시사 그들을 해방시켜 주셨다. 앞에는 홍해요 뒤에서는 바로의 추격을 받아 오고가지도 못할 때 홍해를 가르셔서 육지같이 건너게 하셨고, 뒤따라오던 바로의 군대를 홍해의 깊은 물에 던지셨다. 낮에는 구름 기둥으로 밤에는 불 기둥으로 그들의 행할 길을 비추셨고, 시내 산에서는 율법을 주셔서 이스라엘의 지표를 삼게 하셨다. 또 하늘에서 만나와 메추라기를 내리사 굶주린 이스라엘 백성들에게 양식을 삼게 하셨고, 마라의 쓴 물을 달게 하셨으며, 목마를 때 반석에서 물을 내어 먹이셨다. 그리고 결국 주겠다고 약속하셨던 가나안 땅을 차지하게 하셨다(느 9:7-15).

특별히 40년 동안 광야에서 지냈던 이스라엘은 완전히 하나님의 은혜로 살았다. 하나님이 주시는 음식을 먹었고, 하나님이 주시는 음료를 마셨고, 불 기둥과 구름 기둥으로 하나님이 친히 인도해 주셨다.

그럼 이스라엘 백성이 행한 일은 무엇인가? 이렇게 하나님께 특별한 은혜를 받고도 이스라엘은 교만하여 목을 곧게 하고, 주의 명령을 듣지 아니하고 거역했다. 주께서 저희 가운데 행하신 기사를 생각지 아니했고, 스스로 한 두목을 세워서 이집트로 돌아가려고 했다. 심지어는 송아지를 부어 만들어 이것이 우리를 이집트에서 인도해 낸 우리의 하나님이라고 야훼를 크게 모독했다(느 9:16-18).

하나님께서 이스라엘에게 남다른 은혜를 베푸시고 그들을 특별히 대우하셨다면 남다른 기대를 하시지 않았겠는가? 그런데 이들은 하나님이 가장 싫어하는 죄인 교만에 빠졌고, 은혜를 저버리고 금송아지까지 만들고 스스로 세운 두목을 앞세워 종살이하던 이집트로 돌아가자고 했으니 이렇게 패역한 이스라엘을 어떻게 하면 좋겠는가?

만일 필자에게 이런 이스라엘을 어떻게 처리하라고 하나님께서 맡겨주신다면 나는 산에 올라가 칡넝쿨을 잔뜩 잘라다가 그들의 목을 둘둘 감아 꼼짝 못하게 엮고, 그들이 그렇게 가고 싶어했던 이집트로 끌고 가서 나일 강 깊은 물에 빠뜨려 혼쭐을 내줄 것이다.

그런데 우리 하나님은 이들에게 어떻게 하셨다고 했는가?

"주께서는 용서하시는 하나님이시라 은혜로우시며 긍휼히 여기시며 더디 노하시며 인자가 풍부하시므로 그들을 버리지 아니하셨나이다"(느 9:17).

이것이 하나님의 사랑이요, 우리가 가진 복음이다.

구약성경 특별히 이스라엘의 역사서를 보라. 끝없이 죄악으로 달려가는 이스라엘, 그럼에도 불구하고 끝까지 포기하지도 버리지도 않으시고 은혜와 사랑을 베푸시는 하나님의 사랑 이야기가 아닌가?

주전 586년 시드기야 왕 때 바벨론의 느부갓네살이 예루살렘 성전을 함락했다. 이때 솔로몬의 성전은 완전히 훼파되었고, 시드기야는 두 눈이 뽑힌 상태로 쇠사슬에 매여 바벨론에 끌려갔다. 수많은 이스라엘 백성들이 죽어 그 피가 강처럼 흘렀고, 살아남은 자들은 포로가 되어서 바벨론으로 끌려갔다. 많은 주경학자들은 범죄한 이스라엘을 하나님이 이렇게 심판하셨다고 말한다.

그러나 필자는 그렇게 생각하지 않는다. 성전은 하나님의 임재의 상징이며 곧 하나님 자신이다. 성전이 무너졌다는 것은 십자가에 달린 예수님처럼 하나님 자신이 죽으셨다는 말이다. 하나님이 힘이 없어서 바벨론의 느부갓네살에게 속수무책으로 당하셨겠는가? 하나님께서 원수들의 손에 당신의 생명을 스스로 내주셨다. 하나님은 예루살렘 성전을 내주시면서까지 이스라엘을 회복하기를 원하셨다. 성전이 무너지고 이스라엘 백성들이 포로지에 끌려간 것은 이스라엘 역사의 끝이 아니라 하나님이 이스라엘을 회복하시는 구원사의 시작이라 할 수 있다.

에스라, 느헤미야, 에스더 그리고 다니엘서를 보라. 실제로 하나님은 포로지에서도 이스라엘 백성과 함께하셨고, 그 가운데서도 이스라엘을 진정으로 회복하기 위한 놀라운 구원 계획을 한 치의 착오도 없이 진행해 가셨다.

하나님의 꿈은 무너진 성전을 재건하는 것이 아니라 이스라엘의 진정한 회복이었다. 야훼의 이름이 이방인에게 모독을 당하는 한이 있더라도 이스라엘을 회복하시겠다는 하나님의 강렬한 의지를 우리는 갈파해야 한다.

07
젊은 부자 청년의 고뇌(苦惱)

    천국은 좋은 곳이고, 지옥은 나쁜 곳이라면 천국은 선한 사람이 가고, 지옥은 나쁜 사람이 가는 것이 맞는가? 일반적으로 사람들이 그렇게 말한다. 그러나 이것은 분명히 틀린 말이다. 이 말이 잘못된 이유는 적어도 세 가지다.

    첫째로, 착한 사람이 천국 간다면 착한 사람 가운데 몇 등까지 천국 갈 수 있겠는가? 선한 일에 대한 체크 리스트를 만들어서 점수로 매긴다고 하자. 100점 맞을 사람도 있고, 50점 맞을 사람도 있을 것이다. 몇 점까지가 천국에 들어갈 수 있는 커트라인일까? 보통 사람들은 자기가 비교적 착하다고 생각한다. 그러면 천국에 들어갈 정도로 착하냐고 물으면 대부분 대답을 못 한다. 자신이 천국에 들어갈 정도로 착하다고 생각하는 사람은 없다. 천국에 들어갈 합격 점수를 받았다고 생각하는 사람은 없다. 그래서 결국 실존적 불안감을 느끼게 된다.

둘째로, 착한 사람이 천국 간다는 논리는 얼핏 들으면 공평한 것 같지만 사실은 불공평하다. 사람이 선하고 악한 것은 일반적으로 유전적인 요인이 훨씬 강하다. 일반적으로 선한 사람은 그 아버지도 선하고, 할아버지도 선하다. 태어나길 선하게 태어난다. 반면에 어떤 사람은 태어날 때부터 놀부 같은 사람도 있다. 대대적인 신분 세탁을 하지 않는 한 그 아들도 그렇게 될 가능성이 많다. 분명히 사람이 착하고 악한 것은 선천적인 요인이 강하다. 태어난 본성, 유전인자 그리고 자라온 환경에 따라 사람이 착하게도 되고 악하게도 된다. 이런 것은 자기 스스로 택한 것이 아니라 자기 의사와 상관없이 주어진 것이다. 자기 의사와 상관없이 태어나길 그렇게 태어났는데, 그것 때문에 어떤 사람은 천국 가고 어떤 사람은 지옥에 간다면 이것은 분명히 공평하지 않다.

셋째로, 사람이 착하다고 말하는 비교 기준은 도대체 무엇인가? 어떤 사람은 빵 세 조각을 훔쳤고, 어떤 사람은 한 개를 훔쳤다. 누가 더 착한가? 한 조각 훔친 사람이 상대적으로 더 착하다고 할 수 있다. 이 사람보다 더 착한 사람은 아예 남의 빵을 훔치지 않은 사람이다. 흔히 착하니 악하니 하는데 그 기준이 모호하기 때문에 엄밀하게 따지고 들어가면 그런 애매한 기준을 가지고 천국에 가든지 지옥에 갈 수 없다. 만일 그렇다면 천국에서 소송이 끊이지 않을 것이다. 저 사람은 나보다 더 나쁜 놈인데 천국에 가 있고, 나는 저 사람보다 더 착한데 지옥에 와 있다며 재심, 항소심, 끝도 없는 분쟁이 꼬리에 꼬리를 물고 일어나게 될 것이다.

　예수님을 찾아왔던 청년이 있었다. 이 청년은 부자였고, 유대 관원이었다. 오늘날로 말하면 국회의원이다. 젊은 사람이 일찍부터 정계에 진출해서 국회의원이 되었고 게다가 부자였다. 한마디로 아주 장래가 유망한 청년이었고, 만일 결혼을 하지 않았다면 일등 신랑감으로 시집 가겠다고 줄 선 사람들이 많았을 것이다.
　그리고 이 사람은 종교적으로도 아주 의로운 사람이었다. 예수님께서 십계명을 지키라고 했더니 자기는 어렸을 때부터 다 잘 지켰다고 했다. 그러니까 이 사람은 뭐 하나 흠 잡을 것이 없는 사람이었다. 모르긴 해도 외모도 출중했을 가능성이 크다. 기품과 부티가 줄줄 흐르는……. 그렇지 않더라도 모든 것을 다 갖춘 사람이 외모가 무슨 문제였겠는가?
　그런데 이 사람이 어느 날 예수님을 자기 발로 찾아왔다.
　"선생님이여, 내가 무슨 선한 일을 하여야 영생을 얻으리이까?"
　이 청년은 겉으로 보기에는 부러울 것이 없는 사람이었지만 내적인 고민이 있었다. 그에게 주어진 모든 것을 가지고도 채워지지 않는 어떤 것이 있었다. 그것이 무엇인지 꼭 집어서 말할 수는 없지만 분명히 어떤 공백(空白)이 있었다. 남들은 다 자기를 부러워하겠지만 이 사람은 내면에 채워지지 않는 그 무엇이 있었다. 아마 처음에는 재산이 더 많아지고, 더 높은 권력을 갖게 되면 그것이 채워질 줄 알았을 것이다. 그래서 그것에 일찍부터 집착해서 젊은 나이에 돈도 권력도 갖게 되었다.

그런데 막상 이 모든 것을 소유하고 난 후에도 여전히 마음에 공백이 있는 것을 부인할 수 없었다. 그래서 이 문제를 가지고 예수님을 찾아왔다. 그리고 물었다.

"내가 무슨 선한 일을 하여야 영생을 얻으리이까?"

사실은 이 사람의 이 질문 자체가 잘못되었다. 이 사람은 어떤 선한 일을 많이 하면 영생을 얻는다고 생각했다. 선한 사람이 천국 간다는 것과 같은 논리다. 예수님이 말하는 영생은 무엇을 해서 얻을 수 있는 것이 아니다.

> "내가 진실로 진실로 너희에게 이르노니 내 말을 듣고 또 나 보내신 이를 믿는 자는 영생을 얻었고 심판에 이르지 아니하나니 사망에서 생명으로 옮겼느니라"(요 5:24).
> "진실로 진실로 너희에게 이르노니 믿는 자는 영생을 가졌나니 내가 곧 생명의 떡이니라"(요 6:47-48).

영생은 믿음으로 얻는 것이지 어떤 선한 일을 해서 따내는 것이 아니다.

이 젊은 부자 청년은 율법적인 사고방식을 가졌던 전형적인 사람이다. 이 청년이 율법적 사고방식을 가지고 있었기 때문에 예수님은 이 사람에게 율법적인 논리로 접근했다. 계명을 지키라고 하시면서 "살인하지 말라, 간음하지 말라, 도둑질하지 말라, 거짓증거하지 말라, 네 부모를 공경하라, 네 이웃을 네 자신과 같이 사랑하라"고 하셨다. 이 청년은 자랑스럽게 "이 모든 것을 내가 다 지키었사온대, 아직도 무엇이 부족하나이까?"라고 말했다.

청년이 이 계명들을 다 지켰다는 것을 예수님이 모르셨을까? 다 알고 계셨다. 그런데 이렇게 접근했던 것은 그가 생각했던 대로 선한 행위로는 구원을 얻을 수 없다는 것을 깨우쳐주시기 위함이었다. "무엇이 더 부족하냐?"고 되묻는 이 청년에게 예수님이 한 걸음 더 나아가 "네 소유를 다 팔아 가난한 자들에게 주라 그리하면 하늘에서 보화가 네게 있으리라"고 하셨다. 이 이야기를 듣고 청년은 자기 재물이 많으므로 근심하여 돌아갔다고 했다.

만일 이 청년이 예수님 말씀대로 자기 재산을 다 팔아 가난한 사람들에게 주었다면 그럼 영생을 얻을 수 있었을까? 영생은 자기 재산을 다 팔아 가난한 사람에게 준다고 해서 얻을 수 있는 것이 아니다. 누구도 자기 재산을 다 팔아 가난한 사람에게 나누어 주고 영생을 얻은 사람은 없다.

성경에 이와 비슷하지만 전혀 다른 이야기가 있다. 누가복음 19장에 나오는 삭개오 이야기다. 삭개오는 자기 재산을 다 팔아 가난한 사람에게 주었다. 그런데 분명한 사실은 그렇게 했기 때문에 그가 구원받은 것이 아니다. 그는 구원을 받은 후에 영생의 기쁨이 너무 커서 예수님이 전혀 재산이니 가난한 사람이니 말 한마디 하지 않았지만 스스로 내놓았다. 영생을 얻은 것이 먼저이고, 그 영생의 기쁨이 너무 커서 자기 재산을 스스로 다 가난한 사람을 위해서 사용했다. 이것이 복음의 사건이다.

예수님을 찾아왔던 부자 청년은 율법적 사고방식에서 끝내 벗어나지 못하고 근심하고 돌아갔다. 이 사람이 돌아간 후에 예수님이 제자들에게 부자가 천국에 들어가는 것이 어렵다면서, 낙타가 바늘귀로 들어가는 것보다 더 어렵다고 하셨다. 낙타가 어떻게 잘하면 바늘귀로 들어갈 수 있을까? 이것은 절대로 불가능한 일이다. 그래서 곁에 있던 제자들이 듣고 "그렇다면 누가 구원을 얻을 수 있겠습니까?" 하고 반문했다. 예수님은 제자들의 입에서 이 말이 나오도록 지금까지 이야기를 끌어오신 것이다.

낙타가 바늘귀로 들어갈 수 없는 것처럼 선한 일을 해서는 절대로 천국에 들어갈 수 없다. 자기 재산을 다 팔아서 가난한 사람을 위해 쓴다고 해도 영생을 얻을 수 없다. 그것은 불가능한 일이다. 제자들이 불가능한 일이라고 말하니까 예수님께서 그 끝에 뭐라고 하셨나?

"사람으로는 할 수 없으나 하나님으로는 다 하실 수 있느니라"(마 19:26).

이 말씀이 이 이야기의 핵심이다. "사람으로는 할 수 없으나." 이 말을 다르게 하면 선을 행함으로는 할 수 없으나, 혹은 율법으로는 할 수 없으나, 재산을 다 팔아 가난한 사람에게 줘도 할 수 없으나, '하나님으로는 할 수 있느니라.' 즉 "예수님의 십자가를 믿으면 부자도 얼마든지 천국에 들어갈 수 있느니라"고 하셨다. 어디 부자뿐이겠는가? 가난한 사람도, 죄인도 예수님의 십자가 공로를 의지하면 누구나 천국에 갈 수 있다. 이것이 우리가 가진 영생의 복음이다.

이 순간에 베드로가 또 엉뚱한 질문을 했다.
"우리가 모든 것을 버리고 주를 따랐사온대 그런즉 우리가 무엇을 얻으리이까?"

베드로가 이렇게 질문하는 것을 보면 그는 아직도 예수님이 말씀하신 뜻을 제대로 깨닫지 못하고, 여전히 율법적인 사고방식에 사로잡혀 있었다는 것을 알 수 있다. 우리가 주를 위해 다 버렸으니 그 보상이 무엇이냐고 물었다. 이것이 전형적인 율법적인 사고방식이다.

예수님께서 이 베드로에게 뭐라고 대답하셨나?

"내가 진실로 너희에게 이르노니 세상이 새롭게 되어 인자가 자기 영광의 보좌에 앉을 때에 나를 따르는 너희도 열두 보좌에 앉아 이스라엘 열두 지파를 심판하리라"(마 19:28).

주님이 말씀하셨던 보상은 "세상이 새롭게 되어 인자가 자기 영광의 보좌에 앉을 때에", 즉 이 세상에서의 일이 아니다. 천국에서의 이야기다.

율법에도 상급과 보상에 대한 이야기가 나오는데 그것은 분명히 이 세상에서 받을 복이고 상급이다. 그러나 지금 예수님이 말씀하시는 이 상급은 천국에서의 일이다. 그리고 천국에서 영생의 복을 주시는 그 이유를 분명히 밝히셨다. 베드로가 내세웠던 것처럼, 주를 위해 모든 것을 버렸기 때문이 아니라 주님을 믿고 따랐기 때문이라고 했다.

예수님은 지금도 우리에게 무슨 선한 행위를 요구하시는 분이 아니다. 주님이 우리에게 요구하시는 것은 단 한 가지 믿음이다. 주님을 믿는 믿음으로 영생의 기쁨을 얻게 되면 삭개오처럼 자발적인 봉사와 헌신을 하게 된다. 이런 자발적인 봉사와 헌신이야말로 하나님께서 열납하실 향기로운 제물이다.

08
간음하다 현장에서 잡혀온 여자 이야기

요한복음 8장에 간음하다가 현장에서 붙잡혀 온 여자 이야기가 나온다. 현행범을 붙잡아 왔으니 증거니 뭐니 물을 것도 조사할 것도 없는 상황이었다. 서기관과 바리새인들이 "모세의 율법에는 돌로 치라 했는데 선생은 어떻게 하겠느냐?"고 물었다. 레위기 20장 10절에서는 "누구든지 남의 아내와 간음하는 자는 그 간부와 음부를 반드시 죽일지니라"고 했고, 신명기 22장 21절에서는 "돌로 쳐 죽이라"고 그 방법까지 명시하고 있다.

율법 해석서인 미쉬나에는 이것을 보다 구체적으로 구분해서 약혼해 놓고 간음한 경우에는 성 밖으로 끌어내어 돌로 쳐 죽이라고 했고, 이미 가정생활을 하고 있던 유부남과 유부녀가 간음하면 교살(絞殺)하라고 했는데, 분뇨(糞尿) 통에 간음한 사람을 집어넣고 두 개의 천을 목에 걸어 양쪽으로 잡아당겨 목졸라 죽이라고 했다. 간음은 이렇게 무서운 죄이고, 유대인들은 이 법을 조상 대대로 철저하게 지켜 왔다. 이것이 상식으로 되어 있는 상황에서 간음한 여인을 현장에서 끌고 와서 선생은 어떻게 하겠느냐고 재촉하면서 물었다.

이 극적인 순간에 예수님이 어떻게 하셨나? 땅에 뭐라고 글을 쓰셨다. 뭐라고 쓰셨는지 또 무슨 이유에서 그랬는지는 잘 모르겠지만 잠시 침묵하시던 예수님께서 "너희 중에 죄 없는 자가 먼저 돌로 치라"고 하셨다. 여기서 '죄 없는 사람'은 '아나마르테토스'(anamartetos)로 죄에 대한 욕망 자체도 없는 것을 뜻한다. 다행히 거기 있던 그 사람들은 최소한의 양심은 있었던 것 같다. 예수님의 이 말을 듣고 양심의 가책을 받아 들고 있던 돌을 슬그머니 내려놓고 하나둘씩 돌아갔다.

결국 예수님과 그 여인 그리고 수북이 쌓인 돌멩이들 외에는 아무것도 남지 않았다. '텅 비어버린 들판' 이것이 무엇을 의미할까? '의인은 없나니 하나도 없다'는 로마서 3장 10절 말씀을 생생하게 증명하고 있다. 물론 이 여인의 행위가 정당하다는 말은 절대로 아니다. 행위로 말한다면 죽을 수밖에 없었지만, 그리스도 안에서 이 여인은 정죄를 당하지 않고 생명을 얻었다.

이 기사는 교인이라면 누구나 잘 아는 이야기지만, 지금 이 상황은 모세의 율법과 예수님의 복음이 첨예하게 대비되고 있는 현장이라 할 수 있다. 로마서 6장 23절에 "죄의 삯은 사망이요(율법) 하나님의 은사(복음)는 그리스도 예수 우리 주 안에 있는 영생이니라"고 했다. 율법주의는 '무엇을 행했느냐?' 언제나 행동 중심이다. 언제나 드러난 행동을 가지고 판단하고 정죄한다. 그러나 복음은 생명 중심이다.

오래 전에 김진홍 목사님의 책에서 읽었던 내용이다. 목사님께서 청계천 빈민굴에서 사역할 때 있었던 일이다. 병이 들어 죽어가는 여인을 등에 업고 병원에 갔는데, 보증금이 없다, 의료보험이 없다고 병원 세 군데서 거절을 당했다. 지칠대로 지쳐서 성수대교를 건너는데 이 여인이 결국 목사님의 등에서 죽었다고 한다. 이때 목사님은 서울시에 불을 질러버리고 싶었다고 술회했다.

생명은 그 무엇보다도 소중하다. 생명을 놓고 그것을 돈으로 계산하는 그 자체가 하나님을 모독하는 행위이다. 필자가 살았던 호주에는 병원에 아예 병원비를 지급하는 수납창구 자체가 없다. 메디케어(Medicare-호주의 의료보험 카드)가 없다고 만일 치료를 거절했다면 이 병원은 문을 닫아야 한다. 생명은 하나님이 주신 것이기 때문에 그가 어떤 사람이라 할지라도 사람을 살리는 것은 최우선적으로 해야 할 가장 시급한 일이다.

길을 잃은 한 마리 양을 찾기 위해서 양 아흔아홉 마리를 들에 두고 밤새도록 찾아다니다가 찾아 돌아오면서 기뻐했다고 한다. 만일 양을 맡겼더니 하인이 이렇게 행동했다면 잘했다 하겠는가? 한 마리 찾겠다고 아흔아홉 마리를 들에 두고 돌아다녔으니 그러다가 다 잃어버리면 어쩔 뻔했는가? 경제적인 논리로 말한다면 큰 것을 위해서는 작은 것을 희생시킬 수밖에 없다. 아흔아홉 마리를 지키기 위해서 길 잃은 양 한 마리는 포기할 줄 알아야 한다. 그런데 이 사람의 행동을 예수님이 칭찬하신 것은 생명을 사랑하는 목자였기 때문이다.

잃은 드라크마의 비유도 마찬가지다. 드라크마는 헬라에서 사용하던 은전으로 로마에서 노동자의 하루 임금인 한 데나리온과 동일한 가치를 지녔다. 여기서 열 드라크마는 단순한 화폐가 아니라 특별한 의미를 지니고 있다. 열 드라크마는 이 여인이 결혼선물로 받은 것이다. 당시 결혼선물로 은전이 박힌 머리 장식용 장신구를 선물하는 것이 관습이었다고 한다. 오늘날의 약혼반지나 보석으로 만든 결혼예물에 해당한다.

그런데 그 중에 하나가 떨어져 없어졌으니 얼마나 마음이 아팠겠는가? 물론 다시 구입해도 되고, 다른 드라크마로 채워도 되겠지만 이것은 사랑하는 남편이 자기에게 준 선물이기에 그렇게 취급할 수 없었다. 그래서 이 여인은 등불을 켜고 집을 구석구석 다 쓸다시피 해서 결국은 찾아냈다. 너무너무 기뻐서 이웃을 불러다가 큰 잔치를 베풀었다고 한다. 단순히 경제적인 논리로만 이야기한다면 찾은 한 드라크마보다 잔치 비용이 훨씬 더 들어갔을 것이다.

세상에서 어떤 때는 돈이 생명보다 더 귀하게 취급되기도 하고, 또 어떤 때는 그가 행한 어떤 행위 때문에 그를 정죄하기 쉽다. 율법의 전문가라는 바리새인과 서기관이 자기도 모르게 이 함정에 빠졌다. 율법이라는 잣대를 가지고 이 여인의 행위를 정죄하기에 급급했지 그것보다 훨씬 더 귀한 생명을 사랑하는 마음은 찾아볼 수 없다. 무엇이 더 중요한 것인지를 간과하고 있다. 예수님이 말씀하신 대로 하루살이는 걸러내고 낙타를 삼키고 있는 우를 범하고 있었던 것이다.

09
수고하고 무거운 짐 진 자들아!

"수고하고 무거운 짐 진 자들아 다 내게로 오라 내가 너희를 쉬게 하리라"(마 11:28).

많은 교인들이 좋아하는 대표적인 성경구절 가운데 하나이다. 예수님께서는 무거운 짐을 지고 허덕이는 사람들을 향해 "다 내게로 오라"고 초청하신다.

그런데 예수님이 말씀하시는 이 짐의 일차적인 의미가 무엇일까? 이 짐의 참된 의미를 찾기 위해서는 이 말씀이 주어진 전후 문맥을 조사해 볼 필요가 있다. 먼저 이 말씀 앞에 있는 마태복음 11장 20-22절은 예수님께서 고라신과 벳새다를 책망하신 말씀이다. 고라신과 벳새다는 예수님께서 가장 많은 권능을 베푸신 유대의 마을이다.

"너희에게 행한 모든 권능을 두로와 시돈에서 행하였더라면 그들이 벌써 베옷을 입고 재에 앉아 회개하였으리라"(21절).

예수님께서 유대의 대표적인 마을들을 두로와 시돈에 비교했다는 그 자체가 유대인의 자존심을 몹시 건드리는 일이었다. 특별히 시돈은 이세벨의 고향으로 유대인들이 가장 싫어했던 곳이다.

가버나움에 대한 말씀이 이어진다(마 11:23). 가버나움은 갈릴리 바다에 있는 성읍이다. 이곳에서도 예수님이 놀라운 이적을 많이 행하셨다. 대표적으로는 제자들이 배를 타고 가버나움으로 갈 때 예수님이 물 위로 걸어가신 일도 있었다(요 6장). 그런데 이번에는 가버나움을 소돔과 비교하면서 심판 날에 소돔 땅이 너보다 견디기 쉬우리라고 하셨다.

또 25절에서는 지혜롭고 슬기 있는 자와 어린아이를 대비하고 있는데, 오히려 지혜롭고 슬기 있는 자들에게는 숨기시고 어린아이들에게는 나타내셨다고 했다. 그럼 여기서 지혜롭고 슬기 있는 자는 누구를 말하는 것일까? 분명히 스스로 지혜롭다고 생각하는 유대인이다. 그렇다면 어린아이는 이방인이다. 너희가 무시하는 이방인에게는 하나님이 비밀을 나타내셨고, 스스로 지혜 있다는 너희 유대인들은 오히려 알지 못한다고 책망하셨다.

이날은 예수님이 아주 집요하게 유대인들의 비위를 거스르는 말을 계속하셨다. 이렇게 예수님이 유대인들을 비방하고 나오니까 유대인들이 가만히 있었겠는가? 마태복음 12장에는 그들이 예수님을 고발하는 이야기가 이어진다. 예수님의 제자들이 안식일 날 밀 이삭을 잘라 먹는 것을 보고 안식일 법을 범했다고 공격을 퍼부었다(마 12:1-8). 그런데 예수님은 한 치도 물러서지 않고 한 편 손 마른 사람을 그것도 유대 회당에서 안식일 날 보라는 듯이 고치셨다(마 12:9-13).

한편 손 마른 사람은 당장 어떻게 되는 것이 아니다. 유대인들과 정면으로 부딪치기 싫으면 안식일을 피해서 하셔도 되고, 안식일이라 하더라도 회당 밖에서 조용히 하셨다면 유대인의 비난을 피해 갈 수 있었을 것이다. 그러나 예수님은 조금도 그들을 피해 가시지 않았다. 이러한 일련의 사건들로 말미암아 결국 바리새인들이 예수님을 죽일 궁리를 하게 되었다고 한다(마 12:14).

그러니까 짐을 진 자들을 초청하시는 이 말씀이 주어진 상황은 절대로 평안하고 온화한 분위기가 아니다. 예수님과 유대의 종교지도자들 사이에 살벌한 긴장이 감도는 상황이었다.

이렇게 긴장이 고조되고 있는 극적인 순간에 예수님께서 "수고하고 무거운 짐 진 자들아 다 내게로 오라"고 인생들을 초청하고 계신다. 어떻게 보면 분위기가 너무나 맞지 않는 말씀이다. 만일 예수님이 병든 자들을 고치시고, 가난한 사람들에게 먹을 것을 나누어 주시다가 "수고하고 무거운 짐 진 자들아 다 내게로 오라"고 하셨으면 그 짐은 분명히 각종 질병과 가난과 인생이 당하는 모든 무거운 짐이었을 것이다. 그런데 이 말씀이 주어진 상황은 전혀 그렇지 않았다.

그렇다면 예수님이 여기서 말씀하신 짐의 의미가 과연 무엇일까? 이 짐이 무엇인지 암시해 주는 힌트가 있다.

"이는 내 멍에는 쉽고 내 짐은 가벼움이라"(마 11:30).

이 말을 뒤집으면 너희 유대인들의 짐은 힘들고 무겁다는 뜻이 아닌가? 그렇다면 유대인들이 지고 있는 그 힘들고 무거운 짐이 구체적으로 무엇인가? 분명히 율법이다. 주지하는 바와 같이 하나님이 본래 우리에게 율법을 주신 것은 우리를 자유케 하려고 주셨지만, 바리새인들이 이것을 무거운 짐으로 바꾸어버렸다. 율법이라는 무거운 멍에를 지고 이러지도 저러지도 못하고 있는 사람들을 주님이 부르셨다.

오랜만에 고등학교 때 친구들을 만났다. 이런저런 얘기 끝에 한 친구가 "우리는 세상에서 술도 먹고, 세상 재미에 취해 살고 있는데 자네는 어떻게 그런 것을 다 절제하며 사느냐. 솔직히 친구지만 존경스럽다"고 했다. 그 말을 받아 "나는 그런 것을 절제한 적이 없다"고 했다. 그랬더니 이 친구가 깜짝 놀라 얼굴이 환해지면서 "그럼 너도 몰래 한 잔씩 하냐?"고 했다.

만일 속에서는 한 잔 하고 싶은데 목사라는 신분 때문에 그것을 죽을 때까지 참고 살아야 한다면, 하루이틀도 아니고 어떻게 평생을 그렇게 살 수 있겠는가? 지금이라도 양심선언을 하고 성직의 옷을 벗어버려야 하지 않겠나? 나는 그 친구들에게 "나는 너희들이 세상에서 느끼는 것과는 비교할 수 없는 기쁨과 자유를 그리스도 안에서 누리고 있다"고 했다. 그리고 이것은 분명한 사실이다.

어거스틴이 이런 말을 했다.

"예수님을 진실로 사랑하여라. 그다음에는 네 마음대로 하라."

예수님을 진정으로 사랑하는 자들에게는 이러한 자유함이 있다. 율법이 이것도 못하게 하고 저것도 못하게 하면서 끊임없이 의무와 책임을 강조한다면 복음은 그리스도 안에 있는 해방의 기쁨을 우리에게 준다. 복음 안에 있는 참된 자유와 해방의 기쁨을 누리게 되기를 바란다.

10
안식일 법의 참된 의미

　십계명 가운데 유난히 이스라엘 백성이 집착했던 계명은 안식일 법이다. 유대인들은 그들 나름대로 이 법을 온전히 지키기 위해서 안식일 법에 관해서만 24장 139조에 해당하는 세칙을 만들었다. 율법을 엄격하게 지키는 샴마이 학파와 조금 더 자유롭다는 힐렐 학파가 조금씩 다른 것은 사실이지만 크게 보면 대동소이하다.

　예를 들면 이렇다. "안식일날 일을 하지 말라"고 했으니 우선 무엇이 일인가를 규정해야 했다. 무엇이 일인지, 어디까지가 일인지를 정하는 것도 막상 쉽지 않다. 예를 들면, 짐을 운반하는 것을 일이라 할 수 있다. 그런데 어느 정도 무거운 것을 짐으로 간주할 것인지를 규정해야 했다.

　랍비들은 이 문제를 가지고 토론하다가 마른 무화과 두 개보다 더 무거운 것을 짐이라고 정의했다. 그때도 틀니를 하고 다니는 사람이 있었는지는 모르겠지만, 만일 자기 틀니가 마른 무화과 두 개보다 더 무거우면 안식일에는 그것을 빼야 한다는 이야기가 될 수 있다.

병을 고치는 것은 의료 행위니까 일로 간주되었다. 병이 악화되지 않도록 하는 것은 허용되었지만 치료하는 것은 할 수 없었다. 그래서 안식일 날 골절상을 당한 경우에는 치료를 받을 수 없었다. 그대로 놔두어도 당장 어떻게 되는 것이 아니기 때문이다. 만일 안식일에 칼로 손이 베였으면 지혈하기 위해서 붕대로 감는 것은 할 수 있지만, 상처에 연고를 바를 수는 없었다. 연고를 바르면 상처가 아물기 시작하기 때문이다.

안식일 날 출산하는 여인을 돕는 것은 어떻겠는가? 해산하는 사람도 힘들지만 산파들도 그에 못지않게 힘이 든다. 안식일이라고 아이가 태어나지 않는다는 보장이 없으니까 랍비들이 이 문제를 가지고 논쟁하다가 출산하는 여인을 돕는 것은 허락했다. 그것은 어찌할 수 없는 일이니까 인정했던 것 같다.

안식일 날 이것도 저것도 할 수 없어 아이들이 벽에 기대어 서 있었는데, 벽이 무너지면서 그 아이들이 무너진 벽돌에 깔리게 되었다. 이런 경우는 어떨까? 벽에 깔린 사람이 살았는지 죽었는지 손을 넣어 볼 수 있을 만큼만 벽돌을 치울 수가 있었고, 만일 살아있으면 나머지 돌을 치우고 아이를 꺼낼 수 있지만, 이미 죽었으면 그 시체는 안식일이 지날 때까지 그대로 두어야 한다. 죽은 아이의 시체를 돌더미 밑에 그대로 두고 안식일이 어서 지나가기만을 기다려야 하는 부모의 마음이 어떠했겠는가?

　안식일 날 전쟁하는 것은 물론 금지되었다. 로마의 장군 폼페이가 예루살렘을 포위했을 때 유대인들이 경내에 피신해 있었다. 폼페이는 유대인들이 안식일 날 전쟁을 하지 않는다는 것을 알고 있었기 때문에 일부러 안식일 날 전쟁을 일으켜서 성내에 숨어 있었던 모든 사람들을 몰살시키고 성을 함락하였다.

　유대 형제들의 마카비 전쟁 때 안식일 날 동굴에 피신해 있었는데, 추격해 오던 수리아 군대들이 유대인들에게 항복할 기회를 주었다. 그러나 유대인들은 자기 생명을 구하기 위하여 항복하는 것도 일로 간주했기 때문에 그것을 거절하고 동굴에서 다 불에 타 죽고 말았다.

　안식일 법에 관한 이런 이야기들을 성경공부 그룹에서 해 주었다. 그 중의 한 사람이 자기는 전에 아주 보수적인 교단 교회에 다녔는데, 그 교회에서는 주일을 안식일이라고 불렀고, 안식일에는 돈을 쓰면 안 되는데 정이나 급하면 외상은 된다고 해서 거기에 있는 모든 사람을 크게 웃게 했다. 교인이 물건을 외상으로 가져가면서 그 이유가 안식일이기 때문이라고 한다면 그 상점 주인이 이런 기독교인을 어떻게 생각하겠는가?

　애굽에서 종살이하던 이스라엘 백성들에게 쉼이 있었겠는가? 애굽의 바로는 오히려 갈수록 더 무거운 멍에를 그들에게 지웠다. 잠시라도 쉬면 어느새 매서운 채찍이 그들의 등을 세차게 내리쳤다. 잠시도 쉴 수 없는 삶을 평생 살아왔다. 그러다 모세가 시내 산에서 이 계명을 받고 광야에서 맞이했던 첫 번째 안식일을 생각해 보라.

그들은 생전 처음으로 노동으로부터 해방이 되어서 쉼을 얻게 되었다. 얼마나 좋았을까? 얼마나 감격했을까? 쉼이라는 것이 얼마나 좋은 것인지 그들은 생전 처음으로 느끼고 경험했다. 그리고 안식일이 오기를 얼마나 손꼽아 기다렸겠는가? 이런 기쁨과 감격을 주려고 안식일 법을 주신 것이지, 문자적인 의미에 집착해서 이것도 저것도 못하게 하려고 이 법을 주신 것이 절대로 아니다. 그들은 안식일 법을 범하느니 차라리 죽는 편이 낫다고 생각하면서 안식일 법을 지켰다고 하겠지만 하나님은 결코 그런 것을 그의 사랑하는 백성들에게 요구하신 적이 없었다.

안식일 법뿐 아니라 하나님이 우리에게 주신 모든 율법은 우리의 자유와 기쁨과 행복을 위해서 주셨다. 그런데 바리새인들이 문자적인 의미에 집착해서 하나님의 본뜻을 저버리고 무거운 짐으로 바꾸어버렸다. 그래서 예수님께서 이런 바리새인들을 향하여 "천국 문 앞에 서서 자기도 들어가지 못하고 다른 사람도 들어가지 못하도록 막고 서 있다"고 책망하셨다.

11
로드발의 므비보셋

    다윗이 선정(善政)을 베풀어서 백성들의 식탁에는 고기가 끊이지 않았고, 포도나무에는 열매가 가득했다고 한다. 다윗의 때에 사상 유래 없는 하늘의 복이 임했다. 정치가 안정되고 평안이 임하자 다윗은 한동안 잊고 있었던 자기 친구 요나단을 생각했다. 요나단이 아니었으면 자기는 분명히 사울의 손에 이미 죽었을 것이다. 요나단은 둘도 없는 자기 친구이자 또 생명의 은인이기도 했다. 지금 자기가 누리고 있는 이 모든 부귀와 영화는 분명히 요나단의 은덕(恩德)이었다.

    다윗은 요나단에게 받은 은혜를 갚고 싶었다. 시바라는 사람을 시켜서 수소문해 보니 요나단의 아들이 하나 살아있었는데, 이름이 므비보셋이었다. 사울과 요나단이 블레셋과의 전쟁에서 죽었을 때 그가 다섯 살이었다. 유모가 어린아이를 안고 급히 도망치다가 아이를 떨어뜨려 다리를 절게 되었다. 경황중이어서 므비보셋은 제대로 치료도 받지 못하고 결국 불구의 몸이 되었고, 세월이 흘러 그는 청년이 되었다.

시바가 왕께 아뢰되 "요나단의 아들 하나가 있는데 다리 저는 자니이다"(삼하 9:3)라고 했다. 이 말은 약간 부정적인 의미를 함축하고 있다. 요나단의 아들이 하나 있기는 하지만 그는 다리를 저는 장애인이기 때문에 왕궁에 데려올 수 없는 사람이라는 뉘앙스로 말한 것이다.

보통 사람 같으면 "다리를 얼마나 저는데?"라고 물었을 것이다. 그러나 다윗은 그가 어느 정도 장애를 가지고 있는지 전혀 문제를 삼지 않았다. 그리고 즉시 "그가 어디 있느냐?"고 물었다.

"로드발 암미엘의 아들 마길의 집에 있나이다"(삼하 9:4).

로드발은 황무지라는 뜻이다. 그러니까 로드발에 살고 있다는 말은 그가 지금 어려운 처지에 있다는 의미이다. 므비보셋은 메마른 황무지, 곡식도 풀도 자랄 수 없는 곳에서 그것도 장애를 가지고 버려진 채 몹시 처량하게 살고 있었다. 다윗은 주저하지 않고 요나단의 아들 므비보셋을 데려오라 했다.

무슨 영문인지 몰랐던 므비보셋은 다윗 앞에 서는 것이 몹시 두려웠을 것이다. 다섯 살 때 다리를 다친 후 고아로서 지금까지 몹시 가난하고 초라하게 살았다. 게다가 자기 할아버지의 대를 이어 왕이 된 다윗 앞에 자기 자신의 그 초라한 모습을 보이고 싶지도 않았을 것이다.

두려움에 떨고 있던 므비보셋에게 다윗은 "내가 네 아비 요나단을 인하여 네게 은총을 베풀리라. 내가 네 조부 사울의 밭을 다 네게 도로 주겠고 또 너는 항상 내 상에서 먹을지니라"고 했다. '왕의 상에서 먹으라'는 말은 자기 아들과 똑같이 여기겠다는 말이다.

상상해 보자. 다윗과 그의 아들들을 위한 식탁이 준비되었다. 얼마나 화려했겠는가? 다윗이 중앙의 상아(象牙) 의자에 앉아있고, 그 옆에는 다윗의 장남 압살롬이 긴 머리채를 자랑하며 앉아있고, 솔로몬 같은 다윗의 아들들이 식탁에 둘러앉아 있었다. 그때 므비보셋이 다리를 절뚝거리며 문을 열고 들어왔다. 다윗은 자기 아들들에게 므비보셋을 소개하면서 요나단의 아들이지만 내 아들과 똑같다며 그들 가운데 자리를 잡고 앉게 했다. 다윗은 므비보셋이 자리에 앉는 것을 확인하고 하나님께 감사의 기도를 드린 후 화려한 식사가 시작되었다.

므비보셋이 다윗의 상에서 먹게 된 것이 보상(報償)인가 아니면 은혜(恩惠)인가? 므비보셋은 그 자리에 앉을 자격이 전혀 없는 사람이다. 로드발 사람이요, 고아에다 그것도 장애인이었다. 가장 비천한 사람이었다. 므비보셋이 다윗에게 이런 고백을 했다.

"종이 무엇이관대 죽은 개 같은 나를 돌아보시나이까?"

분명히 므비보셋은 자기 스스로 말한 대로 '죽은 개 같은' 사람이다. 그런데 다윗은 이 사람에게 은혜를 베풀었다. 왜? 그 아비 요나단 때문이다. 요나단의 아들이기 때문이다.

이 이야기는 단순히 다윗이 자기 친구 요나단에게 받은 은혜를 보답한 것이 아니다. 그리스도를 통한 구속의 사건을 너무나 생생하게 보여주는 말씀이다. 여기 므비보셋은 누구를 상징하겠는가? 비천하기 그지없는 우리들이다. 다윗 왕은 하나님 아버지이다. 요나단 때문에 다윗이 므비보셋에게 은혜를 베풀었다고 했는데, 그렇다면 요나단은 누구를 상징하는가? 예수 그리스도 우리 주님이시다. 므비보셋이 왕의 상에서 먹게 되었는데, 이것은 예수님 때문에 우리가 하나님의 아들이 된 것을 의미한다.

우리는 하나님의 나라에서 베드로와 요한, 바울, 아굴라와 브리스길라, 뵈뵈, 야고보, 바나바, 그리고 순교자들과 함께 이 영광스런 식탁에 참여하게 될 것이다. 우리가 성찬의 떡을 먹는 것은 앞으로 있을 하늘의 영광스런 식탁을 미리 경험하는 것이다.

다윗이 므비보셋을 불러다가 다리를 얼마나 저는지, 그동안 어디서 어떻게 살았는지, 왕의 식탁에서 같이 먹을 수 있는 사람인지 아닌지, 전혀 이런 것들은 문제 삼지 않았다. 요나단의 아들이라는 것 하나만으로 충분했다. 다윗은 므비보셋을 불러다가 딱 한 가지를 확인했다.

"네가 요나단의 아들이냐?"

사실 다윗은 지금까지 므비보셋이라는 사람이 있는지조차도 몰랐다. 그런데 그가 요나단의 아들이라고 하니까 그를 자기 아들처럼 여겼다. 우리가 구원받고 하나님의 자녀가 된 것도 오직 예수님의 이름 때문이다. 다른 아무런 이유가 없다. 예수님의 이름 그 하나만으로 충분하다. 더 이상 아무것도 필요하지 않다. 이 한 가지 사실만으로 우리는 이미 하나님의 그 영광스런 식탁에 참여할 당당한 자격이 있다.

12

우리를 자유케 하시는 해방자 하나님

신앙생활이 우리에게 삶의 많은 제약들을 느끼게 할 때가 있다. 교회 다니게 되면 이것도 못 하고, 저것도 못 하고, 게다가 새벽기도, 성수 주일, 십일조 생활, 봉사, 구역예배, 심방, 전도 등 이런 것들이 우리의 마음을 무겁게 하는 것도 사실이다. 그래서 신앙생활 그 자체를 유쾌하고 신바람 나는 것이라고 생각하기는 쉽지 않다.

그러면 하나님이 우리를 그의 사랑하는 자녀로 삼으셨다고 했는데, 과연 우리가 이 세상에서 온갖 무거운 짐을 이중 삼중으로 지고 살다가 죽어서 천당에나 가서 거기서 쉬라고 우리를 일찍 그것도 모태에서 부르셨겠는가?

어떤 사람은 십자가에서 구원받은 오른편 강도가 제일 복 받은 사람이라고 한다. 일평생 자기 마음대로 하고 살다가 마지막에 구원받고 천국 갔으니, 그야말로 님도 보고 뽕도 딴 사람이라 생각한다. 그래서 사람들에게 전도를 해 보면, 젊어서는 자기 하고 싶은 대로 하고 살다가 죽기 얼마 전에 예수 믿고 천당 가겠다는 얄팍한 생각을 가진 사람들을 종종 만나게 된다.

왜 이런 생각을 하게 되었을까? 신앙생활이 우리를 억압하고 부자유케 하는 것이라는 생각이 저변에 깔려 있기 때문이다. 과연 이것이 옳은 생각일까?

사람들은 십계명이 율법의 핵심이라고 줄줄 암송한다. 세례를 받을 때 반드시 암송해야 하는 부분이기도 하다. 그런데 열 가지 계명보다 더 중요한 것은 십계명의 서론이다.

> "나는 너를 애굽 땅, 종 되었던 집에서 인도하여 낸 네 하나님 여호와니라"(출 20:2).

하나님은 이 십계명 서론에서 당신 자신을 해방자 하나님, 혹은 자유케 하시는 하나님이라고 정의하셨다. 이것이 하나님이 우리에게 십계명을 주신 근본정신이다. 그러니까 하나님이 우리에게 십계명을 주신 것은 이것도 못 하고 저것도 못 하도록 억압하기 위해서가 아니다. 오히려 우리를 모든 억압으로부터 해방시키고 참된 자유와 기쁨을 주려고 이 계명들을 주셨다. 그러니까 이 계명들은 근본적으로 하나님에게 필요한, 하나님을 위한 것이 아니라 우리에게 자유를 주기 위해서 주신 계명들이다. 그래서 이 계명들을 잘 지키면 결과적으로 참된 자유와 해방의 기쁨을 누리게 된다.

율법 그 자체가 나쁜 것이 절대 아니다. 예수님도 율법을 악평하신 적이 없다.

> "내가 율법이나 선지자를 폐하러 온 줄로 생각하지 말라 폐하러 온 것이 아니요 완전하게 하려 함이라"(마 5:17).

결국 예수님이 행하신 공생애의 모든 일들은 한마디로 율법을 완성하기 위함이었다고 할 수 있다. 모세에게서 시작된 율법이 예수 그리스도 안에서 완성되었다.

하나님이 시내 산에서 모세에게 율법을 주신 근본적인 이유는 우리를 자유케 하시기 위함이었다. 그런데 문제는 바리새인들이 이것을 아주 무거운 짐으로 바꾸어버렸다. 그래서 예수님께서 이 바리새인들을 향하여 "천국 문을 사람들 앞에서 닫고 너희도 들어가지 않고 들어가려 하는 자도 들어가지 못하게 하는도다"(마 23:13)라고 책망하셨다.

십계명의 제1계명이 무엇인가? "나 외에 다른 신을 네게 있게 하지 말라"이다. 종교다원주의니 뭐니 하면서 다른 종교들은 서로 대화하고, 다른 사람의 신앙을 인정해 주는데 우리는 유독 배타적이다. 기독교의 배타성 그 원뿌리는 바로 이 첫 번째 계명 때문이다. 어떻게 보면 이 계명이 하나님은 유난히 질투심도 많고, 옹졸하신 분이라고 느껴질 수도 있다. 마치 나만을 위해 달라는 질투심이 많은 여인과 같이 느껴질 수 있다. 그러나 하나님은 우리에게 진정한 자유를 주려고 이 계명을 주셨다.

아버님이 살아계셨을 때 있었던 일이다. 아버님은 은퇴하신 후에 시골에 교역자가 없는 아주 작은 교회에서 자비량 선교를 약 8년 동안 하셨다. 그 교회에서 멀지 않은 곳에 홀로 되신 할머니 한 분이 살고 계셨는데 어머니가 지극 정성으로 이분을 섬겼다. 시간이 흐르다 보니 이분의 마음이 열려서 자기도 교회를 다니고 싶다고 간간이 말씀하셨다고 한다. 주일날 꼭 교회에 오신다고 약속을 철석같이 해 놓고도 막상 주일날이 되면 이 할머니가 교회에 나오시질 않았다. 몇 번이나 이런 일이 반복되었다. 나중에 알고 보니까 글쎄 이 할머니가 자기가 무슨 일이 생기면 늘 물어보는 무당을 찾아갔단다.

"우리 집 바로 앞에 교회가 생겼는데, 그 전도사님과 사모님이 너무 좋아서 내가 교회를 다니고 싶은데 가도 괜찮겠시유?"

이 무당이 할머니에게 교회 가라고 허락했겠는가? "당신은 교적이 여기에 있으니 절대로 안 되고, 정이나 가고 싶으면 서울에 사는 당신 딸들이나 보내라"고 하더란다.

이방 신 섬기는 사람들은 이사하는 날짜도 자기 마음대로 정하지 못한다. 뭐 손이 있는 날이 있다나? 이렇듯 자기 편리한 대로 이사도 못 간다. 물어보면 동쪽으로 가라, 서쪽으로 가라, 가라는 곳으로 가야 한다. 결혼식하는 날도 자기 마음대로 정하지 못한다. 심지어는 자기 집 벽에 못 하나 마음 놓고 박지 못한다.

하나님은 우리를 자유케 하시는 분이지만 다른 신들은 아무것도 어찌할 수 없도록 우리를 결박한다. 그래서 하나님은 "나 외에 다른 신을 네게 있게 하지 말라"고 하셨다. 왜냐하면 우리를 자유케 하시려고…….

13
천국에 이르는 여정(旅程)으로서의 출애굽기

　구약성경에 이스라엘 역사를 다룬 책들이 많다. 그 중에서도 출애굽기는 가장 대표적인 역사서다. 이집트에서 지켰던 첫 번째 유월절로부터 시작해서 이스라엘 민족의 역사가 기록되었기 때문이다. 이런 의미에서 이스라엘의 유월절은 우리의 개천절과 같은 날이다.
　그런데 출애굽기를 역사서라는 관점에서 보면 문제가 될 수 있는 부분이 많다. 역사를 기술함에 있어서 가장 기본적인 것은 육하원칙에 의해서 언제 어디서 무슨 일이 있었는지를 객관적으로 기록해야 한다. 언제 고센에서 출발해서 며칠 만에 두 번째 캠프인 어디에 도착했고, 거기서 머물러 있는 동안에 무슨 일이 있었고, 다시 언제 출발해서 며칠 만에 세 번째 캠프인 어디에 도착했는지, 마치 상황판처럼 당시에 되어진 일들을 누구라도 읽으면 정확하게 이해할 수 있도록 기술해야 했다.

그런데 출애굽기를 막상 읽어보면 이런 의미에서의 역사책은 분명히 아니다. 우선 제목이 출애굽기라고 하지만 이집트에서 출발해서 가나안까지 이른 여정(旅程)이 정확하게 다 나온 것이 아니다. 간략하게 보면 1장에서 19장까지는 모세를 부르신 사건과 이집트에 임한 재앙들, 그리고 시내 산에 이르기까지 아주 짧은 여정이 기록되어 있다. 그리고 출애굽기 20장의 십계명 이후에는 성막에 대한 계명이 마지막 40장까지 기록되어 있다.

출애굽기의 후속편이라 할 수 있는 민수기에는 가나안에 들어가기 직전 요단 강 동편에서 있었던 일들이 주로 기록되어 있다. 그러니까 시내 산에서 요단 동편까지 광야 40년 거의 대부분의 시간을 시내 광야에서 지냈는데, 그 여정과 있었던 사건들은 거의 기록이 되어 있지 않다. 이런 의미에서 출애굽기를 역사적인 책으로 보면 많은 문제점을 안고 있다고 할 수 있다.

그럼 어떻게 하다가 이렇게 되었을까? 모세가 역사책을 쓰려고 시작했는데 잘못돼서 이렇게 되어버렸을까? 처음부터 이 책은 이스라엘 민족의 기원을 다루기 위해서 쓴 책이 아니었다. 존 번연이 《천로역정》을 쓴 것처럼, 출애굽기는 구원의 과정을 묘사하고 있는 예수님의 구속사이다. 이런 관점에서 이집트의 바로가 적그리스도를 상징한다면 모세는 예수님의 표상이라 할 수 있다. 모세를 통해 이스라엘을 구원하신 것처럼, 예수님을 통해 마귀의 권세에서 그의 택한 백성들을 구원하실 것을 말씀한 책이 출애굽기다.

출애굽기를 예수님의 구속사로 볼 때 이스라엘 백성들이 홍해를 건넌 사건은 무엇을 의미할까? 그것은 성도들이 받는 세례를 의미한다고 할 수 있다. 광야에 있던 성도들은 홍해에서 세례를 받았다. 분명히 성막은 교회의 원형이었고, 성막을 중심으로 불 기둥과 구름 기둥이 있었고, 이것이 이스라엘 백성들을 인도했다. 이것은 성도들을 인도하는 것은 교회라는 것을 의미한다. 광야에 있던 이스라엘 백성들이 항상 성막을 중심으로 살았던 것처럼, 성도들은 교회를 중심으로 살아야 하나님의 인도하심을 받아 가나안 땅에 들어갈 수 있다.

이스라엘 백성들이 불평하다가 불뱀에 물렸을 때 모세가 놋뱀을 만들어서 든 것은 분명히 예수님의 십자가를 의미한다. 예수님께서 "모세가 광야에서 뱀을 든 것같이 인자도 들려야 하리라"(요 3:14)라고 친히 말씀하셨기 때문이다.

그럼 이스라엘 백성들이 광야에서 먹었던 만나는 무엇을 의미하는가? 그것은 하나님의 말씀이다. 성도들은 반드시 하나님의 말씀을 먹어야 살 수 있다. 날마다 내려주시는 만나를 먹었던 것처럼 성도들은 하나님의 말씀으로 계속해서 충만해야 한다. 가나안 땅이 천국이라면 요단 강은 성도들의 죽음을 상징한다.

그런데 어떻게 이 요단강을 건넜는가? 법궤를 멘 제사장들의 발목이 물에 잠기자 강물이 마르기 시작했다. 이 장면이 상상이 되는가? 제사장들이 걸음을 내딛을 때마다 요단 강물이 그만큼 물러갔다. 이렇게 강물 가운데 길이 만들어졌고, 수많은 이스라엘 백성들이 그 길을 따라 가나안 땅에 들어갔다. 얼마나 신비하고 영광스런 광경인가? 그런데 이 놀라운 일을 성도들이 곧 체험하게 될 것이다. 우리의 장막집이 무너질 때 예수님께서 강물 가운데서 길을 만드시고 그 열어놓으신 길을 통해 우리를 하나님 나라로 이끌어가실 것이다.

광야에서 40년 동안이나 이스라엘을 인도했던 모세는 결국 가나안 땅에 들어가지 못했다. 이렇게 된 것은 그가 므리바에서 하나님의 영광을 드러내지 않았기 때문이다. 그때 하나님은 모세가 가나안 땅에 들어가지 못하리라고 분명히 말씀하셨다(민 20:12).

그런데 출애굽 여정을 보면 하나님이 뜻을 돌이키신 적도 있었다. 모세가 비스가 산 꼭대기에서 가나안 땅을 내려다보면서 죽더라도 거기 가서 죽게 해 달라고 하나님께 간절히 기도를 드렸다. 그런데 하나님은 거절하셨을 뿐만 아니라 분노까지 하셨다(신 3:23-29).

왜 그랬을까? 시내 산에서 십계명을 비롯해서 율법을 직접 받았던 사람은 모세이다. 그래서 사람들은 모세의 율법이라고 하고 모세오경을 율법의 핵심이라고 한다. 모세가 가나안 땅에 들어가지 못한 것은 율법으로는 구원을 받을 사람이 없다는 것을 의미한다. 이런 의미에서 사도 바울은 율법을 몽학선생(蒙學先生)이라고 표현했다. 요단 강을 넘어 가나안 땅에 들어가는 것은 십자가의 복음 외에는 그 어떤 것으로 할 수 없다.

모세가 죽고 여호수아가 이스라엘의 지도자가 되었다. 여호수아라는 이름은 예수와 같은 이름이다. 결국 요단 강을 건너 가나안 땅에 우리를 인도하실 이는 모세가 아니라 여호수아, 즉 율법이 아니라 예수님임을 말씀하고 있다.

구약성경을 읽을 때 문자적인 의미에 집착하면 이스라엘 민족의 역사(history) 이상 아무것도 아니지만 예수 그리스도를 통한 구속사로 읽으면 His Story(예수님의 이야기)로 읽혀진다. 이런 해석학적인 안목을 개발하는 것이 필자가 이 책을 집필하게 된 목적이다.

14
낚시터에서 생긴 일

한번은 가족들과 함께 호주 시드니 남쪽 해변가를 여행하다가 조그만 항구 부둣가에서 낚시를 했다. 우리 가족 넷을 포함해서 호주 사람 열댓 명이 낚시를 하고 있었는데, 다른 사람들은 낚싯대를 던지자마자 팔뚝만한 고기들이 올라왔다. 그들은 좋아서 함성을 지르고 신이 났는데 나와 우리 가족은 전혀 아무 소식이 없고, 가끔 줄을 당겨 보면 어느새 미끼는 온데간데없이 사라져버렸다.

다른 사람들도 고기를 잡지 못했으면 고기가 없어서 그렇다고 핑계라도 댈 수 있겠지만, 나란히 앉아서 누구는 쉴 새 없이 고기를 끌어 올리는데 나는 한 마리도 잡지 못하고 계속 미끼만 바꿔 끼고 있었으니, 아빠의 권위는 점점 땅에 떨어졌고 리더십이 흔들리기 시작했다. 아이들은 "미끼를 다른 것으로 바꾸어야 한다, 낚싯바늘을 큰 것으로 해야 한다, 찌를 달아야 한다, 저기 있는 어떤 아저씨는 이렇게 하더라 저렇게 하더라……" 의견이 분분했다.

　나도 이렇게도 해 보고 저렇게도 해 봤다. 마지막으로 옆에 있는 아저씨에게 죄송하지만 미끼 좀 나누어 줄 수 있겠냐고 했더니, 자기도 미안했는지 활짝 웃으며 조금 나누어 주면서 낚싯바늘을 작은 것을 사용하라고 했다. 미끼를 받아 들고 오면서 나도 이제는 틀림없이 잡을 수 있으리라고 확신했다.

　그러나 이게 웬일인가? 그가 하라는 대로 낚싯바늘을 작은 것으로 교체를 했고, 그 사람이 나누어 준 미끼를 그대로 썼는데, 약속이나 한 것처럼 내 낚시에는 눈먼 고기 하나도 잡히지 않았다. 상황이 이쯤 되니까 철없는 아이들은 화가 잔뜩 나서 입이 점점 나오기 시작했고, 아내는 할 줄도 모르면서 시간만 버리지 말고 이제 그만 집으로 돌아가자고 성화다.

　몇 시간 그렇게 씨름하다 보니까 나는 오기 같은 것이 생기기 시작했다. 예수님의 제자들이 대부분 어부 출신이었는데, 주의 길을 가는 사람이 고기 한 마리 잡지 못한다면 말이 되겠는가? 고기도 못 잡는 사람이 어찌 사람을 낚는 어부가 될 수 있으랴! 나는 그냥 이대로 물러설 수 없었다.

　그리고 갑자기 직업의식이 발동해서 밤새 고기 한 마리도 잡지 못했던 제자들이 떠올랐다. 그 심정을 충분히 이해할 수 있을 것 같았다. '아 내가 이 순간에 기도해야겠구나!' 나는 낚싯대를 십자가처럼 잡고 주님께 간절히 기도하기 시작했다.

"주님! 지금은 아이들이 아직 어리니까 아빠 따라 여행을 다니는 것을 좋아하지만 조금만 크면 싫어할 텐데……아빠가 아이들 데리고 다니면서 고기도 잡아 척 회도 떠주고, 매운탕도 보글보글 맛있게 끓여주어야 아빠로서 폼도 나고, 아이들이 아빠 따라다니면 재미있다고 하지 않겠습니까? 남들은 같은 자리에 앉아서 수십 마리씩 잡아올리는데, 저는 아직 한 마리도 잡지 못했습니다. 우리 가족의 평화와 행복을 위해서라도 제 체면 좀 살려주십시오. 목사의 가족이 행복해야 우리 교회 온 성도들의 가정도 행복해지지 않겠습니까?"

남들은 웃을 일이지만 나는 절박했다. 이렇게 간절히 기도했기 때문에 하나님의 즉각적인 응답이 이루어지리라고 기대했지만 결과는 전혀 달라지지 않았다.

아내는 벌써 차에 들어가서 기다리고 있었고, 아이들은 비치에서 장난을 치고 있었다. 거기 있던 사람들도 이만큼 잡았으면 충분하다며 다 돌아갔고, 그 외로운 부둣가에 나 혼자 남게 되었다.

시간이 얼마나 지났을까? 마음과 몸이 지칠대로 지쳐 있던 내 손끝에 바다 저 깊은 물속에서 확 끌어당기는 엄청난 힘이 느껴졌다. 생전 처음 느껴보는 것이었기 때문에 너무 놀라 본능적으로 확 들어올렸더니 머리가 주먹만한 상어 새끼가 물 위로 반쯤 따라 올라오다가 그만 툭 하고 떨어지고 말았다. 가슴이 철렁 내려앉았다. 월드컵 경기 중에 패널티킥을 실축해도 이만큼 아까울까? 내가 상어 새끼를 반쯤 잡았다가 놓쳤다는 사실을 누가 믿어주겠는가?

조금 있으니까 아내가 왔다. 이제 더 이상 고집 피우지 말고 제발 집에 가자고 했다. 그래 넋두리 삼아 머리가 주먹만한 상어를 다 잡았다가 놓쳤다고 했더니 "눈먼 상어가 혹시 있어도 당신한테는 걸리지 않을 것"이라고 빈정거렸다. 예상했던 대로다. 정말 그랬다고 우겨 말할 수도 없었고, 또 그러고 싶지도 않았다.

그런데 이게 웬일인가? 내가 앉아 낚시를 하고 있던 바로 그 바위 밑에 아까 놓쳤던 상어 새끼가 콧구멍을 실룩거리며 마치 실성한 사람처럼 먹을 것을 정신없이 찾고 있었다. 상어가 피 맛을 보면 보이는 것이 없다고 하더니 정말 그런 것 같았다. 그래서 내가 낚시에 미끼를 끼워서 그 입 앞에 달아 내렸더니 이 녀석이 기다렸다는 듯이 내 눈 앞에서 꿀꺽 삼켜버리는 것이었다. 그리고 물속으로 깊이 들어가는데, 낚싯대가 떨리는 그 진동이 너무 감격스러웠다.

"오 주여! 주께서 내 기도 드디어 들어주셨군요!"

손 끝의 진동을 느끼며 끌어 올리고 보니까 길이가 70cm 정도 되는 상어 새끼였다. 아무리 새끼라고 해도 상어는 상어였다. 갑자기 아이들이 "샤크 샤크"라며 환호성을 외치기 시작했고, 지나가는 아이들에게 우리 아빠가 잡았다고 아빠가 자랑스러워서 난리가 났다. 나도 세상에 태어나서 그렇게 기분 좋을 수가 없었다.

주일날이 되었는데 교인들에게 내가 상어를 잡은 이야기를 하고 싶어서 입술이 간질간질했다. 그렇다고 광고시간에 말할 수도 없고, 할 수 없이 설교시간에 본문의 메시지와 별로 상관도 없었는데 생뚱

맞게 "성도 여러분! 제가 상어 새끼를 잡았다면 믿으시겠습니까? 여러분이 믿거나 말거나 제가 70cm 되는 상어 새끼를 잡았습니다. 사진까지 찍어놓았습니다"라고 말했다.

예배를 마쳤는데 사람들이 다들 여행이 즐거우셨던 것 같다며 칭찬해 주었는데 표정이 조금 이상했다. 상어를 잡은 내가 부러워서 그렇다고 생각했다. 한동안 나는 내가 정말 굉장한 일을 했다고 흐뭇해했고 이제야 예수님의 참 제자가 된 것 같았다.

이런 일이 있은 지 얼마 후에 우리 교인 중에 낚시에 베테랑이신 집사님 한 분이 자기가 먼저 새벽에 일찍 가서 고기를 잡아 횟거리를 만들어 놓을 테니 목사님은 가족들과 함께 10시쯤 낚시터로 오라고 했다. 나는 설레이는 마음으로 약속한 시간에 갔다. 그런데 이분이 낚시를 접고 주차장에서 우리를 기다리고 있었다. 왜 고기를 잡지 않고 여기 계시느냐고 물었더니 오늘은 낚시를 할 수 없는 날이라고 하셨다. 나는 속으로 '물때가 안 맞았던지, 아니면 바람이 많이 불던지, 고기가 없어서 그랬나 보다'라고 생각했다.

그런데 이 집사님 하시는 말씀이 "오늘은 계속 상어만 올라와서 더 이상 고기를 잡을 수 없다"고 투덜거렸다. 나는 상어라는 말에 깜짝 놀라서 "아니! 상어를 잡으셨어요?" 하고 물었더니 상어를 여섯 마리나 잡았다고 한다. 가서 보니까 정말 내가 잡았던 것보다 3배쯤 되어 보이는 것들이 비치 모래사장에 줄줄이 잡혀 있었다. 나는 흥분해서 어떻게 이렇게 큰 상어를 여섯 마리나 잡았느냐고 물었더니 그

집사님 하시는 말씀이 "낚시할 때 상어가 올라오면 다른 고기들이 다 도망가기 때문에 제대로 된 고기는 잡을 수도 없고, 상어는 힘들게 끌어 올려 봐야 아무 짝에 쓸모도 없어서 신경질이 난다"고 했다.

나는 이 말에 갑자기 하늘이 노래졌다. 남들은 상어가 올라오면 낚시를 그만둔다고 접는 판인데, 나는 눈먼 상어 새끼 한 마리 잡아놓고 그거 자랑하고 싶어서 안달을 했으니 얼마나 우스운 꼴인가?

사도 바울이 한때 율법에 특심했던 적이 있었다. 바울은 그것을 위해 자기 목숨을 걸었고 인생을 바쳤다. 자기가 히브리인 중에 히브리인이요, 가말리엘 문하에서 유학한 랍비라는 것에 대한 대단한 자부심이 있었다. 그러나 그가 다메섹 도상에서 예수님을 만나 복음을 깨닫게 되었다. 그리고 그가 어떻게 되었나? 전에 그가 자랑스럽게 여기던 것들을 배설물처럼 여기노라고 고백했다. 예수님을 만나 복음을 알게 된 후에 율법은 그에게 배설물같이 느껴졌다.

사람들이 혈안이 되어 추구하는 것들 중에는 실제로 배설물 같은 것들이 많다. 물질을 추구하는 것이나, 사람들의 인기와 학식을 추구하는 것들이 대표적으로 그렇다. 필자가 상어 새끼 한 마리 잡고 호들갑을 떨었던 것처럼, 실제로는 정말 아무 짝에도 쓸모없는 것들을 잡으려고 몸부림치며 거기에 매여 평생을 사는 사람이 있다. 그것을 위해 목숨을 거는 사람도 많다. 필자와 같이 잠시 그러다 말았다면 천만다행이지만, 만일 평생을 배설물 같은 것을 위해 살았다면 얼마나 어리석은 인생이며 땅을 치고 후회할 일인가?

세상에서 가장 귀하고 가치 있는 일은 무엇인가? 세상이 천만 번 바뀌어도 영원히 변하지 않는 것은 무엇인가? 분명히 예수 그리스도의 복음이다. 이것이 세상에서 가장 귀한 것이요, 이것을 위해 평생을 바치고, 목숨을 바치는 사람이 있다면 그는 세상에서 가장 의미 있는 삶을 산 사람이다.

제3장

행동주의와 생명 중심

01
"나는 똥 안 멕여!"

전에 텔레비전에서 방영된 프로 중에 〈고향에서 보낸 편지〉라는 프로가 있었다. 시골에 사시는 어르신들이 도시에 나간 자식들에게 보내는 영상 편지이다.

"야 복남아! 나 텔레비전에 나왔다. 그란디 옆집 누구는 아들이 보일러 바꿔주었다더라. 그렇다고 부담은 갖지 마라. 아무튼 걱정 말고 잘 있어라!"

이런 영상 편지를 녹화하는데, 그 집에서 기르는 개가 카메라 앞을 왔다갔다 했다. 그 순간에 진행하는 사회자가 장난끼가 발동을 했다.

"할머니 저 개 똥개 맞죠?"

자기 집에서 기르는 개를 똥개라고 하니까 이 할머니 기분이 나빠졌다. 뭐라고 대답을 해야겠는데 할 말이 궁핍하다 보니 "새끼 때는 진돗개였는데 지금 좀 그래" 하시면서 말끝을 흐렸다.

"아니 똥개면 똥개지, 새끼 때는 진돗개였다 커서 똥개가 되는 법이 어디 있어요? 할머니, 똥개 맞죠?"

"아니라니까 왜 젊은 사람이 남의 개를 자꾸 똥개라고 그래!"

"아니 똥개 맞는데 뭘 아니라고 그러세요. 내가 보니까 똥개 맞는데……. 똥개라면 누가 잡아먹을까 봐 그러세요?"

궁지에 몰린 할머니가 그 순간 온 세상 사람들을 다 뒤집어놓는 기가 막힌 말씀 한마디를 하셨다.

"나는 똥 안 멕여!!!"

이 할머니 논리가 무엇인가? 똥 먹으면 똥개, 똥 안 먹으면 진돗개! 진돗개도 며칠 굶으면 그보다 더한 것도 먹을 수 있다. 무엇을 먹느냐? 어떻게 생겼느냐? 어떤 행동을 하느냐? 이런 것들보다 훨씬 중요한 것은 혈통(血統)이다.

세상에는 두 가지 논리가 지배한다. 행동주의(行動主義)와 생명논리(生命論理)이다. 행동은 눈에 보이는 것이기 때문에 대단히 논리적이고, 합리적이고, 논증적이다. 그렇기 때문에 사람들이 진리라고 생각하기 쉽다.

좋은 열매 맺으면 좋은 나무인가? 나무가 좋다, 나쁘다는 열매로 안다고 했다. 당연한 말이고 원론적으로 아무 문제가 없는 이야기다. 그럼 '나'라는 나무는 좋은 나무인가? 아니면 나쁜 나무인가? 당신의 배우자는 어떤가? '나는 좋은 나무'라고 자신있게 말할 수 있는 사람은 거의 없을 것이다. 분명히 나는 나쁜 나무에 가깝다. 그러면 나쁜 나무인 나를 어떻게 해야 하는가? 찍어버려야 하지 않겠는가? 이 이야기를 문자 그대로 받아들이면 자기 발등을 찍어야 할 사람이 많을 것이다.

행동주의는 대단히 논리적인 것 같지만, 거기에 빠져 있으면 결국은 자기 자신에 대하여는 열등감이나 죄책감에 빠지게 되고, 다른 사람에 대하여는 판단하고 정죄하는 사람이 되고 만다. 철학한다는 사람들이 자살을 미덕과 용기로 삼는 이유가 바로 이것이다. 자기 자신에 대하여 깊이 성찰해 보니 자기는 나쁜 나무라는 것을 알게 되었고, 그런 나무는 스스로 찍어버리는 것이 옳다는 자연스런 결론에 도달한 것이다. 인간의 심연을 깊이 성찰하고 고민한다는 불교철학에서 무상(無常)을 말하는 것이나 공(公)을 추구하는 것이 다 따지고 보면 행동주의 논리에서 온 것이다.

우리 기독교는 행위의 종교가 아니라 생명의 종교이다. 독일의 본회퍼 목사는 "기독교는 종교가 아니다"라는 아주 의미 있는 말을 했다. 모든 종교는 행동의 지침을 제시하고 있다. 근본적으로 모든 종교는 행동주의 논리 위에 있다. 이런 측면에서 가장 발달한 것이 유교, 불교, 유대교, 이슬람교 순이 되는 것 같다.

"기독교는 종교가 아니다"라는 말은 다른 종교들처럼 행동의 지침을 제시하는 행동주의 철학 위에 기초하지 않는다는 말이다. 그는 "기독교의 본질은 종교와 관계가 있는 것이 아니라 그리스도라는 인물과 관계가 있다"고 했다. 무슨 뜻인가? 기독교는 행위의 종교가 아니라 예수님의 인격, 영성, 사고방식이 보여주는 대로 생명 중심의 삶이라는 뜻이다.

교회 다니다가 시험 든 사람들이 많다.

"교인이라는 사람이 그럴 수 있어?"

"목사가 그럴 수 있어?"

교인이 그러면 안 되고, 목사가 그러면 더더욱 안 된다. 그런데 이런 말들이 따지고 보면 다 행동주의 논리에서 나온 말이다. 예수님이 말씀하시는 생명 중심이 아니다. 예수님께서 수많은 병자들을 고치셨는데, 예수님이 그들을 고치시기 전에 그들이 어떤 사람이었는지, 그동안 어떻게 살아왔는지, 그들이 하나님의 은혜를 받을 자격이 있었는지 한 번이라도 확인하신 적이 있는가?

병을 고쳐주실 때 "넌 도저히 안 되겠다. 네가 행했던 모든 것을 다 회개하고 새 사람이 되면 내가 그때 가서 너를 고쳐주겠다. 먼저 네 행실을 고쳐라" 이렇게 하신 적이 있는가? 왜 예수님은 그가 살아왔던 삶에 대하여 문제를 삼지 않으셨을까? 행동주의가 아니라 생명 중심이었기 때문이다.

부활하신 예수님이 갈릴리 바다에서 고기를 잡고 있던 베드로를 찾아가셨다. 베드로는 예수님을 부인한 후에 자기는 예수님의 제자가 될 자격을 스스로 상실했다고 생각했다. 그래서 다시 고기나 잡으면서 살겠다고 갈릴리 바다로 돌아갔다. 그리고 밤새도록 그물을 던졌다. 그런데 그날따라 단 한 마리도 잡지 못했다.

그 바닷가로 부활하신 주님이 찾아가셨다. 베드로가 갈릴리 바다에서 예수님을 만났을 때 얼마나 놀랐을까? '도둑이 제 발 저린다'는 말이 있다. 베드로는 예수님이 자기에게 무슨 말씀을 하려고 그 바닷가에 오셨는지 대충 예상했을 것이다.

"네가 나를 부인하다니……정말 섭섭했다."

"다른 제자들은 몰라도 너는 그러지 않을 줄 알았다."

"너 같은 놈을 제자로 삼았다니, 그것도 수제자로 삼았다니 정말 내 자신이 부끄럽다."

이런 말씀 하시려고 베드로를 찾아오셨다고 생각했을 것이다. 그런데 예수님은 전혀 엉뚱한 말씀을 하셨다.

"고기를 잡았느냐?"

"없나이다."

"배 오른편에 그물을 던져라."

순종하여 그물을 던졌더니 고기를 많이 잡았다. 예수님은 잡은 생선을 몇 마리 가져오라 하시더니 숯불을 피워 고기를 구우셨다. 그리고는 "와서 조반을 먹어라" 하셨다. 정말 해야 할 말은 하시지 않고 전혀 딴 소리만 하셨다.

베드로는 오히려 점점 더 불안해졌을 것이다. 차라리 맞을 매라면 빨리 맞는 것이 더 편하지 않겠는가? 예수님이 대놓고 섭섭했다고 말씀하시면 차라리 편했을지 모른다. 그러나 예수님은 전혀 아무 일도 없었던 것처럼 생선을 구워 밤새 고기 잡느라 피곤하고 지친 제자들을 먹이셨다. 그러고는,

"요한의 아들 시몬아, 네가 이 사람들보다 나를 더 사랑하느냐?"
"내가 주를 사랑하는 줄 주께서 아시나이다."
"내 양을 먹여라."
그의 사명을 다시 회복해 주셨다.

그날 예수님은 끝내 배신의 배 자도 말씀하시지 않았다. 베드로가 진정 거듭난 것은 이런 예수님의 모습 때문이었다. 자기의 실수와 허물을 끝내 말하지 않으시고, 오히려 더 적극적으로 생명을 사랑하시는 예수님의 영성, 이 사랑을 느끼면서 베드로는 위대한 사도로 거듭나기 시작했다. 예수님은 분명 생명 중심이셨다. 이것이 사람을 진정으로 변화시키는 위대한 능력이었다.

그럼 구체적으로 어떻게 해야 행동 중심에서 생명 중심으로 그 사고방식을 바꿀 수 있을까? 그 비결은 엉뚱한 것 같지만 전도하는 것이다. 전도는 생명을 향한 사랑이 없으면 할 수 없다.

"저 사람은 하는 짓이 너무 악하니까 예수 믿으면 안 되겠어! 저런 사람이 예수 믿으면 교회가 망할 것 같아."

이렇게 말하는 사람이 있는가? 아무리 행실이 못된 사람도 "저 사람도 예수님 믿으면 새 사람 될 수 있는데……" 하면서 오히려 더 적극적으로 전도를 하지 않는가? 전도하는 현장에서는 이미 생명 중심의 논리가 지배하고 있다. 생명을 향한 강렬한 사랑이 전도를 하게 하고, 전도하는 과정에서 사람은 행동 중심에서 생명 중심으로 그 사고방식이 달라지게 된다.

02
행동 중심과 생명 중심

율법은 언제나 사람의 행위에 초점이 맞추어져 있다. 언제나 행동 중심이다. 하나님의 백성으로 할 수 있는 것과 할 수 없는 것이 아주 분명하다. 그래서 율법은 언제나 '~하라' 혹은 '~하지 말라'로 되어 있다.

정경(正經)이라는 말의 캐논(Canon)은 본래 길이를 재는 자(尺)라는 의미가 있다. 그러니까 율법은 아주 분명하고도 객관적인 기준을 가지고 사람의 행위를 재어보고 옳다 혹은 그르다로 평가할 수 있다. 이런 의미에서 율법은 객관적이고, 합리적이고, 논증적이다.

그런데 율법은 결국 죽음이라는 심판을 피할 길이 없다. 왜냐하면 "의인은 없나니 하나도 없으며"(롬 3:10)라는 로마서의 선언처럼 그 누구도 하나님이 요구하시는 의에 도달할 수 없기 때문이다. 그래서 바울의 표현을 빌리자면 율법은 복음으로 인도하는 몽학선생(蒙學先生) 역할을 하는 것뿐이다. 행위로써는 구원받을 수 없다는 것을 깨닫고 은혜의 복음으로 나아가야지 거기에 머물러 있으면 결국 율법주의가 되고 만다.

누가복음 13장에 열매 맺지 못하는 무화과나무 이야기가 나온다. 주인은 3년이나 열매를 맺지 못하는 이 나무를 찍어버리라고 재촉했다. 열매도 맺지 못하는 나무를 그대로 두어 땅만 버릴 수 없다는 것이 주인의 생각이다. 실용주의적인 입장에서 보면 이 주인의 말이 분명히 옳다. 그러나 과원지기는 한 해만 더 기회를 달라고 요청했다. 왜냐하면 아직 살아있는 나무이기 때문이다. 아주 짧은 이야기인데, 같이 무화과나무를 보고 있으면서도 열매를 보는 사람이 있는가 하면 생명을 보는 사람이 있다. 이것이 바로 시각 차이다. 그러나 이것은 단순히 시각 차이라고 하기에는 너무나 엄청난 차이가 있다.

율법주의자들은 끊임없이 어떤 열매를 요구한다. 이들은 하나님도 우리에게 많은 열매를 요구하신다고 주장한다. 전도의 열매, 봉사의 열매, 헌금의 열매, 사랑의 열매, 충성의 열매, 구제의 열매, 온유의 열매, 의의 열매……. 성도라면 마땅히 맺어야 할 열매이지만 실제로 그렇게 살지 못하고 있는 자기 자신에 대한 죄책감이 많다. 그래서 나름대로 열심히 열매를 맺으려고 애를 써봤지만 번번이 실패하고 넘어지기 일쑤다. 이런 실패를 반복하다 보니까 신앙생활 그 자체를 부담스럽게 느끼게 되었는지 모른다.

과연 하나님이 끊임없이 우리에게 이런 열매들을 요구하실까? 갈라디아서 5장에 나오는 성령의 열매는 사랑과 희락과 화평과 오래 참음과 자비와 양선과 충성과 온유와 절제다. 많은 성도들이 이것을 암송하면서 이런 열매들을 맺어야 한다고 생각했고, 또 그렇게 배웠다.

참 오해가 많은 부분이다. 우선 성령의 열매는 아홉 가지가 아니라 한 가지다. 만일 아홉 가지였다면 '오직 성령의 열매들은'이라고 복수 취급을 했어야 했다. 그러나 '오직 성령의 열매는' 단수 취급을 했다. 이 말은 아홉 가지가 아니라 하나라는 말이다. 그럼 그 한 가지 성령의 열매가 무엇인가? 사랑이다. 사랑하면 자연히 희락이 오고, 화평과 오래 참음과 같은 열매들이 줄줄이 사탕처럼 자연스럽게 따라오게 된다. 억지로 아홉 가지 열매들을 하나씩 맺어가야 하는 것이 아니라 사랑하면 자연히 나타나게 되는 열매들이다.

그리고 이 열매는 내가 맺어야 할 사람의 열매가 아니라 성령님께서 맺으시는 성령의 열매다. 그래서 실제 성경에는 분명히 "오직 성령의 열매는……"이라고 되어 있다. 읽기는 성령의 열매라고 읽으면서 생각하기는 '예수 믿는 사람들이 맺어야 할 성도의 열매'라고 생각한다. 성령의 열매는 사람이 맺을 수 있는 성질의 것이 아니다. 교양을 쌓고, 자기 자신을 잘 절제하고, 종교적인 수양을 쌓는다고 해서 맺을 수 있는 것이 아니다.

2013년 12월에 북한에서 장성택을 공개 처형했다. 그의 가족들도 공개 처형을 했다는 소식이 있다. 누가 누구를 배신했을까? 장성택이 자기 조카 김정은을 배신했을까 아니면 김정은이 자기 고모부 장성택을 배신했을까? 누가 누구를 배신했는지 우리가 어찌 알겠는가? 어쨌든 누군가 배신을 했다. 그런데 이런 일들은 북한에서만 있는 것이 아니다. 우리 삶의 주변에도 늘 있는 일이다.

지구상에 존재하는 모든 문제의 핵심에는 늘 사람이 있다. 배신을 해도 사람이 하고, 죄를 지어도 사람이 짓는다. 자연은 환경을 파괴하지 않는데 언제나 사람이 자연을 파괴한다. 이 세상에 나타나고 있는 모든 사회적 병리 현상의 그 핵심에는 사람이 있고, 근본적으로 사람에게 문제가 있기 때문에 이런 증상들이 나타나고 있다.

사회적 병리 현상들, 예를 들면 배신, 거짓, 불신, 불화, 시기, 탐심……. 가정에도, 사회에도, 심지어는 교회에도 있는 것들인데, 이러한 증상들이 나타나는 근본적인 원인이 무엇일까?

한마디로 말하면 인간의 죄다. 주후 4세기 그레고리 대제가 7가지 죄(seven cardinal sins)를 말했는데, 교만, 질투, 분노, 탐심, 탐식, 게으름, 정욕이라고 했다. 이중에 내가 특히 약한 부분이 있다. 풍선은 언제나 가장 약한 부분이 터지는 법이다.

근본적으로 사람의 이러한 죄 때문에 나타나는 증상들인데, 그럼 어떻게 해야 인간의 본질적인 이 문제를 해결할 수 있을까? 자기 자신을 잘 절제하고, 노련한 조련사에게 훈련을 잘 받으면 될 것 같은가? 아니면 법과 제도 그리고 과학이 지금보다 훨씬 발달하면 사람의 죄를 통제할 수 있을까? 그것도 아니면 사람의 선한 양심을 잘 개발하면 될 것 같은가? 사람은 근본적으로 선한 존재가 아니다.

> "기록된 바 의인은 없나니 하나도 없으며 깨닫는 자도 없고 하나님을 찾는 자도 없고 다 치우쳐 함께 무익하게 되고 선을 행하는 자는 없나니 하나도 없도다"(롬 3:10-12).

내 안에도, 이 사회 속에도 인간의 이 뿌리 깊은 죄의 문제를 해결할 방법이 없다. 강물에 떠내려가고 있는 썩은 나무처럼 무엇이 문제인지 다 알면서도 자기 몸을 어떻게 하지 못하는 것이 사람의 인생이다.

갈라디아서 5장 19-21절을 보면 육체의 일은 분명하다고 했다. 다른 말로 하면 사람이 육체를 가지고 하는 일이라는 것이 뻔하다고 하면서 음행, 더러운 것, 호색과 우상숭배, 주술, 원수 맺는 것, 분쟁, 시기와 분냄과 당 짓는 것과 분열함과 이단과 투기와 술 취함과 방탕함과 또 그와 같은 것들이라고 했다. 육체를 가진 모든 사람이 맺는 열매는 이런 것들이다. 미안하지만 육체 안에 거하고 있는 필자나 독자나 이런 짓을 하고 있고, 이런 열매를 맺을 수밖에 없다.

돌 감람나무는 참 감람열매를 맺을 수 없다. 돌 감람나무에 거름을 주고 아주 잘 가꾼다면 잔뜩 돌 감람열매를 맺게 될 것이다. 잘 가꾼다고 해서 돌 감람나무가 참 감람열매를 맺을 수 없다. 우리는 인간에 대하여 너무 과대평가를 하고 있다. 좀더 많이 알고, 수양을 쌓으면 선한 것이 될 수 있는 어떤 막연한 희망을 갖고 있다. 그러나 우리 인간은 그렇게 낙관적인 존재가 못 된다. 사도 바울의 고백처럼 "오호라 나는 곤고한 사람이로다 이 사망의 몸에서 누가 나를 건져내랴"(롬 7:24), 이것이 거부할 수 없는 인간의 실존이다. 인간은 전적으로 타락

한 존재이다. 우리 스스로는 절대로 선한 열매를 맺을 수 없다. 예수님께서 이 문제에 대하여 아주 분명하게 말씀하셨다.

> "나는 포도나무요 너희는 가지라 그가 내 안에, 내가 그 안에 거하면 사람이 열매를 많이 맺나니 나를 떠나서는 너희가 아무것도 할 수 없음이라"(요 15:5).

예수님을 떠나서는 아무것도 할 수 없다. 열매를 맺고 안 맺고는 오직 포도나무이신 예수님에게 달려 있다. 예수님 안에 거함으로 주님의 열매가 나의 가지에 달리는 것뿐이다. 마찬가지로 성령님과의 밀접한 관계를 통해서 성령님의 열매가 내 몸을 통해서 나타나는 것뿐이다. 그러니까 중요한 것은 열매가 아니라 주님과의 관계이다. 포도나무에 붙어 있으면 살아있는 가지요, 살아있으면 자연스럽게 성령의 열매를 맺게 된다.

이런 의미에서 율법은 행동 중심이요, 복음은 생명 중심이다. 주님과의 밀접한 관계를 통해서 성령님의 열매를 자연스럽게 맺으며 살아가는 것, 그리고 그것이 내 몸을 통해 나타난다 할지라도 내 열매가 아니라 성령님의 열매임을 고백하며 사는 사람이 은혜 가운데 사는 백성이다.

어느 교회에서 있었던 일이라고 한다. 주일날 그 교회 안수집사 한 분이 예배당에 나오질 않았다. 가깝게 지내는 집사님에게 무슨 일이 있느냐고 물었더니 낚시를 갔다고 했다. 그 소리를 듣는 순간 목사님이 화가 나서 자기도 모르게 "다리나 똑 부러져라"라고 말해 버렸다. 얼떨결에 이렇게 말을 하고 나니까 목사님이 갑자기 겁이 덜컥 났다. 그 친구 집사는 낚시 갔다는 안수집사와 둘도 없는 짝인 데다가 그 안수집사는 성격이 보통이 아니었기 때문이다.

주일 저녁, 낚시를 갔다던 안수집사님이 사택으로 찾아오겠다고 전화가 왔다. 목사님은 올 것이 왔다고 생각하고 가슴을 졸이며 기다렸다. 그런데 의외로 문을 두드리는 집사님의 노크 소리가 몹시 부드러웠고, 게다가 손에는 과일 바구니까지 들려 있었다.

"목사님! 정말 죄송합니다. 제가 안수집사라는 사람이 교회에 나오지 않고 낚시를 갔다왔는데, 목사님이 날씨가 추워졌는데 옷이나 두툼하게 입고 갔느냐며 걱정해 주셨다면서요? 다음부터는 꼭 주일을 잘 지키겠습니다. 부족한 사람을 이렇게 사랑해 주셔서 감사합니다."

누가 이 난처한 문제를 이렇게 아름답게 풀었는가? 누가 이 친구 집사를 제9계명 즉 거짓 증거를 했다고 나무랄 수 있겠는가?

율법주의와 복음주의를 단 한마디로 정의하라면 이렇다. 율법이 행동 중심이라면 복음은 생명 중심이다. 율법은 행동 중심이기 때문에 항상 '하라', '하지 말라'는 행위를 규범하는 말로 되어 있다. 그래서 하라는 것을 하지 않은 것이 죄요, 하지 말라는 것을 한 것이 죄다. 그러나 예수님의 복음은 언제나 행동보다는 생명이 중심이다.

03
"예수님 참 많이 닮으셨네요!"

어느 시골교회에서 있었던 일이다. 어느 날 그 교회 장로님이 교회에 잠시 들르게 되었는데, 교회 마당 한쪽 구석에 있는 화장실에서 담배 연기가 모락모락 피어 오르고 있었다. 이 광경을 본 순간 장로님은 '어느 집사가 교회까지 와서 담배를 피우는가?' 화가 나서 노크도 하지 않고 화장실 문을 확 잡아 당겼다. 그런데 화장실에 앉아 있던 사람은 놀랍게도 그 교회 목사님이었다. 두 사람의 눈이 마주쳤을 때, 목사님도 놀랐고 장로님은 더 놀랐다. 순간적으로 너무나 당황한 장로님은 본능적으로 문을 닫고 쏜살같이 가버렸다.

호랑이 장로님에게 목사가 그것도 교회 화장실에서 담배를 피우다가 들켰으니 어떻게 되겠는가? 목사는 장로님이 온 교인들에게 즉시 이 사실을 알리고 위선자라고 야단법석을 칠 것이라 생각했다. 그것은 불 보듯 뻔한 일이었다.

주일날이 되었다. 목사는 짐을 싸고 쫓겨날 준비를 하고 있었다. 그런데 장로님의 닫혀진 입술이 좀처럼 열리지 않았다. 목사는 무슨 일이 당장 일어날 줄 알았는데, 막상 아무 일도 일어나지 않으니까 더욱 불안할 수밖에 없었다. 첫 번째 주일은 살얼음판을 걷는 것 같았지만 끝까지 아무 일도 일어나지 않고 그냥 지나갔다.

틀림없이 이 장로님이 무슨 일을 꾸미고 있다고 생각하며 시한폭탄을 가슴에 품고 있는 사람처럼 목사는 떨었다. 그런데 두 번째 주일도 그냥 아무 일 없이 지나갔다. 세 번째 주일, 네 번째 주일……. 장로님은 끝까지 이 사실을 교인들에게 알리지 않았다. 결국 목사님은 이 장로님의 깊은 사랑에 감격하게 되었고, 그 몹쓸 죄악된 습관에서 벗어날 수 있게 되었다고 한다.

베드로의 본래 이름은 시몬이었다. 그런데 예수께서 그를 처음 보는 순간 "네가 요한의 아들 시몬이니 장차 게바(베드로)라 하리라"고 하셨다. 게바는 반석(磐石)이란 뜻이다.

베드로가 처음 주님께 부름을 받았을 때 그는 절대로 반석이 아니었다. 그는 다혈질의 사람으로 흥분을 잘했고, 아무데서나 나서기 좋아하는 사람이었다. 게다가 인간적인 야심이 있었던 사람이다. 그런가 하면 그는 비겁한 사람이요, 이랬다저랬다 하는 신뢰할 수 없는 사람이었다. 그는 절대로 반석이 아니었다. 그런데 예수님은 그를 보는 첫 순간에 "너는 게바라 하리라"고 하셨다. 아마 전부터 베드로를 알고 있던 사람들은 예수님이 이렇게 말씀하실 때 코웃음을 쳤을 것이다.

그런데 실제로 그는 반석이 되었다. 예수님께 "주는 그리스도시요 살아계신 하나님의 아들이시니이다"라고 신앙고백을 했을 때, "너는 베드로라 내가 이 반석 위에 내 교회를 세우리라"고 하셨고, 실제로 오순절 성령 강림 이후 베드로를 중심으로 예루살렘 교회가 세워졌다. 그러니까 예수님이 시몬을 게바(베드로)라 부른 그대로 된 것이다.

실제로 그가 성령을 받고, 위대한 하나님의 종이 되어서 삼천 명씩, 오천 명씩 제자를 삼은 후에 그를 게바, 반석이라 부른 것이 아니다. 그가 이런 이름을 주님께 받았을 때는 절대로 반석이 아니었다. 그러나 주님은 그의 현재 모습을 냉정한 눈으로 있는 그대로 분석(分析)하신 것이 아니라 그가 장차 변화될 모습을 미리 내다보셨다. 희망적인 기대를 가지고 먼저 게바라고 불러주셨고, 예수님이 그에게 붙여준 이름처럼 반석, 즉 베드로가 되었다.

필자가 섬기는 교회에서는 성도들 간에 서로 인사를 나눌 때 아주 밝은 표정을 지으며 "예수님 참 많이 닮으셨네요!"라고 인사한다. 처음에는 그것이 거룩한 거짓말이라 생각했던 분들도 있다. 부부간에 나란히 앉아서 예배드리면서 "예수님 참 많이 닮았다"고 인사하라니까 억지로 따라하기는 하지만 속으로는 "예수님 닮은 것 좋아하네, 예수님 1%만 닮아도 내가 왕같이 모시지"라고 속으로 중얼거리는 사람이 있었을 것이다.

그런데 참 이상하다. 분명히 교인들이 달라지고 있다. 정말 예수님을 점점 닮아가고 있다. 교인들이 실제로 변했는지, 아니면 그를 바라보는 사람의 눈이 달라졌는지, 어쨌든 분명한 것은 달라졌다. 처음에는 우리 자신도 이 사실을 잘 몰랐다. 그런데 우리 교회를 찾아온 새가족들과 여러 가지 일로 오랫동안 떠나 있었던 성도들이 이구동성으로 하는 말이 "교인들이 친절하고 따뜻하다"고 한다.

그리고 보니 분명히 우리의 분위기가 바뀌었고 표정이 밝아졌다. 얼굴에는 기쁨이 있다. 마음에 깃든 평안을 서로가 느낄 수 있다. 그리고 무엇보다도 예배의 현장이 따뜻해졌다. 그래서 작은 이야기에도 반응을 하고, 별로 웃음거리도 아닌데 웃는다. 확실히 우리는 웃음이 헤퍼졌다.

화장실에서 담배 피우다 장로님께 들켰던 그 목사님은 분명히 온전한 사람은 아니었다. 그는 목사로서 자격이 없는 사람이었다. 그러나 장로님의 깊은 사랑에 목회자 한 사람이 회복되었다. 마찬가지로 예수님이 시몬을 게바라 불러주었기 때문에 그는 실제로 반석이 되었다.

긍정적인 이름을 먼저 붙여주고 불러주면 결국은 그런 사람이 된다. 이것이 예수님이 제자 삼으시는 방식이다.

04
포도원 품꾼의 비유

　요즘은 우리나라에서도 그런 직장이 늘어나고 있지만 서구사회에서는 보통 노동자들이 시급(時給)으로 임금을 받는다. 어떤 사람은 시간당 20불을 받기도 하고, 50불을 받기도 하고 천차만별이다. 보통 출근할 때 시간을 찍고 들어가서 일을 하고, 퇴근할 때 시간을 찍으면 한 주간에 몇 시간 일을 했는지 나오고, 그 시간을 계산해서 주급으로 받기도 하고, 모아서 월급으로 받기도 한다.

　예수님 당시 팔레스타인에서는 지금같이 고정된 직장은 많지 않았고, 대부분 일용직이었다. 'Market Place'라는 인력시장에서 그날그날 필요한 품꾼을 데려다가 일을 시키고, 그날 저녁에 임금을 지불했다. 이스라엘의 포도원은 보통 9월경에 추수를 하는데, 포도는 수확하는 타이밍이 굉장히 중요하다고 한다. 너무 빨리 따면 맛이 없고, 그렇다고 너무 오랫동안 햇볕을 쬐면 상품가치가 떨어진다. 게다가 포도를 수확하는 철에 가끔은 태풍을 동반한 비가 쏟아지는 경우가 있어서 제때 수확하지 못하면 일 년 농사를 망칠 수 있다. 그래서 갑자기 일손이 많이 필요한 때가 있다고 한다.

어떤 포도원 주인이 품꾼을 부르러 이른 아침에 일꾼들이 모여 있는 장터에 갔다. 이스라엘의 노동시간은 아침 6시부터 오후 6시까지 12시간이다. 그리고 하루 품삯은 한 데나리온이다. 이 한 데나리온은 일반 서민들이 자기 가족과 함께 하루 먹고 살 수 있는 정도의 돈이다. 이른 아침 그러니까 우리 시간으로 오전 6시에 한 데나리온씩 주기로 하고 일꾼을 고용했다. 그리고 오전 9시, 낮 12시, 오후 3시에도 각각 사람들을 데려다가 일을 시켰다. 마지막으로 오후 5시 그러니까 일할 시간이 1시간밖에 남지 않았는데 또 주인은 인력시장에 나갔다. 그런데 그 시간에도 일거리를 기다리는 사람들이 있었다.

"너희는 어찌하여 종일토록 놀고 여기 서 있느냐?"

"우리를 품꾼으로 쓰는 이가 없어서 그렇습니다."

주인은 이 사람들도 데려다가 일을 시켰다.

해가 지고 품삯을 계산하는 시간이 되었다. 포도원 주인이 일꾼들을 불러다가 세워놓고 나중에 온 사람부터 임금을 지급했는데, 오후 5시에 와서 한 시간 일한 사람에게 먼저 한 데나리온을 주었다. 이 사람이 한 데나리온을 받아들고 얼마나 놀랐을까? 자기는 한 시간밖에 일을 하지 않았으니까 몇 푼이라도 받아가는 것이 맨손으로 가는 것보다 낫겠다고 생각하고 일을 했는데, 뜻밖에도 한 데나리온을 받았다.

이 광경을 지켜보고 있던 다른 사람들은 머릿속으로 계산을 했을 것이다. '한 시간에 한 데나리온이면, 나는 12시간 일했으니까 12데나리온? 그렇게까지 다 받지는 못한다 하더라도 열 데나리온은 주겠지' 내심 기대했다. 그런데 정작 주인은 다 똑같이 한 데나리온씩 나누어 주었다. 그러니 자연 불만이 누가 제일 컸겠는가?

이 사람이 주인을 원망하면서 '하루 종일 더위를 견디면서 일을 한 우리와 해가 다 넘어갈 때 잠시 일을 한 사람과 똑같이 취급하면 되겠느냐'고 심하게 불평했다. 독자들이나 필자가 이런 상황에 처했다고 해도 아마 마찬가지였을 것이다. 주인은 분명히 공평하게 처리한 것이 아니다. 그렇다고 해서 이 주인을 고발할 수 있는 것도 아니다. 어쨌든 자기는 아침에 한 데나리온을 주겠다고 고용계약을 했고, 약속한 대로 한 데나리온을 받았으니까 사실은 할 말이 없다. 그런데 뭔가 손해 본 것 같고, 기분이 나쁜 것은 어쩔 수 없을 것이다.

주인이 이 사람에게 뭐라고 했나?

"나는 네게 잘못한 것이 없노라. 내가 너에게 한 데나리온을 주겠다고 약속하지 아니했느냐? 네 것이나 가지고 가라. 나중에 온 이 사람에게 너와 같이 주는 것이 내 뜻이니라. 내 것을 가지고 내 맘대로 하겠다는데 네가 뭔데 이래라 저래라 하느냐?"

포도원 주인의 말은 한마디도 틀린 것이 없지만 어떻게 생각하면 참 지혜가 없는 사람이다. 품삯을 포도원에 들어온 순서대로 나눠주었다면 아무 문제가 없었을 것이다. 먼저 온 사람에게 더운데 수고 많이 했다며 한 데나리온을 쥐어주면 감사하다고 신이 나서 돌아갔을 것이다. 이 사람을 보내고 난 후에 그다음에 온 사람을 불러서 또 한 데나리온을 줘서 보내고 이렇게 차례대로 했으면 거기 있는 모든 사람이 다 기분 좋게 한 데나리온씩 받아서 돌아갔을 것이고 해피엔딩으로 끝날 일이다. 그런데 왜 임금을 나중에 온 사람부터 줘서 문제를 일부러 만들었을까?

주인이 이렇게 한 의도가 뭔가 있지 않았을까? 예수님이 이 이야기 끝에 뭐라고 말씀하셨나? "이와 같이 나중 된 자로서 먼저 되고 먼저 된 자로서 나중 되리라"고 하셨다. 여기서 나중 된 사람은 분명히 오후 5시에 포도원에 들어온 사람일 테고, 먼저 된 사람은 아침 6시부터 일한 사람일 것이다. 그런데 먼저 된 자가 나중 된다고 했다.

이 비유는 천국에 대한 비유이다.

"천국은 마치 품꾼을 얻어 포도원에 들여보내려고 이른 아침에 나간 집 주인과 같으니"(마 20:1).

'마치 ~ 같다'라는 말은 이런 일이 실제로 있었던 것이 아니라 예수님께서 어떤 진리를 쉽게 설명하기 위해서 예를 든 것이다. 그렇다면 이 비유의 핵심은 무엇인가? 천국은 은혜로 가는 것을 설명하기 위함이었다. 한 시간밖에 일을 안 했으니까 한 데나리온 받을 자격이 전혀 없는 사람인데, 이 사람에게도 한 데나리온을 준 것은 은혜의 법으로밖에 설명할 수 없다. 천국은 전적으로 은혜로 가는 곳이다.

저녁 5시까지 인력시장을 떠나지 못하고 일거리를 기다렸던 이 사람이 일을 잘하게 생긴 건장한 청년이었겠나? 그랬다면 이른 아침에 벌써 다 뽑혀 갔을 것이다. 어쩌면 이 사람은 그 전날에도 일거리를 잡지 못해서 거기서 하루 종일 서성이다가 그냥 돌아갔을지도 모른다. 무능하고 힘도 없고, 게다가 늙었고……. 그렇다고 해서 이 사람에게 부양해야 할 가족이 없었겠는가?

분명히 못난 사람이요, 무능한 사람이지만, 이 사람도 먹고 살아야 할 한 데나리온이 필요했던 사람이다. 이런 사람을 저녁 5시에 일을 시켜준 것도 은혜이고, 한 시간밖에 일을 하지 않은 사람에게 그가 필요한 한 데나리온을 줘서 보낸 것도 은혜다. 은혜라는 말 외에 무엇으로 이 사건을 설명할 수 있겠는가?

우리 기독교는 은혜의 종교다. 그런데 다른 종교에서는 은혜라는 말을 찾아볼 수가 없다. 불교에서는 수덕(修德)하고 고행(苦行)을 통해서 열반(涅槃)의 세계에 들어갈 수 있다고 한다. 이것은 힌두교의 업보(業報) 사상에서 온 것이다. 업보는 선을 쌓으면 선한 일이 오고, 악을 쌓으면 악한 일이 온다는 것이다. 윤회사상도 여기서 왔는데 전생에서 쌓은 것이 다음 생의 질을 결정한다는 것이 윤회사상이다.

이슬람에서는 5대 의무를 지켜야 한다고 가르친다.

그 첫째는 샤하다(Shahadah)로 신앙고백이다. 알라가 유일하고 가장 위대한 존재임을 고백해야 한다.

둘째는 살랏(Salat)으로 기도다. 이들은 하루에 다섯 번 기도를 드리는데 해 뜨기 전, 정오, 해 지기 전, 해가 진 후, 그리고 자기 전에 반드시 메카를 향하여 기도해야 한다.

셋째는 사움(Sawm)으로 금식이다. 이들은 라마단 기간 동안 해가 떠 있는 동안에는 물도 마시지 않는다. 심지어 7세 이상 된 어린아이들도 약 한 달간 라마단 기간 동안에는 금식한다.

넷째는 자캇(Zakat)으로 구제이다. 보통 라마단이 끝날 때 자기 1년 수입의 2.5%를 구제비로 바치고, 자손에게 유산을 상속할 때도 일정 비율을 구제비로 내놓고 나머지를 상속하게 되어 있다.

마지막은 하지(Hajj)로 성지순례이다. 사우디아라비아에 있는 메카에 다녀오는 것인데 아무나 갈 수 있는 것은 아니고, 이슬람의 의무를 잘 지키고, 코란의 가르침에 따라 산 사람으로 인정을 받아야 성지순례를 할 수 있는 자격이 주어진다. 이들은 메카에 다녀와야 구원이 완성되는 것으로 보고 성지순례를 다녀온 사람은 남자일 경우에 자기 이름 앞에 하지를, 여자의 경우는 하자를 붙인다고 한다.

유대교도 마찬가지다. 구약성경에만도 613개나 있는 성문화된 율법이 있다고 하는데 그것을 다 지켜야 구원을 받는다고 가르쳤고, 우리나라의 재래종교라 할 수 있는 샤머니즘도 제삿상을 차리고, 새벽마다 지극 정성으로 빌어야 천지신명이 복을 준다고 가르쳤다.

전에 〈차마고도〉라는 프로를 통해서 오체투지(五體投止)를 하는 티벳 불교의 수도승들을 보았다. 수천 킬로미터를 자신의 몸을 학대하며 기어가는 그들의 모습을 보고 당장 달려가서 이런 바보짓을 그만

두라고 소리치고 싶었다.

이와 같이 이방의 종교들은 모두 자기의 의를 쌓아가야 구원을 받는다고 가르쳤고, 그들은 구원을 받기 위해서 애처로울 정도로 정성을 다했다. 이런 사람들에게 포도원 품꾼의 비유를 들려주면 그들은 고개를 절레절레 흔들면서 도저히 있을 수 없는 일이라 할 것이다.

타 종교인과 우리가 마주 앉아서 이런 논쟁을 하게 되면 우리가 당해 낼 수가 없는 논리적인 약점이 있다. 그들은 아주 정확한 논리를 가지고 있고, 과학적이고, 윤리적이고, 변증법적이고, 무엇보다 상식적이다. 아침에 일찍 포도원에 들어와서 일을 많이 한 사람은 많이 받아 가야 하고, 저녁에 늦게 온 사람은 적게 받아야 공평하다고 주장한다면 누가 그 말이 틀렸다고 할 수 있겠는가?

그런데 그들이 간과하고 있는 아주 중요한 사실 하나가 있다. 그것은 인간의 죄성이다. 인간은 죄악 가운데 태어났기 때문에 스스로 자기를 구원할 만큼 전혀 의롭지 못하다. 선을 행하면 구원을 받을 수 있다는 것을 원론적으로 알고 있지만, 실제로 내가 원하는 바 선을 행할 수 없고, 죄를 지을 수밖에 없는 죄성을 가진 존재라는 이 엄연한 현실을 그들은 간과하고 있다.

아침부터 하루 종일 일한 사람이 더 많은 것을 받아 가야 한다고 주장하고 싶지만, 불행하게도 나라는 존재는 그런 반열에 설 수 있는 사람이 아니다. 누군가가 나를 불러주기를 하루 종일 서서 초조하게 기다릴 수밖에 없는 가련한 존재다. 누군가 나에게 은혜를 베풀어주지 않으면 나는 오늘도 어린 자식들과 함께 또 굶을 수밖에 없는 사람이다. 이런 인간의 처절한 실존을 진지하게 생각하지 않으니까 그저 말하기 쉽게 선을 행하면 좋은 곳에 가고, 악한 사람은 지옥에 간다고 말을 하고 그것이 진리라고 가르치고 있다.

이슬람의 5대 의무를 다 행하고 자기 이름 앞에 '하지 아무개'라고 불리는 사람이 있다고 하자. "당신은 신성한 의무를 다 지켰고, 성지 순례까지 다녀왔으니 천국에 갈 자신이 있습니까?"라고 물었을 때 "그렇습니다. 나는 자신이 있습니다" 만일 이렇게 대답한다면 그는 분명히 자기 자신을 속이고 있는 것이다. 대답을 어떤 식으로 하더라도 그의 본성은 분명히 이렇게 말할 것이다.

"아니요? 나는 천국에 갈 만큼 의롭지 못합니다."

구원은 오직 은혜로만 받을 수 있다.

05
믿음이 무엇인가?

　오성춘 목사가 쓴 성경공부 교재 《생명의 능력이신 예수 그리스도》에 나오는 이야기다. 교실에서 학생들에게 이 반에서 믿음이 제일 좋은 사람이 누구냐고 물었다고 한다. 그랬더니 학생들이 이구동성으로 경건부장인 아무개가 우리 반에서 믿음이 제일 좋다고 했다. 경건부장이 믿음이 좋다고 하는 이유가 무엇이냐고 되물었더니, 그는 기도를 열심히 하고, 봉사도 잘하고, 전도도 열심히 하고, 게다가 항상 기뻐하고, 성경도 누구보다 열심히 묵상하기 때문이라고 했다.
　우리는 보통 이런 사람을 믿음이 좋다고 한다. 그런데 엄밀하게 말하면 이것은 믿음이라기보다는 행함이다. 믿음과 행함은 동전의 양면과 같고, 손등 손바닥과 같다. 손바닥 없는 손등이 있을 수 있는가? 물론 믿음이 없이는 이렇게 행할 수 없겠지만 분명히 손등은 손등이고, 손바닥은 손바닥이다.

믿음은 생명에 관한 영역이기 때문에 믿는 사람은 구원을 받고 영생하게 된다. 구원받은 감격이 있기 때문에 찬양하는 것이지 찬양을 잘한다고 구원받는 것은 아니다. 믿음은 생명의 문제이기 때문에 좋다 나쁘다, 많다 적다 말할 수 없다.

누가복음 17장에서 제자들이 예수님께 믿음을 더해 달라고 요청했다. 우선 왜 제자들이 이런 요청을 했는지 생각해 볼 필요가 있다. 그 힌트를 누가복음 17장 5절에 나오는 '사도'라는 단어에서 찾아볼 수 있다. 보통은 제자라는 말을 썼는데 여기서는 유독 사도라는 용어를 사용했다. 사도란 '보냄을 받은 자'라는 뜻이다.

제자들이 파송받고 나가서 복음을 전했다. 나가서 외치기만 하면 다 잘될 줄 알았는데 생각했던 것보다 어려움도 많았고, 예수님이 하신 것처럼 잘되지도 않았다. 예수님처럼 병자들의 머리 위에 손을 얹고 기도했지만 고치지 못했고, 귀신을 쫓아내는 일도 여간 어려운 것이 아니었다. 복음을 전한다고 했지만 사람들이 예수님을 영접하지 않았다. 사도들은 파송을 받고 나가서 사역하는 동안에 자신의 한계를 뼈저리게 체험했다. 그리고 돌아와서 '믿음을 더해 달라'고 요청했던 것이다.

그런데 예수님은 "너희에게 겨자씨 한 알만한 믿음이 있었더라면 이 뽕나무더러 뿌리가 뽑혀 바다에 심기어라 하였을 것이요 그것이 너희에게 순종하였으리라"(눅 17:6)고 하셨다. 어찌 보면 동문서답과 같은 말씀이다. 믿음을 더해 주셔서 큰 역사를 행할 수 있게 해 달라는 제자들에게 겨자씨 한 알만한 믿음을 가지라고 하셨다.

예수님은 여기서 제자들이 가지고 있었던 믿음의 잘못된 생각을 지적해 주셨다. 제자들은 믿음을 양적인 면에서 생각했다. 예수님께서 자기들에게 보다 큰 믿음을 주신다면 더 큰 능력을 행할 수도 있을 것이라고 생각했다. 믿음을 자기가 소유하고 있는 지식이나 어떤 재능쯤으로 이해하고 있었던 것 같다. 예수님은 이런 제자들의 믿음에 대한 물량적 이해를 문제 삼으셨다.

예수님은 겨자씨만한 믿음이면 충분하다고 하셨다. 겨자씨는 크기 면에서 보면 정말 보잘것없는 씨앗이다. 겨우 눈에 보일 정도로 작다. 그런데 씨앗은 크고 작은 것이 중요한 것이 아니라 그 안에 있는 생명이다. 아무리 작은 씨앗이라 하더라도 그 속에 생명이 있으면 싹이 나고 후에 자라서 큰 나무가 얼마든지 될 수 있다. 믿음이 바로 그렇다. 큰 믿음, 작은 믿음이 따로 있는 것이 아니라 믿음 그 자체가 놀라운 능력이다.

믿음이 생명에 관한 것이라면 여기서 가장 중요한 것은 생명의 근원이신 예수님과의 관계이다. 포도나무와 가지 비유에서처럼 예수님을 떠나서는 아무것도 할 수 없다. 예수님을 떠나서는 어떠한 선한 열매도 맺을 수 없다. 열매를 맺는 유일한 가능성은 포도나무이신 예수님 안에 거하는 것밖에 없다.

이런 의미에서 죄는 주님과의 관계가 깨어진 상태이다. 생명의 근원이시요, 만복의 근원이신 예수님과의 관계가 깨어지고 보니 에덴

동산에서 쫓겨난 아담과 하와처럼 결핍(缺乏)의 문제가 발생하기 시작했다. 피자는 한 판인데 먹겠다는 사람이 너무 많기 때문에 생존을 위한 경쟁과 다툼이 시작되었다. 에덴동산에서는 모든 것이 풍성했기 때문에 남의 것을 탐내거나 빼앗을 필요가 없었다. 부족하다 보니 남의 것을 탐내기 시작했고, 한 걸음 더 나아가서 착취했다.

그래서 사람들은 자기 생명과 재산을 지키기 위해서 부족 공동체를 만들었고, 결국 이것이 부족 간에 국가 간에 전쟁으로 발전해 갔다. 결국 모든 문제는 결핍에서 온 것이고, 이 결핍은 하나님과의 단절(斷絕)로부터 시작했다.

믿음은 어떤 행위가 아니라 깨어진 주님과의 관계를 회복하는 것이다. 예수님을 구주로 영접함으로 깨어진 관계를 회복할 수 있다. 이것이 우리가 가지고 있는 복음의 핵심이다.

수도꼭지를 틀면 물이 쏟아져 나온다. 그것을 기적이라고 생각하는 사람은 아무도 없다. 수도꼭지는 파이프로 저수지와 연결되어 있기 때문에 꼭지를 틀면 언제든지 물이 나오게 되어 있다. 주님과의 관계에 문제가 없다면 저수지에 있는 그 엄청난 물을 안방에서 받아 쓸 수 있는 놀라운 은혜를 얼마든지 체험할 수 있다.

06
탕자 이야기

 기독교인이라면 탕자의 비유를 모르는 사람이 없다. 그런데 유명한 만큼 오해도 많은 구절이다. 이 이야기에 세 사람이 나온다. 이 세 사람 중에 이 사건의 주인공이 누구일까? 탕자인가? 그럼 주제는 회개인가? 그래서 보통 사람들이 이 이야기의 제목을 "돌아온 탕자"라고 붙인다.

 우선 탕자가 이 사건의 주인공이 아니라는 결정적인 증거가 있다. 문제의 둘째 아들, 그 이름이 나오지 않는다.

 오래 전에 탕자 이야기를 찾으려고 하는데, 성경 어디에 있었는지 금방 기억이 나지 않았다. 그래서 성구사전에서 탕자라는 말을 찾아보았는데 성구사전에 탕자라는 말이 아예 없었다. 틀림없이 있을 줄 알았는데 없었다. 나중에 어렵사리 찾아 자세하게 읽어보니까 이 사람의 이름이 탕자라는 것이 성경에 전혀 나오지 않았다.

나는 그때 이 사람의 이름이 탕자가 아니라는 것을 처음 알았다. 하기야 누가 아들을 낳고 이름을 탕자라고 하겠는가? 탕자는 우리가 편의상 붙여준 별명이지 이 사람의 본명이 아니다. 만일 이 사건의 주인공이 이 사람이었다면 분명히 그 이름이 소개되었을 것이다. 주인공의 이름도 밝히지 않는 이야기가 어디 있겠는가? 둘째 아들의 이름을 끝까지 밝히지 않은 이유는 이 사람이 주인공이 아니라는 뜻이다.

이 이야기의 주제를 보통 회개라고 하는데, 둘째 아들이 집에 돌아온 후에 어떻게 되었는가? 전에는 방탕했던 아들이었지만, 회개하고 돌아온 후에는 효도하는 아들이 되었나? 아니면 그 버릇 개 주지 못하고 다시 집을 나갔는가? 내 개인적인 생각으로는 집에 돌아온 후에는 아버지를 잘 모시고 효도하며 살았을 것 같다.

그런데 본문에는 그런저런 이야기가 생략되어 있다. 왜 그럴까? 만일 이 이야기의 주제가 회개였다면 분명히 돌아온 후에 아버지를 어떻게 모시고 살았는지 달라진 그 감동적인 이야기가 나왔을 것이다. 그런데 이런 이야기를 하지 않은 것은 이 이야기의 주제가 회개가 아니라는 뜻이다.

그럼 도대체 예수님께서 이 이야기를 비유로 말씀하신 이유가 무엇일까? 무엇을 말씀하려고 이 이야기를 꺼내셨을까? 방탕했던 둘째 아들을 가운데 두고 형이 자기 동생을 바라보는 관점과 아버지가 작은아들을 바라보는 관점의 차이를 보여준 이야기다.

형은 행동주의 관점에서 자기 동생을 보고 있다. 동생이 한 짓이 무엇인가?

① 아직 돌아가시지도 않은 아버지의 유산을 요구했다. 이것은 다르게 말하면 자기 아버지 보고 빨리 죽으라는 말과 마찬가지다.

② 유산을 받아가지고 나가서 창기들과 놀면서 탕진했다.

③ 돈 떨어지고, 친구들도 다 떠나고, 먹고 살 수조차 없으니까 자기 아버지 집으로 돌아왔다.

이런 망나니 자식이 돌아왔을 때 아버지는 어떻게 행동했는가?

④ 말 한마디 하지 않고 이런 아들을 무조건 받아들였다.

⑤ 한 걸음 더 나아가 그런 아들을 위해 잔치를 베풀었다.

아버지가 이렇게 하는 것이 잘하는 일인가?

형은 행동주의 관점에서 자기 동생뿐만 아니라 아버지도 분명히 잘못하고 있다고 생각했다. 이 맏아들이 하는 말에 무슨 잘못이 있는가? 한마디도 잘못되지 않았다. 다 맞는 말이다. 죄를 지은 사람은 그만한 대가를 치러야 한다. 아무 때나 돌아왔다고 받아들이면 그런 사람은 또 그런 짓을 할 것이다. 형의 말이나 논리는 대단히 과학적이고, 합리적이고, 다 맞는 말이다. 행동주의 관점에서 대단히 객관적으로 잘 분석했다.

그럼 아버지는 둘째 아들을 어떤 관점에서 보고 있는가? 누가복음 15장 24절과 32절에서 똑같은 말이 두 번이나 반복되고 있는데, "이네 동생은 죽었다가 살아났으며 내가 잃었다가 얻었기로 우리가 즐거워하고 기뻐하는 것이 마땅하니라", 아버지는 둘째 아들이 죽었다가 살아난 것으로 보았다. 다시 말하면 행동의 관점에서 본 것이 아니라 생명의 관점에서 봤다. 못된 짓을 한 것도 사실이고, 나가서 망나니 짓을 한 것도 사실이지만 아버지의 눈에는 그것보다 훨씬 더 중요한 것이 있었다. 죽은 줄로만 알았는데 살아서 돌아왔고, 잃어버렸다고 생각했는데 다시 찾은 아들이었다. 아버지의 눈에는 돌아온 아들의 생명이 우선이었다. 이것이 생명의 관점이다.

그러니까 이 비유는 방탕한 작은아들을 가운데 두고 아버지와 맏아들의 관점(觀點)의 차이를 설명하고 있다. 형은 율법주의 혹은 행동주의 관점을 가진 사람이라면 아버지는 생명 중심의 사람이었다.

언제나 사건 그 자체는 중성(中性)이라 할 수 있다. 그 사건을 어떤 관점에서 볼 것이냐에 따라 전혀 다르게 느껴지고 경험하게 된다. 탕자가 돌아왔을 때 아버지와 형의 반응이 이렇게 정반대였던 것처럼.

사람의 관점은 일종의 습관이다. 어떤 사람은 맏아들처럼 항상 자기 자신과 다른 사람의 행동에 대하여 말한다. 이런 사람은 대단히 예리한 판단력을 가지고 객관적으로 행동을 분석하고 판단하고 결국은 정죄하는 자리에 이르게 된다. 자기 자신에 대해서도 마찬가지다. 그의 말이 백 퍼센트 다 맞다 하더라도 이런 사람에게서는 아무런 능력이 나타나지 않는다.

그러나 여기서 아버지와 같이 생명을 사랑하는 사람의 관점은 다르다. 생명은 그 자체로 천하보다 귀하다. 특히 사람은 하나님의 형상(Imago Dei)대로 지음을 받았기 때문에 하나님만큼이나 존귀하다. 자기 자신도 이런 관점에서 바라볼 때 비로소 깊은 죄책감과 열등감에서 벗어나서 자기 자신을 받아들이게 되고, 다른 사람도 용납할 수 있게 된다. 필자는 이런 눈을 가진 사람을 영안이 열린 사람이라고 하고, 행동 중심에서 생명 중심으로 바뀌는 것을 거듭남이라고 한다.

07
지렁이 같은 너 야곱아!

야곱은 태어날 때 자기 형 에서의 발꿈치를 붙잡았다고 해서 붙여진 이름이다. 형의 발꿈치를 붙잡고 태어난 것은 그의 기질을 말하는 것이다. 그는 근본적으로 시기심이 많은 사람이다. 남 잘되는 것을 결코 보지 못하는 사람이다. 형이 먼저이고 동생이 나중인 것이 자연의 순리인데 이 순서를 바꾸려고 뱃속에서부터 싸움이 일어났다. 뱃속에 있는 어린아이의 힘으로 자연의 이치를 거스를 수는 없었나 보다.

결국 형 에서가 먼저 나가니까 질세라 형의 발꿈치를 붙잡고 야곱이 태어났다. 그러고도 그는 성에 차지 않았다. 자기가 동생이 되고 에서가 형이 된 것을 못마땅하게 생각했다. 그래서 그는 결국 팥죽 한 그릇을 주고 형으로부터 장자의 명분을 빼앗았다. 그는 자기가 위에 서지 않으면 결코 잠을 이루지 못하는 시기심이 많은 사람이었다.

사람이 시기심이 많은 것은 인격적으로 미성숙하기 때문이다. 자기 자신을 긍정할 수 있는 사람은 다른 사람을 시기하지 않는다. 그렇지 못한 사람이 남 잘되는 것을 견디지 못한다. 이것이 시기심이다.

갯벌에서 게를 잡을 때 바구니의 뚜껑이 필요없다고 한다. 게는 시기심이 많아서 어떤 녀석이 도망치려고 바구니를 타고 올라가면 아래 있는 것들이 다 끌어당긴다고 한다. 그래서 뚜껑을 열어놓아도 누구도 도망치지 못하고 바구니 안에 착실하게 모여 있다가 끓는 냄비 속에 다 같이 들어간다고 한다. 야곱은 게와 같이 시기심이 많았던 사람이다. 그는 어머니 뱃속에서부터 그런 사람이었다.

야곱이란 이름의 다른 뜻은 '속이는 자'이다. 그는 자기 형 에서를 속였고, 또 나이 많아 눈이 어두워진 아버지 이삭을 속였다. 그것도 자기 어머니와 짜고 속였다. 그가 왜 이런 짓을 했나? 장자의 축복을 받기 위해서였다. 축복을 사모하는 마음이 귀하다고 하지만, 유대 사람들에게 있어서 축복은 이 세상에서 부자가 되는 것이었다. 아들과 딸을 많이 낳고, 양과 소 떼가 많아지는 것이 당시의 축복관이다. 결국 야곱이 형과 아버지를 속이면서까지 장자권을 취했던 것은 물질에 대한 욕심 때문이었다.

야곱은 그 이름이 말하는 대로 시기심도 많은 사람이요, 남을 속이는 부정직한 사람이요, 게다가 탐심이 많았던 사람이다. 그는 분명히 인격적으로 매우 미성숙한 사람이었다. 에서와 비교한다면 형이 훨씬 더 인격적으로 성숙한 사람이었다. 이사야는 야곱을 지렁이라고까지 표현했다(사 41:14 참조).

그럼에도 불구하고 하나님은 야곱을 선택하셨다. 그것도 어머니 뱃속에서부터 그를 택하셨다. 야곱의 이야기에서 가장 감동적인 부분은 그가 어머니의 뱃속에서부터 택함을 받았다는 사실이다. 이것은 하나님이 야곱을 선택하시는 과정에서 그의 행위와는 전혀 무관한 일이었음을 뜻한다. 하나님은 일방적으로 야곱을 선택하셨다. 그를 선택하심에 있어서 어떤 납득할 만한 이유가 있었던 것이 아니다. 무조건 야곱은 사랑하기로 작정했고, 에서는 미워하기로 작정하셨다.

"에서는 야곱의 형이 아니냐 그러나 내가 야곱을 사랑하였고 에서는 미워하였으며"(말 1:2-3).

야곱이 의로운 사람이었기 때문에, 적극적이고 진취적인 사람이었기 때문에, 봉사를 많이 하고, 선한 사업도 많이 한 사람이었기 때문에 그를 선택하신 것이 아니다. 그런 일들을 하나도 하기 전에, 아니 그가 태어나기도 전에 하나님은 야곱을 사랑하기로 작정하셨다. 이것은 야곱을 향한 하나님의 일방적인 은혜라고밖에 말할 수 없다. 그를 선택하는 과정에서 야곱이 행한 어떤 의나 선한 행위, 그리고 그의 업적은 전혀 고려되지 않았다.

하나님의 은혜는 이런 것이다. 어떤 자격 조건을 갖추었기 때문이 아니다. 하나님이 먼저 그를 선택하시고 일방적으로 은혜를 베풀어주셨다.

성경을 읽을 때 사람의 의에 초점을 맞추어서 읽기 쉽다. 예를 들면, 아브라함의 순종, 야곱의 기도, 요셉의 충성, 모세의 겸손, 여호수아의 용기, 다윗의 하나님 사랑, 솔로몬의 지혜, 엘리야의 기도, 예레미야의 민족 사랑……. 그래서 흔히 엘리야처럼 기도하면 하늘의 능력이 임한다고 하고, 다윗처럼 하나님을 사랑하면 하나님이 높이 들어 쓰시고, 요셉처럼 어디에 있든지 충성하면 하나님이 그의 손에 복을 주신다고 믿는다. 그런데 이것이 과연 바른 믿음일까?

야고보서 5장 17절에 엘리야는 우리와 성정이 같은 사람이라고 했다. 엘리야가 특별한 사람이 아니다. 우리와 똑같은 사람이다. 그럼 왜 그에게 기도의 능력이 임했나? 그것은 엘리야의 깊은 영성 때문이 아니라 그에게 임한 하나님의 은혜 때문이다.

자녀를 낳으면 10년 혹은 20년 키우다가 이만하면 내 아들이 되겠다고 생각될 때 호적을 하는 사람이 있는가? 남녀가 결혼해서 한 10년 정도 살아본 후에 이만하면 내 아내, 내 남편이 되어도 좋다고 확신이 들 때 호적신고를 하는가? 그렇지 않다. 태어나자마자, 결혼하자마자 호적신고부터 한다. 그리고 내 자녀라, 내 배우자라 부르고 그렇게 인정한다.

우리가 받은 하나님의 은혜도 그렇다. 어떤 자격을 갖추어서가 아니다. 어떤 시험기간을 거친 후에 그렇게 하신 것도 아니다. 태어나기도 전에 우리를 자녀로 삼으셨다. 복 주겠다고 작정하셨다. 어떻게 이런 일이 일어났는지 그 이유를 묻는다면 하나님의 은혜라고밖에 더 이상 어떻게 말할 수 없다. 이것이 야곱이 받은 은혜이자 또 우리가 받은 은혜이다.

08
예수님 이야기로 가득한 교회

주전자 속에 물이 들어 있는지 포도주가 들어 있는지는 따라보면 알 수 있다. 조심스럽게 따른다고 해서 물이 포도주 되어 나오지는 않는다. 그러니까 무엇이 속에 들어 있느냐? 이것이 원초적으로 중요하다. 그런데 속에 들어 있는 것은 원래부터 거기 있었던 것이 아니라 밖에서 들어간 것이고, 이것이 결국 말이나 표정이나 행동을 통해서 다시 나오게 된다. 그러니까 결국 무엇으로 가슴을 가득 채울 것인지 이것이 그 사람의 질을 결정한다고 할 수 있다.

성도들의 가슴을 열어보면 분명히 그 중심에 예수님이 계셔야 한다. 그래야 예수님의 인격이, 예수님의 영성이 이 사람을 통해서 나타나게 된다. 이런 사람을 우리는 그리스도인이라 부른다. 그리고 그렇게 되는 것이 모든 그리스도인들의 소망이기도 하다.

그럼 구체적으로 어떻게 해야 예수님을 우리의 가슴에 가득 채울 수 있을까? 결론부터 말한다면 성경을 읽되 예수님의 이야기로 성경을 읽어야 한다.

누가복음 19장에 삭개오 이야기가 나온다. 주일학교 때부터 많이 들어온 이야기이기 때문에 그 내용 자체를 모르는 사람은 없을 것이다. 보통 이 이야기의 제목을 붙이라면 "예수님을 만난 삭개오"라고 한다. 삭개오를 주인공으로 삼아서 그가 어떻게 예수님을 만났는지를 설명하면서 우리도 삭개오처럼 하면 예수님을 만날 수 있다고 설교한다. 전형적인 모형론적인 설교이다.

성경을 예수님 이야기로 읽어야 한다는 것은 이 기사를 "삭개오를 찾아 구원하신 예수님 이야기"로 해석해야 한다는 뜻이다. 실제로 성경본문을 진지하게 읽어보면 모든 기사가 다 예수님의 이야기로 기록되어 있다. 이 기사도 그렇다.

누가복음 19장 1절에 "예수께서 여리고로 들어가 지나가시니라"는 말로 이 이야기가 시작되고 있다. 예수님이 삭개오를 찾아 구원하기 위해서 여리고에 찾아가셨지 삭개오가 예수님 만나려고 멀리서 찾아온 것이 아니다. 물론 모든 만남은 쌍방에 합의가 있어야 이루어지는 것이지만, 분명히 이 만남의 주도권은 예수님에게 있었지 삭개오가 아니다.

예수님이 여리고에 오셨다는 소식을 삭개오가 들었다. 당시에는 매스컴이 발달하지 않았으니까 아마 누군가 그에게 이 소식을 전해주었을 것이다. 삭개오가 예수님에 대한 소문을 들었을 때, 예수님의 영이신 성령께서 삭개오의 마음에 예수님을 보고 싶은 열망을 일으켰다. 성령은 예수님의 영이기 때문에 예수님의 이야기가 선포되는 곳에서 역사하신다.

성령께서 삭개오의 마음에 예수님을 만나보고 싶은 열정을 일으켰고, 결국 그 열정이 삭개오를 돌무화과나무에까지 올라가게 했다. 만일 예수님이 삭개오를 찾아 구원하실 생각이 없었다면 아마 예수님은 삭개오가 올라가 있었던 그 돌무화과나무 아래로 휙 지나가셨을 것이고, 삭개오는 지나가시는 예수님을 슬쩍 쳐다본 것 외에 아무 일도 일어나지 않았을 것이다.

예수님은 처음부터 삭개오를 찾아 구원하기 위해서 여리고에 들어가셨기 때문에 돌무화과나무 위에 올라가 있었던 삭개오를 놓치지 않았다. 그 나무 아래 멈추어 서서 정확하게 그의 이름을 부르시면서 "삭개오야 속히 내려오라"고 그를 초청하셨다. 결국 삭개오는 자기를 부르시는 예수님의 말씀에 자석처럼 끌려 내려왔고, 자기 재산을 다 팔아 가난한 사람에게 나누어 주고 토색한 것을 네 배로 갚았다.

물론 삭개오도 좋은 모델이 될 수 있는 인물이다. 그러나 삭개오의 영이 우리를 변화시킬 수는 없다. 만일 이 이야기를 삭개오의 이야기로 풀이하면 대단히 논리적이고 합리적인 것처럼 들리겠지만, 결과적으로는 영적인 열등감만 일으키게 된다. 왜냐하면 삭개오는 자기 재산을 다 팔아 가난한 사람에게 내놓았지만 나는 그렇게 할 수 없기 때문이다.

성경을 읽되 사람의 이야기가 아니라 예수님의 이야기로 읽어야 예수님의 영이신 성령께서 역사하시고, 성령께서 역사하시면 사람의 힘으로 할 수 없었던 놀라운 일들을 가능하게 한다.

삭개오에게 물어보라. 자기 재산을 다 팔아 가난한 사람에게 나누어 주는 것이 쉬운 일이었는지 아니면 어려운 일이었는지? 만일 삭개오 자신이 그렇게 했다면 도저히 누구도 다시 할 수 없는 어려운 일이었겠지만, 성령께서 그 안에서 역사하셨다면 누구나 다 할 수 있는 일이다. 분명히 삭개오는 자기가 대단한 일을 했다고 전혀 생각하지 않았을 것이다. 성령께서 역사하시면 이렇게 위대한 일을 쉽게 할 수 있다.

예수님의 이야기가 가득한 곳에 예수의 영이신 성령께서 역사하시고, 성령님이 역사하셔야 사람이 변하고 교회는 성장하게 되어 있다. 그렇기 때문에 교회는 반드시 예수님의 이야기로 가득해야 한다.

09
야훼께서 함께하셨던 사람 요셉

형들에게 미움을 받아 애굽에 노예로 팔려갔던 요셉이 보디발 집의 가정 총무가 되었다. 보디발은 왕궁 수비대의 대장이었다고 하니까 당시 애굽에서는 상당히 세력이 있는 사람이었고, 그런 집에서 가정 총무가 된 것은 노예로 팔려간 사람으로서는 크게 출세한 것이다.

요셉이 이렇게 성공한 이유를 일반적으로는 그가 책임감이 강하고, 맡겨진 일에 충성을 다했으며, 놀라운 절제력을 가진 젊은이요, 게다가 자기 분수를 지킬 줄 아는 사람이었기 때문이라고 해석한다. 물론 그랬을 가능성이 많다. 그러나 성경에서 그가 이런 사람이었다는 객관적인 증거는 없다. 소위 심증은 가지만 물증이 없는 논리다.

창세기 39장을 보면, 요셉이 보디발의 집에서 가정 총무로 있을 때의 일이 나온다. 거기에 요셉의 성품이나 그가 어떤 사람이었는지에 대해서는 언급이 없다. 실제로 성경은 전혀 다른 관점에서 이 기사를 취급하고 있다. 성경 그 자체를 있는 그대로 읽어보면 '여호와께서 요셉과 함께하셨기 때문'이라고 적어도 네 번이나 의도적으로 강조하고 있다.

보디발은 야훼 하나님을 알지 못하는 이방인이다. 그런데 이 낯선 이방인의 눈에도 요셉은 하나님이 함께하신다는 것을 알 수 있었다. 요셉을 자기 집에 데리고 있다 보니 요셉과 함께하시는 임마누엘의 표증들이 그에게서 나타났기 때문이다. 그래서 보디발은 생각하기를 하나님이 요셉과 함께하시기 때문에 그에게 자기 집의 모든 일을 맡기면 하나님께서 요셉 때문에 자기 집에 복을 주시리라고 생각했다. 그래서 요셉을 그의 집의 가정 총무로 삼았고 모든 일을 그에게 위임했다. 그랬더니 보디발이 예상했던 대로 여호와께서 요셉을 위해서 그의 집에 복을 내리셨다(창 39:5).

요셉의 인품이나 그의 됨됨이를 폄하(貶下)하려는 것이 아니라 성경 그 자체가 강조하고 있는 핵심을 놓쳐서는 안 된다는 뜻이다. 이 이야기는 분명히 보디발의 집에서 가정 총무가 된 요셉 이야기가 아니라 요셉과 함께하신 하나님 이야기이다.

요셉처럼 자기에게 맡겨진 일에 성실하고 책임감이 강하면 어디를 가든지 귀하게 쓰임 받을 수 있다는 말은 객관적으로 옳은 말이다. 성공하고 못 하고는 결국 자기 자신의 삶의 태도에 달려 있다. 누구든지 충성을 다하면 요셉처럼 성공할 수 있고 그렇지 못하면 실패한다. 이런 논리는 분명히 합리적이고, 책임의 소재가 분명하고, 검증이 가능하며 논증적이다.

그런데 이 말이 다 맞다 하더라도 실제로 아무런 능력이 없다. 나는 요셉도 아니고, 요셉과 같을 수도 없고, 그런 기회가 주어지지도 않겠지만, 주어진다 하더라도 나는 그렇게 할 수 없다. 요셉처럼만 하면 가정 총무도 될 수 있고, 후에는 애굽의 총리도 될 수 있다고 하지만 문제는 나는 요셉이 아니다. 그래서 실제로 이런 설교를 들을 때 이해는 잘되지만 돌아서면 열등감과 죄책감만 생긴다.

그래서 성경은 이 사건을 요셉의 이야기로 풀지 않고 요셉과 함께하셨던 하나님의 사건으로 풀어갔다. 요셉의 영성이나 인품과 상관없이 하나님이 그와 함께하셨기 때문이라고 한다면, 요셉과 함께하셨던 그 야훼 하나님이 오늘 나와 함께하신다면 나도 얼마든지 희망적인 존재가 될 수 있다. 하나님이 나와 함께하시면 능치 못할 것이 무엇인가? 얼마든지 할 수 있고, 요셉보다도 더 위대한 인물도 될 수 있다. 조건은 단 하나 '하나님이 나와 함께하시면……'

성경에 나오는 사람들을 보라. 거의 대부분이 온전한 사람이 아니다. 인간적인 기대를 가졌다가도 크게 실망할 수밖에 없는 결정적인 흠을 가진 사람들이다. 그냥 지나치고 넘어가도 상관없을 것 같은데 성경은 의도적으로 그 사실을 밝히고 있다.

왜 그랬을까? 성경은 사람들의 위인전이 아니기 때문이다. 성경은 부족하고 허물이 많은 사람들에게 찾아오셔서 그를 귀하게 사용하시는 하나님의 사건이지 사람들의 무용담이 아니다.

예수님이 승천하실 때 제자들에게 남기신 마지막 약속이 무엇인가?

"볼지어다 내가 세상 끝날까지 너희와 항상 함께 있으리라"
(마 28:20).

제자들이 승천하시는 예수님 바짓가랑이를 붙잡고 함께해 주시기를 요청한 것이 아니다. 예수님께서 먼저 세상 마지막 날까지 항상 함께하겠다고 선언하셨다.

어떤 사람은 예수님이 나와 지금 여기에 함께하신다는 것을 믿지 못한다. 그렇다 하더라도 예수님은 약속하신 대로 그 사람과 함께하신다. 그 사람이 믿지 못한다고 해서 예수님의 약속이 무효가 될 수는 없다. 다만 그는 그와 함께하시는 예수님의 놀라운 권능을 맛보지 못할 뿐이다.

세상 마지막 날까지 우리와 함께하시는 임마누엘의 주님과 함께하면 반드시 이긴다는 믿음의 확신을 가지고 담대하게 나아가라. 이것이 우리의 유일한 가능성이다.

10
번제(燔祭)

성막을 만든 목적은 제사를 드리기 위함이었다. 레위기 법전에 번제(燔祭), 소제(素祭), 화목제(和睦祭), 속죄제(贖罪祭), 속건제(贖愆祭) 즉 5대 제사법이 나오고, 제물을 드리는 방법으로 다 태워 드리는 화제(火祭), 제물을 들어 올리는 거제(擧祭), 흔들어 드리는 요제(搖祭), 포도주를 제물 위에 부어 드리는 전제(奠祭)가 있다.

시내 산에서 하나님께서 모세에게 주신 설계도대로 브살렐과 오홀리압이 성막을 제작했던 것처럼(출 39:7), 제사도 반드시 하나님이 명하신 대로 드려야 한다. 가인과 아벨 사건이 주는 의미는 하나님이 아벨의 제사처럼 기뻐 받으시는 제사가 있는가 하면, 가인의 제사처럼 거절하시는 제사도 분명히 있다. 제멋대로 드리는 제사를 하나님이 의무적으로 받아야 한다고 생각하면 엄청난 착각이다. 제사의 주인은 하나님이지 사람이 아니다.

은혜의 시대를 사는 성도들이 구약의 제사법을 다시 복원해야 한다는 것은 아니다. 하나님의 어린양이신 예수님께서 십자가에 달리심으로 모든 제사를 완성하셨다(히 10:10-14). 그래서 더 이상 반복해서 짐승의 피를 뿌리는 제사를 드릴 필요는 없다. 이런 의미에서 레위기의 제사법을 문자적 의미에 집착하는 것은 더 이상 의미가 없다.

그러나 제사법에 대한 연구를 통해서 그것이 어떻게 예수 그리스도 안에서 완성이 되었고, 이제 우리는 어떻게 하나님께 예배하는 사람이 되어야 하는지를 이해해야 한다. 구약의 제사를 계승한 것이 오늘날 예배다. 구약이 제사 중심이었다면 신약은 분명히 예배가 그 중심이다.

5대 제사 가운데 가장 기본이 되는 제사는 번제(燔祭)다. 번제는 이른 아침과 해질 때에 반드시 하루에 두 번씩 드려야 했다. 일 년 내내 하루도 빠짐없이 무조건 드려야 한다고 해서 상번제(常燔祭)라고 했다. 번제물은 생활 형편에 따라 소나 양이나 염소, 그것도 어려우면 산비둘기로 드릴 수 있다. 누가복음 2장 24절을 보면 예수님이 태어나셨을 때, 요셉이 예루살렘에 올라가서 산비둘기 두 마리를 가지고 제사를 드렸다고 한다. 요셉이나 마리아는 가난했기 때문에 산비둘기로 번제를 드렸다.

제물은 자기 형편에 따라 선택할 수 있지만, 무엇으로 드리든지 반드시 흠이 없는 것이어야 했다. 어차피 병들어 죽게 생긴 것은 제물로 드릴 수 없었다. 그것은 쓰레기를 재활용하는 것이지 제사가 아니다. 제사는 하나님께 정성과 사랑을 고백하는 것이기 때문에 비록 비둘기로 드린다 할지라도 반드시 흠이 없는 것이어야 했다.

제사를 드릴 사람은 번제물을 제사장 앞에 끌고 가서 먼저 그 머리 위에 안수(按手)를 해야 한다. 안수는 너와 나는 같은 본질(本質)임을 선언하는 행위다. 안수를 하면 제물과 제사를 드리는 사람이 동일본질(同一本質)이 된다(레 1:4).

안수 후에 짐승을 끌고 가서 잡아야 하는데, 실제로 짐승을 잡는 사람이 누구였을까? 제사장이 번제물을 잡았을 것이라고 생각하는데 사실은 그렇지 않다. 레위기 1장 5절에 "그는 여호와 앞에서 그 수송아지를 잡을 것이요"라고 했는데, 분명히 여기서 말하는 '그'는 제사장이 아니라 제사를 드리는 사람이다. 제사를 드리는 사람이 직접 자기 제물을 잡았다. 뿐만 아니라 제물의 가죽을 벗기고 각을 뜨고 쏟아져 내린 내장과 정강이를 물로 씻어야 했다(레 1:6-9).

안수를 하면 짐승과 제사를 드리는 사람이 한 몸이라고 했는데 그렇다면 결국 자기 자신이 자기 목을 따는 것이나 마찬가지다. 이런 의미에서 번제는 자기 자신이 자신을 죽이는 행위다.

가죽을 벗기는 것은 구습을 좇던 옛 사람을 벗어버리는 것을 의미한다 할 수 있다(롬 7장, 엡 4장). 가죽을 벗기고 배를 가르면 내장이 왈칵 쏟아져 내린다. 짐승을 잡아보지 못한 사람은 이때 나는 냄새가 얼마나 역겨운지 상상을 할 수 없을 것이다. 그 역겨운 냄새를 견디며 내장을 다 물로 씻어야 한다. 이것은 내 속에 숨겨둔 죄악이 얼마나 추악한지를 생생하게 보여주고 있다.

제물의 위(胃)를 씻으면서 어떤 사람은 "하나님, 내가 먹지 말아야 할 것들을 먹어서 이렇게 냄새가 지독하네요. 깨끗이 씻어주세요" 하고, 또 어떤 사람은 폐(肺)를 씻으면서 "하나님, 내 폐에 니코틴이 이렇게 엉겨 붙었네요. 죄송합니다. 깨끗이 씻어주세요" 한다. 또 어떤 사람은 심장을 씻으면서 "하나님, 내가 누구를 미워했습니다. 죄송합니다. 용서해 주세요" 하고, "하나님, 정강이도 씻으라고 했는데 내가 가지 말았어야 할 곳에 갔습니다. 정말 부끄럽습니다. 용서해 주세요" 한다.

그러니까 가죽을 벗기고 내장을 씻는 것은 자신의 죄를 하나님 앞에서 회개하는 아주 구체적인 행위였다. 이렇게 가죽을 벗기고 내장과 정강이를 깨끗이 씻은 것을 제사장이 받아서 번제단 위에 올려놓고 불로 완전히 다 태운다. 불로 다 태워 드린다고 해서 화제(火祭)라고 했다. 제물이 타면서 그 연기가 하늘로 올라가면 하나님이 그 냄새를 흠향(歆饗)하시고 죄를 용서해 주시는 것이 번제다.

번제는 벗겨낸 가죽을 제외하고 전체를 완전히 다 불에 태워 드리는 제사다(레 1:9). 하나님께 드리는 제사나 예배는 통째로 전부 드리는 것이어야 한다. 내 인생 전체를 불살라 하나님께 드리는 것이 번제의 정신이다. 제물만 드리는 것이 아니라 내 인생 전체를 하나님께 드리고, 주일만 드리는 것이 아니라 칠 일 전체를 하나님께 드리고, 십일조만 구별하여 드리는 것이 아니라 시간이나 물질 전체가 하나님의 것임을 고백하고 하나님의 뜻을 따라 사용하는 것이 예배자의 삶이다.

한 걸음 더 나아가 내가 하나님 앞에 드려지는 제물이 되려면 반드시 거쳐야 하는 과정이 있다. 무엇인가? 죽어야 한다. 반드시 죽어야 한다. 죽지 않고 살아있는 상태로는 제물이 될 수 없다.

갈라디아서 5장 17절을 보면, "육체의 소욕은 성령을 거스르고 성령은 육체를 거스르나니"라고 했다. 육체의 소욕을 죽이지 않고는 하나님께 드려질 제물이 될 수 없다.

그럼 육체의 소욕이 구체적으로 무엇인가? 음행, 더러운 것, 호색, 우상숭배, 주술, 원수 맺는 것, 분쟁, 시기, 분냄, 당 짓는 것, 분열, 이단, 투기, 술 취함, 방탕함과 같은 것들이다. 우리가 자기도 모르게 늘 빠져 있는 죄악들인데 이런 것이 좋아서 하는 사람은 사실 없다. 좋아서 그런 것도 아니고 누가 강제로 끌고 가서 시킨 것도 아닌데 어쩌자고 우리는 그 가운데 빠져 있는가? 어떻게 해야 이 사망의 늪에서 헤어나올 수 있겠는가?

원론적인 이야기지만 성령님이 내 몸을 지배해야 한다. 성령으로 충만하면 성령께서 내 몸을 통해서 성령님의 열매를 맺으신다. 그것이 곧 소위 말하는 성령의 아홉 가지 열매이다(갈 5:22-23). 이것은 사람이 맺을 수 있는 사람의 열매가 아니다. 성경에서도 분명히 성령의 열매라고 했지 성도들이 맺어야 할 사람의 열매라고 하지 않았다. 성령님은 육체가 없는 분이시다. 그래서 실제로 무엇을 하려면 사람의 몸을 통해서 역사할 수밖에 없다. 마귀가 자신의 욕망을 채우기 위해 사람을 유혹해서 죄를 짓게 하는 것같이 성령께서도 사람의 몸을 통해서 성령의 열매를 맺게 하신다.

그러니까 마귀가 내 몸을 지배하면 육체의 열매를 맺게 되고, 성령께서 내 몸을 지배하면 성령의 열매를 맺게 된다. 결국 누가 내 몸을 지배할 것이냐에 따라 우리는 성령의 사람이 될 수 있고, 마귀에게 종 노릇하며 끌려 다닐 수도 있다.

내가 다시는 죄에 빠지지 않겠다고 다짐하고 결단하는 것은 실제로 큰 도움이 되지 않는다. 예를 들어 경건한 그리스도인이 담배를 피우는 것은 절대적으로 좋지 않다. 영적으로도 그렇고 건강에도 백해무익하다. 담배도 분명히 돈을 내고 상점에서 사는 일종의 상품이다. 상품을 만들어 파는 생산자들은 자기 상품을 판매하기 위해서 겉포장을 가능한 한 좋게 만든다. 그러나 호주에서는 정부에서 강력한 법으로 담배 겉포장에 암에 걸리거나 죽을 수 있다는 경고문을 써놓게 되어 있고, 포장도 혐오감이 들게 만들어서 사람들이 볼 수 없는 곳에 숨겨두고 판매하게 되어 있다. 게다가 담배를 피울 수 있는 곳도 제한이 되어서 점점 흡연자들이 설 땅이 없고, 값도 상당히 비싸다. 상식적으로 누가 이런 상품을 비싼 돈을 주고 사겠는가?

담배를 피우는 대부분의 사람들은 담배를 끊고 싶어한다. 지금은 신실한 그리스도인이 되었지만 열두 번 담배를 끊었다는 사람이 있었다. 엄밀하게 말하면 열두 번 끊은 것이 아니라 실제로는 열두 번

실패했다. 나는 이런 분들에게 억지로 담배를 끊으려고 하지 말라고 권고한다. 자기가 끊을 수 있었으면 벌써 끊었으리라. 어차피 할 수 없는 것을 자꾸 반복하다 보면 자기 자신에 대한 쓸데없는 절망감만 밀려온다.

사람이 죄를 짓게 되는 이면에는 분명히 영적인 싸움이 있다. 마귀가 내 몸을 지배하면 육체의 열매를 맺게 되고, 성령님이 내 몸을 지배하면 성령의 열매를 맺게 된다. 문제는 실제로 내가 짓고 있는 크고 작은 죄의 문제가 아니라 누가 내 몸을 지배하고 있는지 그것이 관건(關鍵)이다. 빛의 부재가 어두움인 것처럼, 성령으로 충만하지 않으면 결국 어두움의 영 마귀가 우리의 몸을 지배하게 되고, 그러면 천하 없는 사람도 죄의 종 노릇하면서 끌려 다니게 된다. 그러니까 어떻게 지속적으로 성령으로 내 몸을 충만하게 할 것이냐에 모든 문제가 귀결된다.

그럼 어떻게 해야 성령으로 지속적으로 충만할 수 있을까? 구약시대에는 제사를 통해서 하나님과의 관계를 회복했듯이 신약시대에는 예배를 통해서 하나님의 은혜를 누리게 되고 성령으로 충만하게 된다. 오순절날 마가의 다락방에 성령이 임했는데 마가의 다락방은 초대교회의 예배 공동체였다.

사도행전 2장에 나오는 성령 강림 사건을 주의 깊게 읽어보면 거기 있던 모든 사람들이 성령으로 충만했다고 한다(행 2:3-4). 조금 이상하지 않은가? 거기 있던 사람들의 영적인 상태가 다 달랐을 것이다. 그 중에는 열심 있는 사람도 있었을 것이고 그렇지 못한 사람도 있었을 것이다. 혹 다같이 열심이 있었다 할지라도 분명히 그 정도 차이가 있었을 것이다. 열심이 특심했던 사람은 성령 충만함을 받고, 그렇지 못한 사람은 성령을 받지 못했으리라고 생각하기 쉽다.

그러나 성경은 그렇게 말하고 있지 않다. 거기 있던 모든 사람이 다 성령으로 충만했다. 이것이 아주 중요한 힌트다. 내 몸이 성령이 임재하시는 예배 공동체에 지속적으로 참여하는 것이 성령 충만에 이르는 길이다.

어떤 집사님이 주일날 예배에 출석하지 않아서 목사님이 찾아갔다고 한다.

"목사님, 주일날 예배를 드리고 있으면 내 생각은 온통 골프장에 가 있고, 골프장에 가면 내 생각은 온통 교회에 가 있기 때문에 저는 몸보다 생각이 더 중요하다고 생각해서 골프장을 택했습니다."

그럴싸한 변명이지만 생각보다 더 중요한 것은 몸이다. 몸과 영은 하나이다. 내 몸이 예배 공동체에 속해 있는 것이 성령 충만에 이르는 길이고, 성령으로 충만해야만 더 이상 죄의 종 노릇하지 않고 성령의 열매를 내 몸으로 자연스럽게 맺는 삶을 살게 된다. 구약시대 이스라엘 백성들이 제사에 집중했던 것처럼 예배에 집중해서 성령의 충만한 열매를 맺는 복된 생애가 되기를 바란다.

11
사울은 천천 다윗은 만만?

다윗과 골리앗 이야기는 언제 들어도 재미있고 감동적이다. 이스라엘 백성을 모독했던 육척 장수 골리앗이 다윗이 던진 물맷돌을 맞고 쾅 하고 쓰러질 때, 이스라엘 진영에서 터져나온 함성 소리가 들리는가? 사람들은 이 싸움에서 다윗이 승리한 비결이 무엇인가를 질문한다. 어떤 사람은 다윗이 소년시절부터 양무리를 돌보면서 갈고 닦은 물맷돌질 실력 때문이라고 하면서 자기에게 맡겨진 작은 일에 충성하면 이렇게 귀하게 쓰일 때가 온다고 한다.

또 어떤 사람은 골리앗이 창과 칼로 무장을 했고 다윗은 물맷돌로 무장을 했는데, 물맷돌은 총과 같이 장거리에서 공격할 수 있는 무기였기 때문이라고 해석한다. 결국 칼로 무장한 사람과 총으로 무장한 사람과의 싸움이었기 때문에 다윗이 승리했다고 한다. 다 나름대로 일리가 있고 재미있는 해석이다.

그럼 이 사건을 실제로 다루고 있는 성경은 어떻게 기록하고 있는가? 다윗이 골리앗 앞에 섰을 때 "너는 칼과 창과 단창으로 내게 나아 오거니와 나는 만군의 여호와의 이름 곧 네가 모욕하는 이스라엘 군대의 하나님의 이름으로 네게 나아가노라"(삼상 17:45)고 했다. 이 말을 깊이 생각해 보면 다윗은 이 싸움을 자기 자신과 골리앗의 싸움으로 생각하지 않았다. 골리앗이 의지하고 있는 그의 칼과 창 그리고 자기가 의지하는 야훼 하나님의 싸움으로 해석했다.

만일 다윗과 골리앗의 싸움이라면 해보나마나 골리앗이 이기겠지만, 골리앗의 칼과 만군의 하나님의 싸움이라면 해보나마나 하나님이 이긴다는 것을 다윗은 확신했다. 그래서 담대하게 선포하기를 "오늘 여호와께서 너를 내 손에 넘기시리니 내가 너를 쳐서 네 목을 베고 블레셋 군대의 시체를 오늘 공중의 새와 땅의 들짐승에게 주어 온 땅으로 이스라엘에 하나님이 계신 줄 알게 하겠고 또 여호와의 구원하심이 칼과 창에 있지 아니함을 이 무리에게 알게 하리라 전쟁은 여호와께 속한 것인즉 그가 너희를 우리 손에 넘기시리라"(삼상 17:46-47)고 했다. 다윗의 이 고백을 보면 주어가 완전히 야훼 하나님이다. 야훼 하나님이 이 사건의 주체이기 때문이다.

싸움은 사람들이 예상했던 것보다 훨씬 싱겁게 끝났다. 결국 다윗이 믿고 고백했던 대로 야훼 하나님의 완승으로 깨끗이 끝났다. 야훼 하나님이 행하셨다는 객관적 증거를 대라면 골리앗의 이마에 박힌 돌을 그 증거로 제시할 수 있다. 총알은 앞이 뾰족하고 사이즈가 아주 작을 뿐 아니라 굉장한 속도로 회전을 하기 때문에 사람의 몸에 박힐 수 있지만, 물맷돌은 아무리 빠른 속도로 던져도 절대로 이마에 박힐 수 없다.

그렇다면 이것은 분명히 물맷돌의 속도에 의해서 돌이 이마에 박힌 것이 아니고, 오히려 골리앗의 이마가 돌을 흡수해 버렸다고 말할 수밖에 없다. 그래서 NIV 성경에서는 이 부분을 "The stone sank into his forehead"라고 번역했다. 돌이 물에 가라앉듯 골리앗의 이마에 물맷돌이 빠져 들어갔다. 사실은 히브리어 원문에도 이런 식으로 묘사되어 있다. 이것은 다윗이 고백했던 대로 야훼 하나님께서 하신 일이라고밖에 설명할 수 없다.

골리앗을 쓰러뜨린 후에 다윗은 사울의 군대장관이 되었다. 다윗은 군인 출신도 아니고, 전쟁에 참여한 적도 없었던 사람이다. 그런데 다윗과 함께하시는 하나님 때문에 그는 갑자기 이스라엘의 군대장관으로 발탁이 되었다.

다윗이 사울의 군대장관이 되어서 여러 번 군사들을 이끌고 전쟁에 참여했고 그때마다 이스라엘이 승리하였다. 그것은 다윗이 전쟁에 능한 용사이기 때문이 아니라 하나님께서 다윗과 함께하셨기 때문이다. 다윗은 언제나 전쟁에 나갈 때마다 대적을 자기 손에 붙여주시겠는지를 하나님께 물었고, 하나님은 가라 하시면서 다윗과 함께하겠다고 약속하셨다. 그리고 전쟁에서 승리하고 돌아와서 이 기사를 쓸 때는 언제나 "여호와께서 다윗의 손에 대적을 붙이셨다"고 기록했다. 철저하게 다윗의 치적이 아니라 하나님께서 행하신 일임을 분명히 밝혔다(대상 14:10; 삼상 30:23 참조).

그런데 문제는 엉뚱한 곳에서 발생했다. 다윗이 전쟁에서 승리하고 돌아왔을 때 이스라엘 여인들이 노래를 지어 부르기를 "사울이 죽인 자는 천천이요, 다윗은 만만이라"고 했다. 결국 이 소리를 사울이 듣게 되었고, 다윗에 대한 질투심이 불타올라서 다윗을 잡아 죽이려고 혈안이 되어 십 년을 넘게 추적했다. 다윗은 그 과정에서 이루 말할 수 없는 애매한 고난을 당하게 되었다.

이스라엘 여인들이 불렀던 이 노래는 전적으로 잘못된 노래였다. 사울이 죽인 자가 천천도 아니고, 다윗이 죽인 자가 만만은 더더욱 아니다. 단지 야훼 하나님께서 사울과 다윗을 통해서 그렇게 역사하셨을 뿐이다. 조금 번거롭다 하더라도 "야훼 하나님께서 사울을 통해서 죽인 자는 천천이요, 야훼 하나님께서 다윗을 통해 죽인 자는 만만이라"고 했다면 정확하게 맞는 말이다.

그런데 사람들은 모든 행위의 주체이신 하나님은 눈에 보이지 않고, 하나님께서 사용하시는 사람만 보이기 때문에 이스라엘 여인들처럼 그렇게 생각하고, 그렇게 고백하고, 그렇게 믿어버린다. 이것이 얼마나 많은 문제를 오늘 야기하고 있는지 모른다.

아무리 베드로가 위대한 사도였다 하더라도 게바파가 되어서는 안 된다. 바울을 하나님께서 귀하게 쓰셨던 사도로 존경하는 것은 귀한 일이지만 바울파가 되는 것은 바울 자신도 전혀 원하지 않았다.

모든 성경의 이야기는 하나님께서 택한 사람들을 통해서 행하신 하나님의 사건이지 사람들의 위인전이 아니다.

언제부턴가 어느 교회에 대한 기사를 신문이나 잡지에서 취급할 때 교회 이름을 쓴 후에 괄호를 하고 담임목사 이름을 같이 쓰고 있다. 아마 같은 이름의 교회가 많기 때문이라고 생각한다. 그런데 그렇게 하다 보니 그 교회와 담임목사를 기계적으로 연관지어 생각하게 된다. 그래서 흔히 영락교회는 한경직 목사님 교회, 사랑의교회는 옥한흠 목사님 교회, 온누리교회는 하용조 목사님 교회라고 말했다.

우리가 흔히 그렇게 말해 왔지만 어떻게 하나님의 교회를 누구의 교회라고 말할 수 있겠는가? 사람의 교회로 불려지면 안 된다고 공감한다면 차라리 교회 이름 뒤에 주소를 적는 편이 훨씬 좋겠다. 적어도 교회는 목사의 것이 될 수 없기 때문이다.

12
옥합 콤플렉스

예수님의 수난사에서 가장 감동적인 사건은 지극히 값진 향유를 주님의 발에 부은 여인의 이야기다. 이 일은 예수님의 제2의 고향이라 할 수 있는 베다니에서 있었다. 공생애 3년 동안 예수님은 세 번 예루살렘에 올라가셨는데, 한 번도 예루살렘에서 주무시지 않고 항상 베다니에서 주무셨을 정도로 베다니를 좋아하셨다. 그리고 이곳에서 놀라운 일들을 많이 행하셨다. 대표적으로는 나병환자였던 시몬을 고치셨고, 마리아와 마르다의 오라비 나사로를 살리시기도 했다.

그런 예수님이 베다니에 오셨으니 이 마을 사람들이 얼마나 기뻤겠는가? 그래서 시몬이 자기 집에서 예수님과 제자들을 초청해서 잔치를 베풀었고, 마리아와 마르다는 물론이고 온 동네 사람들이 이 집에 와서 잔치를 준비했다.

한창 잔치가 무르익어 가는데, 마리아가 지극히 비싼 향유를 가져다가 예수님의 발에 부었다. 온 방에 그리고 온 베다니에 향유 냄새가 진동했을 것이다. 제자들은 마리아에게 왜 이렇게 값진 것을 낭비했느냐고 책망하면서 그 값어치가 삼백 데나리온이나 될 것이라고 했다. 데나리온은 노동자들의 하루 품삯이라고 하니까 삼백 데나리온이면 보통 노동자들의 한 해 연봉에 해당하는 금액이다.

이스라엘 여인들은 향유를 몹시 좋아했다고 한다. 어떻게 마리아가 이렇게 귀한 향유를 소유하게 되었는지 알 수는 없지만 분명한 것은 마리아에게 이것은 자기 생명만큼이나 소중한 것이었다.

우리는 이 감동적인 이야기를 묵상하면서 나도 마리아처럼 옥합을 깨뜨려 주님께 드려야 하는데 그렇게 하지 못하고 있는 자기 자신에 대하여 늘 부끄럽게 생각하는 소위 '옥합 콤플렉스'가 있다. 예수님에 대한 사랑이 부족한 것도 아니고 마음이 없는 것도 아닌데 마리아처럼 옥합을 깨뜨리지 못하는 자기 자신에 대한 아쉬움을 늘 가지고 있다.

나는 이 부분을 묵상하면서 이런 상상을 해 보았다. 어떤 사람이 평생 옥합 콤플렉스를 가지고 살다가 결국 끝내 결단을 하지 못하고 천국에 갔다. 막상 천국에 가서 보니까 세상에 속했던 모든 것들이 정말 부질없는 것이었는데 그것을 포기하지 못하고 살았던 것이 더욱 부끄러웠다. 그러다 우연히 옥합을 주님의 발에 부었던 그 마리아를 천국에서 만나게 되었다. 너무 반가워서 마리아에게 달려갔다.

"마리아님! 그러지 않아도 한번 뵙고 싶었는데 여기서 이렇게 뵙게 되었네요. 정말 반갑습니다. 저는 평생 신앙생활하면서 마리아님의 그 위대한 결단을 정말 부러워했어요. 자기 생명보다 더 아끼던 것을 주님께 기꺼이 바칠 수 있었던 그 위대한 믿음이 정말 부러웠어요. 그러나 나는 마음뿐이었지 결국 아무것도 하지 못하고 이렇게 부끄러운 구원을 받게 되었네요. 여기 천국에 와보니까 마리아님이 하신 일이 더욱 귀해 보이고 제 자신이 이렇게 부끄러울 수 없네요."

이 이야기를 듣고 마리아가 뭐라고 대답했을까?

"무슨 소리 하시는 거예요? 얼마 전에도 누가 똑같은 소리를 하시던데, 다시는 저에게 옥합 이야기 꺼내지도 마세요. 저는 정말 부끄러울 뿐입니다. 내가 예수님께 받은 은혜에 비하면 제가 주님께 드린 것은 정말 아무것도 아니에요. 자매님도 주님께 저와 같은 은혜를 받으신다면 저보다 훨씬 더 큰일을 하셨을 거예요."

그럼 마리아가 예수님께 받은 은혜는 구체적으로 무엇일까?

누가복음 7장 37절에서는 마리아를 "그 동네에 죄를 지은 한 여자"라고 표현했다. 메이어(Meyer)나 브루스(Bruce) 같은 사람은 마리아가 창기였다고 이 부분을 주석했다. 실제로 창기였는지 아니었는지 확정지을 수는 없다 하더라도 분명한 것은 그가 죄를 많이 지어서 사람들에게 죄인이라고 낙인이 찍혀 있었던 사람이라는 것이다.

그런데 예수님이 이런 여자에게 어떤 은혜를 베푸셨는가? 그의 오라비 나사로를 살려주셨다. 마리아와 마르다는 일찍 아버지를 잃고 어렵게 살면서 오빠 나사로를 아버지처럼 의지하고 살았는데, 오라

비마저 죽어버렸다. 그러니 하늘이 무너져내리는 아픔을 겪었을 것이다. 그런데 예수님이 그 나사로의 무덤에 가서 울기까지 하시면서 죽은 나사로를 살려주셨다. 그런 은혜를 마리아가 받았다. 그러니 마리아가 "자매님도 내가 받은 은혜를 주님께 받았으면 나보다 더 큰 일을 하셨을 것"이라고 한 고백은 겸손도 아니고 과장도 아니다.

물론 마리아가 옥합을 주님께 바쳤던 것은 분명히 귀한 일이다. 그런데 왜 마리아가 옥합을 바친 것만 말하고, 또 그것이 지극히 값진 것이었다는 것만 말하면서 이 모든 일들을 실제로 가능하게 했던 그녀가 예수님께 받은 은혜를 말하지 않는가?

성경에 나오는 인물들의 순종이나 헌신 그 이면에는 그것을 실제로 가능하게 했던 하나님의 은혜가 먼저 있었다. 그래서 실제로 순종했던 사람들은 이구동성으로 "오직 내가 나 된 것은 하나님의 은혜"라고 고백하고 있다. 사람들의 순종이나 헌신보다 더 중요한 것은 그들에게 먼저 임했던 하나님의 은혜이다. 이것을 찾아내고 그 은혜를 고백하는 것이 영적인 안목이다.

13
단역배우 의식

사도 바울이 1차 전도여행 중에 루스드라에서 있었던 일이다. 천성적으로 장애를 가지고 태어나서 단 한 번도 걸어본 적이 없는 앉은뱅이가 이 성에 있었다. 바울이 이 사람을 주목하고 큰 소리로 "네 발로 일어서라"고 외쳤고, 즉시 이 사람이 일어나 걸었다.

얼마나 놀라운 일인가? 하나님께서 이 사람을 고치는 일에 바울을 아나니아처럼 사용하셨다. 그러나 사람들의 눈에 하나님은 보이지 않고 바울과 바나바만 보였기 때문에 이들은 바울과 바나바가 이렇게 놀라운 일을 행했다며 신처럼 제사하려 했다(행 14:11).

그래서 성 밖에 있었던 제우스 신당의 제사장이 소와 화환을 가지고 찾아와서 바나바에게는 제우스라고 했고, 바울에게는 헤르메스라고 했다. 바나바는 키가 크고 미남형인 데다가 과묵한 사람이었기 때문에 신들의 제왕인 제우스라고 했고, 바울은 키가 작고 병색이 짙은 데다 이들 일행에서 주로 말을 하는 사람이었기 때문에 제우스의 대변인 헤르메스라고 했다.

루스드라에 내려오는 전설에 의하면 오래 전에 제우스와 그의 대변인 헤르메스가 루스드라를 방문했다고 한다. 그런데 사람들이 그들을 알아보지 못하고 배척을 했다. 유일하게 이 마을에서 농부 빌레몬과 그의 아내 바오시스만 제우스를 알아보고 그들을 극진히 대접했는데, 화가 났던 제우스가 이 도시를 멸망시킬 때 이 두 사람이 유일한 생존자였다고 한다. 그래서 빌레몬과 바오시스가 살던 집이 제우스의 신전이 되었고, 그들은 이 제우스 신전의 제사장이 되었다. 그리고 이들 부부가 죽은 후에 이 마을에 두 개의 큰 나무가 자라났는데, 이것이 이들 부부를 상징한다는 전설이 내려오고 있다.

그러니까 루스드라 사람들은 신들을 잘못 섬겨서 전멸당했던 콤플렉스가 있던 사람들이다. 이런 도시에서 바울과 바나바가 놀라운 이적을 행했으니 제우스 신당의 제사장이 깜짝 놀라 이들에게 제사하려고 찾아왔던 것이다.

가만 있으면 제우스 신이 될 상황이었다. 그리고 이 사람들이 이번에는 얼마나 지극 정성으로 바울과 바나바를 섬기겠는가? 그런데 그 순간에 바울이 자기 옷을 찢고, 그들 가운데 뛰어 들어가서 소리 질러 "어찌하여 이런 짓을 하느냐? 우리도 여러분과 같은 성정(性情)을 가진 사람이라. 우리가 여러분에게 복음을 전하는 것은 바로 이런 헛된 일을 버리고 천지와 바다와 그 가운데 만물을 지으시고 살아계신 하나님께 돌아오게 함이라"고 예수님의 복음을 전했다.

　바울과 바나바는 자신의 한계를 분명히 알았던 사람이다. 결정적인 순간에 모든 영광을 하나님께 드렸던 사람이다. 그래서 그는 계속해서 값지게 쓰임을 받았다. 사도행전의 진정한 주인공은 사도들이 아니라 성령님이시다. 그래서 사도행전이 아니라 성령행전이라고 해야 한다는 사람들이 많다. 성령께서 바울을 통해 루스드라의 앉은뱅이를 고치셨다. 이 사건에서 바울이나 바나바는 성령께서 잠시 거기서 사용했던 단역배우였다. 바울은 자기가 주인공이 아니라 엑스트라임을 분명히 알고 있었고, 끝까지 자기가 있어야 할 자리를 지켰다. 그렇기 때문에 하나님께서 그를 계속해서 주인공처럼 사용하셨다.
　1세기 예루살렘 교회에서 잠시 쓰임을 받았던 사람은 베드로였다. 사마리아 선교를 위해서 하나님은 빌립을 잠시 사용하셨다. 그리고 이방인 선교를 위해서 하나님은 바울과 바나바를 단역배우로 사용하셨다. 독자들이 아는 대로 바울도 그렇고 베드로도 순교했다. 특히 베드로는 로마에서 '우리 주님이 지신 십자가를 내가 어찌 감당할 수 있겠느냐?'며 십자가에 거꾸로 매달려 순교의 제물이 되었다. 얼마나 감동적인 사건인가?

　그런데 왜 이 귀한 자료가 사도행전에 기록되지 않았을까? 바울도 로마에서 순교했다고 하는데 왜 그런 기사들이 사도행전에 전혀 나오지 않을까? 이들이 사도행전의 주인공이 아니기 때문이다. 사도행전에서는 사람을 주인공으로 만들려고 하지 않았다. 그렇게 될 수 있는 가능성을 완전히 배제하기 위해서 일부러 이런 자료들을 과감하게 삭제했다. 그런데 고린도 교회 교인들은 이런 하나님의 깊으신 뜻을 제대로 성찰하지 못하고 나는 바울파니, 나는 베드로파니, 나는 아볼로파니 하면서 당파를 지었다.

오늘날에도 하나님께서 귀하게 쓰시는 사람들이 많이 있다. 아무리 그들을 통해서 놀라운 일이 일어났다 하더라도 그들은 잠시 그곳에서 쓰임을 받은 단역배우에 지나지 않는다. 이 단역배우 의식을 하나님께 쓰임 받고 있는 사역자는 물론이거니와 교인들도 분명히 알아야 한다.

최근에 교계에서 담임목사 세습을 제도적으로 막아야 한다는 운동들이 교단마다 일어나고 있다. 또 한쪽에서는 아무리 법으로 제정을 한다고 하더라도 얼마든지 피해 갈 수 있는 꼼수들이 많기 때문에 신앙 양심에 맡겨야 하지 않겠느냐고 하기도 한다. 이런 논쟁을 대하면서 이런 것이 화두가 되고 있는 것 자체가 정말 창피한 일이다. 중세교회가 타락했을 때 성직 매매를 했다고 하는데, 이제는 그것을 뛰어넘어 아예 세습을 하려고 한다니 이런 작태를 보고 교회의 머리이신 예수님이 뭐라고 말씀하실까?

스포츠를 예로 든다면, 선수가 사역자들이라면 감독은 성령님이시다. 작전을 구상하고 그 작전에 따라 선수를 넣고 뺄 수 있는 권한은 오직 감독에게 있다. 선수는 자기에게 할애된 시간에 감독이 지시한 역할만 잘하면 된다. 그러다가 어느 순간에 감독이 선수를 교체하면 즉시 뛰어 들어와 벤치에 앉아 있어야 한다. 경기를 하다 보면 어떤 때는 이기기도 하고 질 수도 있다. 승패의 결과에 대하여 일차적인 책임은 감독이 질 수밖에 없다. 선수는 자기에게 주어진 시간에 최선을 다해서 자기 사명을 다할 뿐이다.

가만히 있으면 신처럼 추앙받을 수 있는 상황에서 자기 옷을 찢고 사람들에게 뛰어 들어가 큰 소리로 "우리도 당신들과 같은 성정의 사람이라" 외쳤던 사도 바울의 단역배우 의식을 오늘날 현대교회는 반드시 회복해야 한다.

14
아나니아 사역

사울이 바울이 되는 과정에서 결정적인 역할을 했던 두 사람이 있었다. 다메섹에 살던 아나니아라는 제자와 바나바다. 윌리엄 바클레이는 이 두 사람을 '초대교회의 잊혀진 영웅'이라고 했다. 이들은 베드로나 바울 같은 사도들의 빛에 가려서 잘 드러나지 않지만 위대한 하나님의 종들이었다.

사울이 다메섹 도상에서 예수님을 만난 후에 갑자기 시력을 잃고 3일간 식음을 전폐하고 거의 아사(餓死) 상태가 되었다. 이때 성령께서 아나니아에게 '직가라 하는 거리로 가서 다소 사람 사울이라 하는 자를 찾아 그에게 가서 안수하라'(행 9:11)고 하셨다.

주지하다시피 예루살렘에 있던 성도들이 사울의 박해를 피해서 다메섹까지 도망갔다. 그런데 사울이 거기까지 예수 믿는 사람들을 잡으려고 오고 있다는 소문을 듣고 얼마나 두려움과 그에 대한 적개

심을 가지고 있었겠는가? 사울에 대한 자기 감정도 있었다. 자기 나름대로 판단도 이미 서 있었다. 누구보다 자기 자신도 사울 때문에 많은 피해를 입은 당사자이다. 그리고 사울에 대한 문제는 자기 개인의 문제만이 아니다. 하나님께 심판을 받아 다 죽어가는 사울을 자기가 살려냈다는 이야기가 교인들에게 알려진다면 사람들이 자기에게 잘했다고 하겠는가?

이러지도 저러지도 못해 망설이고 있던 아나니아에게 "이 사람은 이방인을 위한 나의 택한 그릇이라"고 하시면서 하나님은 그를 계속해서 설득하셨다. 결국 아나니아는 순종함으로 그를 찾아가서 "형제 사울아!" 하며 끌어 안았고, 그에게 손을 얹고 안수했을 때 사울의 눈에서 비늘 같은 것이 벗어져 다시 보게 되었다.

아나니아가 사울의 머리에 손을 얹었지만 실제로 사울을 고친 이는 하나님이시다. 단지 하나님은 아나니아의 손을 사용하신 것뿐이다. 아나니아는 단지 그의 손을 잠시 하나님께 빌려 드렸고 하나님은 그의 손을 통해서 역사하셨다.

그런데 하나님이 아나니아를 어렵게 설득해서 굳이 그의 손을 통해서만 역사를 하실 필요가 있었을까? 그의 손이 없었다면 하나님이 사울을 회복하실 수 없었을까? 다메섹 도상에서 예수님이 직접 사울을 만나셨던 것처럼 그를 회복할 때도 그렇게 하실 수 없었을까? 물론 얼마든지 하실 수 있었다. 그런데 왜 굳이 하나님은 아나니아를 통해서 역사하셨을까?

하나님께서 역사하시는 것을 보면 언제나 이런 방식이다. 예를 들면, 오병이어의 기적을 행하실 때도 마찬가지다. 어린 소년이 가져온 보리떡 다섯 개와 물고기 두 마리를 마치 아나니아의 손처럼 사용하셨다.

벳새다 들녘에서 오병이어의 기적을 행하실 때 그날 가장 기뻐했던 사람이 누구였을까? 분명히 그 소년이었을 것이다. 이 소년은 마치 자기가 거기 있는 모든 사람들을 먹인 것같이 기뻐했다. 이 소년이 집에 돌아가서 자기 엄마에게 "엄마! 엄마가 싸주신 도시락 가지고 내가 오천 명을 먹였다"고 허풍을 떨었을 것이다.

아나니아가 잠시 빌려드린 손을 통해서 사울이 회복되어 바울이 되었다. 그리고 그는 주께서 말씀하신 대로 위대한 이방인의 사도가 되었다. 아시아와 마게도냐 그리고 로마에까지 가서 교회를 세웠고, 수많은 영혼을 구원했다. 사도 바울의 사역이 알려지면서 모든 사람들이 이구동성으로 그를 칭찬했을 때 누가 가장 기뻐했을까? 두말할 것도 없이 아나니아다. 아나니아가 만일 우리처럼 허풍 떨기 좋아했던 사람이었다면 "내 손으로 사울에게 안수해서 바울이 되게 했고, 그가 이렇게 위대한 사도가 되었다"며 자기 손을 치켜들고 자랑깨나 했을 것이다.

아나니아를 설득해 그의 손을 사용하신 하나님의 뜻이 바로 이것이다. 얼마든지 하나님이 다 하실 수 있지만 하나님은 동역하는 기쁨을 사람들과 함께 나누기를 원하신다. 아나니아와 같은 기쁨을 주시려고 애써 우리를 설득하신다. 하나님은 독불장군처럼 모든 것을 혼자 다 하시는 분이 아니다. 항상 동역할 아나니아를 찾고 계신다. 그래서 언제나 아나니아의 손을 통해서 하나님의 놀라운 역사가 나타났다. 복음을 전하는 것도 마찬가지다. 어차피 복음을 받아들이고 하나님의 자녀가 되는 것은 사람이 할 수 있는 일이 아니다. 성령께서 하시는 일이다.

그런데 왜 오늘도 성령님은 전도인을 찾고 계시고 세상에 제자들을 파송하시는가? 한 영혼이 구원받고 영원한 생명을 얻는 그 놀라운 기쁨을 우리와 함께하시기 위함이다. 주께서 우리에게 사명을 주시는 것은 우리를 부담스럽게 하기 위함이 아니라 성령님과 동역하는 신령한 기쁨을 주시기 위함이다.

주님께 손을 잠시 빌려드렸다가 놀라운 은혜를 경험했던 아나니아의 기쁨이 여러분 생애에 충만하기를 바란다.

15
찾아오시는 하나님

우리 기독교의 가장 독특한 특징 가운데 하나는 하나님이 인간의 몸을 입으신 사건, 즉 성육신(Incarnation)이다. 하나님은 사람과는 무한한 질적 차이가 있어서 우리가 알 수도 없고 경험할 수도 없는 분이다. 그런데 하나님이 우리를 만나주시려고 스스로 낮아져서 인간의 모습으로 오신 분이 예수님이다. 인간의 몸을 입으신 하나님, 즉 예수님을 통해서 우리는 하나님을 알 수 있게 되었고 경험할 수 있게 되었다. 결국 성육신 사건은 인간을 만나기 위해서 찾아오신 하나님 이야기라 할 수 있다. 이런 관점에서 성경을 보면 성경은 인간을 찾아오신 하나님의 이야기집(集)이라 할 수 있다.

갈대아 우르에 살던 아브라함을 하나님이 먼저 찾아가셔서 그를 믿음의 조상으로 삼으셨지, 아브라함이 하나님을 찾아 가나안 땅에 이른 것이 아니다. 야곱의 경우도 벧엘에서 자고 있던 사람을 하나님이 찾아가셔서 언약의 말씀을 주셨다.

　모세가 이스라엘 민족에 대한 애착을 가지고 그들을 해방시키겠다고 광야에서 지도자 훈련을 받고 있었는가? 모세는 그야말로 아무 생각 없이 양무리를 몰고 초원을 찾아가다 보니 호렙 산에 이르게 되었고, 떨기나무 불꽃 가운데서 찾아오신 하나님을 만났다. 거기서 그는 하나님께 소명을 받았지만 여러 번 거절했었다. 이것은 모세가 민족의 지도자에 대한 생각이 전혀 없었다는 결정적인 증거이다.

　지금도 이스라엘 백성들이 가장 존경하는 인물은 다윗이다. 다윗도 성군이 되기 위해서 무슨 특별한 준비를 했던 사람이 아니다. 자기 아버지 이새의 양 떼를 돌보고 있을 때 사무엘이 불러서 기름을 부어 이스라엘의 왕으로 삼았다.

　예수님이 12제자를 부르신 것도 갈릴리 바다에서 고기 잡고 있던 사람들을 찾아가서 사람을 낚는 어부가 되게 하겠다며 제자를 삼으셨다. 제자들이 예수님께 부르심을 받기 위해서 갈릴리 바다에서 어슬렁거리다가 예수님의 눈에 띄게 되었고, 그래서 제자가 된 것이 아니다. 그들은 그저 그날 저녁 자기 가족들의 먹거리를 마련하기 위해서 고기 잡는 일에 전념했을 뿐이다.

　삭개오를 찾아 구원하려고 여리고로 들어가셨고, 심지어는 예수님을 핍박하는 일에 혈안이 되어 있는 청년 사울을 다메섹 도상까지 찾아가서 그를 이방인의 사도로 삼으셨다.

　반대로 예수님의 제자가 되겠다고 주님을 찾아왔던 젊은 부자 청년이 있었다. 이 청년에게 "네가 온전하고자 할진대 가서 네 소유를 팔아 가난한 자들에게 주라. 그리고 와서 나를 좇으라"고 하셨다. 그러나 이 청년은 재물이 많으므로 근심하고 돌아갔다고 한다. 예수님의 제자가 되겠다고 자기 발로 찾아왔던 사람은 제자가 되지 못했고, 반대로 전혀 그런 생각이 없었던 사람들을 찾아서 제자로 삼으셨다.

이방 종교의 신은 언제나 깊은 산속에 있거나 사람들이 쉽게 접근할 수 없는 신전에 있다. 그들은 깊은 산속에 자리를 틀고 꼭꼭 숨어 있다. 그래서 이방 종교들의 신상은 대부분 좌상(坐像)이다. 쉽게 범접(犯接)할 수 없는 신을 찾아 나아가는 것이 그들의 수도생활(修道生活)이다.

인간과 하나님은 도저히 뛰어넘을 수 없는 엄청난 공백이 있다. 게다가 숨어 있는 하나님을 인간 편에서 찾아 나서서 만나겠다는 것은 애초부터 불가능한 일이다. 성철 스님의 유명한 법어가 "산은 산이고 물은 물"이다. 나는 이 말을 "신은 신이고 인간은 인간"이라고 해석하고 싶다. 결국 그가 오랜 고행(苦行)을 통해서 깨달은 것은 인간의 한계를 발견한 것이다. 인간은 스스로 신이 될 수도 없고 스스로 하나님을 경험할 수 없다는 것을 고백한 말이라고 생각한다.

우리는 성경이 하나님의 말씀이라고 고백한다. 이 말은 전적으로 옳은 말이다. 그렇다면 성경에 나오는 모든 이야기는 사람들의 이야기가 아니라 인간을 찾아오신 하나님의 이야기로 읽어야 한다.

예를 들어 욥기를 읽을 때도 고난을 당한 욥의 이야기로 읽을 것이 아니라 욥을 고난 가운데 빠지게 한 하나님 이야기로 읽어야 한다. 욥의 세 친구들은 욥을 찾아와서 이유 없이 당하는 고난은 없다며 결국 이렇게 된 것은 욥의 죄 때문이라고 했다. 죄를 짓고도 잊어버렸든지, 그것도 아니면 너의 자녀들이 지은 죄 때문이라고 했다. 결국 이들은 욥이 지금 당하고 있는 고난이 욥 자신에게 있다는 욥의 이야기로 이 사건을 해석하고 있는 것이다.

그러나 욥은 그의 친구들과 쓸데없는 논쟁을 하지 않고 자기가 당하는 모든 고난은 하나님께서 하시는 일이라고 해석했다. 그래서 그는 고백하기를 "그가 나를 꺾으시며 내 목을 잡아 나를 부서뜨리시며 나를 세워 과녁을 삼으시고 그의 화살들이 사방에서 날아와 사정 없이 나를 쏨으로 그는 내 콩팥들을 꿰뚫고 그는 내 쓸개가 땅에 흘러나오게 하시는구나"(욥 16:12-13)라고 했다. 하나님께서 욥에게 이런 일들을 하시고 있다고 해석했다. 이것이 역설적인 것 같지만 욥의 지혜요, 욥이 그 모든 고난을 이겨낼 수 있었던 비결이기도 하다.

자기를 과녁 삼아 화살을 쏴대는 이가 하나님이 아니라 마귀였다면 어떻게 되었을까? 욥은 결국 거기서 죽고 말았을 것이다. 그러나 다행히 그가 마귀가 아니라 하나님이시다. 하나님이 화살을 쏴대시는데 죽게 하시겠는가? 죽을 때까지 때리는 어미가 있는가? 그 채찍이 하나님의 손에 들려 있으니 얼마나 다행인가?

우리가 살아가면서 되는 모든 일을 성육신하신 하나님의 이야기로 해석할 수 있다면 그는 영적인 안목이 열린 사람이다. 그는 어떠한 고난이라도 넉넉히 감당할 수 있고, 고난 너머에 있는 놀라운 은혜를 앞당겨 경험하는 사람이 될 수 있다.

사는 것에 회의를 느낀 한 소녀가 있었다. 견디다 못해 그녀는 18세 되던 해 어느 날 열차에 뛰어들어 자살을 기도했다. 구사일생으로 목숨은 건졌지만, 이날 사고로 두 다리와 한 팔을 잃었다. 남은 한 팔도 엄지와 새끼손가락은 잘려 나갔고, 가운데 세 개의 손가락밖에 남지 않았다.

깊은 절망의 늪에 빠져 죽지 못한 것을 한탄하던 이 소녀에게 우리 주님이 다가오셨다. 그리고 손을 내밀어 붙잡아주시며 그를 품어주셨다. 처음으로 이 소녀는 따뜻한 사랑을 주님의 품에서 느꼈다. 이 사람이 예수님의 은혜를 체험하면서 전혀 새로운 삶이 시작되었다. 그의 겉모습은 볼품이 없었지만 내면의 숭고한 아름다움이 있었다. 그녀의 이 내적 아름다움에 매력을 느낀 한 목사가 청혼을 하게 되었고, 결혼도 하고, 아이도 낳아 기르게 되었다. 지극한 사랑으로 이루어진 결혼이었지만 그래도 산다는 것이 결코 쉽지 않았다.

어느 날 남편이 무척 좋아하는 감자요리를 하려고 감자를 깎는데, 도저히 감자를 깎을 수 없었다. 칼을 감자 껍데기에 갖다 대면 감자가 손에서 미꾸라지처럼 빠져나가 자기를 비웃기라도 하듯 댕굴댕굴 굴러가 버렸다. 이것을 반복하다 보니까 이 사람에게 엄청난 절망감이 밀려오면서 순간적으로 들고 있는 칼로 자신을 찌르고 끝내버리고 싶은 충동이 일어났다. 그러나 믿음으로 잘 억제하고 하나님께

기도를 드렸다.

"하나님! 저 같은 사람에게 남편도 주시고 자녀도 주셨으니 정말 감사합니다. 그러나 나는 남편과 자녀들을 위해 감자요리 하나 할 수 없는 여자입니다. 이런 내가 이제 무엇을 어떻게 할 수 있겠습니까?"

남편과 자녀들을 향한 사랑으로 기도를 드렸더니 마치 빈 항아리에 물이 고이듯 마음에 평안이 밀려오면서, 하나님께서 이 사람에게 지혜를 주셨다고 한다. 그래서 감자를 도마 위에 올려놓고 우선 반으로 잘랐다. 그리고 그 반을 도마 위에 엎어놓으니까 감자가 도마에 마치 붙여놓은 것처럼 움직이지 않았다. 그래서 감자 껍질을 깎아서 그날 저녁 즐겁게 식사를 할 수 있었다. 그녀는 이런 식으로 삶의 감격을 맛보면서 조그만 것에도 감사하면서 살게 되었다. 이 사람이 바로 《산다는 것은 황홀합니다》라는 책을 지은 다하라 요네꼬이다.

다하라 요네꼬, 그가 찾아오신 예수님의 은혜를 체험하지 못했다면 그녀는 틀림없이 재차 자살을 기도했을 사람이다. 그러나 그의 과거를 묻지 않으시고 허물을 사해 주시는 예수님의 은혜를 경험함으로 그의 삶에 놀라운 변화가 일어났고, 비록 육신적으로는 남편을 위하여 감자 하나 마음대로 깎을 수 없는 사람이었지만, 산다는 것이 날마다 그렇게 황홀할 수밖에 없었다.

반면에 헤밍웨이는 세계적 작가로서 부귀와 명성을 얻었지만 전혀 행복하지 못했다. 네 번 결혼을 했고, 61세 때는 심한 우울증에 걸려 결국 자살하고 말았다. 그는 마지막 일기장에 이렇게 쓰고 죽었다.

"나는 필라멘트가 끊긴 텅 빈 전구처럼 공허하다."

사람들이 왜 헤밍웨이처럼 고독을 느끼는가? 왜 가슴이 텅 빈 것 같은 외로움을 느끼는가? 다가와서 우리를 새롭게 만나주시고 부어주시는 예수님의 은혜를 체험하지 못했기 때문이다. 아무리 부와 명예를 가졌다 하더라도 품어주시고 안아주시는 주님의 은혜와 사랑을 체험하지 못하면 참된 기쁨과 평안은 결코 누릴 수 없다.

사람들은 무언가 부족해서 마음이 공허하고 사는 것이 힘들다고 신화처럼 믿고 있다. 그래서 어떻게 해서든지 많은 것을 소유하려고 애쓴다. 이 허탄한 신화에 스스로 희생양이 되어 평생을 사는 사람이 많다. 대부분의 사람들은 그가 원했던 만큼 많은 것을 소유하지도 못하지만 설령 어떤 사람이 많은 것을 소유했다 하더라도 허전한 것은 마찬가지다. 오히려 더 공허할 뿐이다.

여리고의 세리장 삭개오가 가장 전형적인 사람이었다. 그는 어떻게 해서든지 많은 돈을 소유하는 것이 행복하게 사는 길이라고 신화처럼 믿었다. 그래서 그는 결국 여리고의 세리장이 되었고, 자기 직위를 이용해서 할 수 있는 대로 많은 돈을 창고에 쌓아갔다. 그의 창고는 많은 보화로 넘쳐났지만 그것이 이 사람에게 기쁨이나 평안을 주지는 못했다. 오히려 소외와 고독을 느끼면서 목마른 삶을 살기 시작했다.

그날 예수님이 삭개오를 찾아 여리고에 들어가시지 않았으면 삭개오도 헤밍웨이처럼 결국 자살하고 말았을 사람이다. 그러나 찾아오신 예수님을 영접함으로 삭개오는 전혀 새로운 사람이 되었다.

삭개오나 다하라 요네꼬처럼 모든 인생의 유일한 가능성은 다가와서 우리를 만나주시는 예수님을 영접하는 것뿐이다. 누군가가 삭개오에게 예수님 이야기를 들려주었을 때, 예수의 영이신 성령께서 그의 마음속에 역사하셔서 예수님을 보고자 하는 열망이 생겨났던 것처럼, 예수님의 이야기가 선포되는 곳에 예수의 영이신 성령께서 역사하시고, 성령께서 역사하시면 사람은 스스로 변하고 교회는 성장하게 되어 있다.

제4장

복음을 경험한 사람들의 삶
(생활 편)

01
두 개의 돌기둥

　야곱의 생애를 연구해 보면 그가 두 번에 걸쳐서 돌기둥을 세운 것을 발견하게 된다. 그 첫 번째는 벧엘에 세운 것으로 형을 속이고 도망하던 중 들녘에서 하룻밤을 지내다가 꿈속에서 하나님을 만나 약속을 받고, 잠에서 깨어나 자기가 베개하고 잤던 돌에 기름을 붓고 이곳이 하나님의 집이 될 것이라고 서원했다. 이것이 야곱이 세운 첫 번째 돌기둥이다. 이 첫 번째 돌기둥은 하나님과의 관계가 회복되었음을 기념하는 돌기둥이었다(창 28:18).

　두 번째, 야곱이 장인 라반과의 관계가 불편해지면서 결국 그의 집에서 야반도주(夜半逃走)를 했다. 라반이 이것을 알고 7일 길을 추적하여 야곱을 죽이고 그의 모든 재산을 빼앗으려고 했는데, 하나님이 그 극적인 순간에 라반에게 나타나셔서 "야곱에게 선악간 아무 말도 하지 말라"고 엄포를 놓으셨다. 그래서 두 사람 간에 극적인 화해가 이루어졌고, 두 사람이 서로 계약을 맺은 후 야곱이 돌을 가져다가 기둥으로 세우고 그의 형제들이 돌을 가져다가 돌무더기를 만들었다(창 31:44). 라반은 그것을 아람 방언으로 '여갈사하두다'라고 불렀고, 야곱은 그것을 '갈르엣'이라 했다. 그 뜻은 '증거의 무덤'이라는 뜻이다. 이 두 번째 돌무덤은 사람과의 관계가 회복되었음을 기념하는 돌기둥이다.

야곱이 그랬던 것처럼 언제나 두 개의 돌기둥이 있어야 한다. 하나는 하나님과의 화해의 돌기둥이며, 다른 하나는 사람들과의 사이에서 세워지는 화해의 돌기둥이다. 사람과의 사이에서 화해를 하는 것은 하나님과의 관계를 회복하는 것과 똑같이 중요하다.

어떤 사람이 이런 말을 했다.

"다른 사람을 미워하면서 그 사람이 병들어 죽기를 바라는 것은 쥐약은 자기가 먹고 상대가 죽기를 기다리는 것과 같다."

결국은 미움을 품고 있는 사람이 병들어 죽게 되어 있다. 필립 얀시의 《놀라운 하나님의 은혜》라는 책에 나오는 말이다.

"용서로 치유받은 첫 번째 사람은 바로 용서하는 당신 자신이다……. 진실된 용서는 포로에게 자유를 준다. 그러고 나면 자기가 풀어준 포로가 바로 자기 자신이었음을 깨닫게 된다."

우리 기독교의 복음을 약탕기에 넣어서 계속 끓여서 마지막 엑기스 한 방울이 남는다면 그것이 무엇일까? 용서다. 기독교의 진리가 용서요, 복음의 내용이 용서다. 십자가의 의미가 용서요, 하나님의 사랑은 한마디로 용서다. 우리 기독교에서 용서를 빼고 나면 그야말로 아무것도 남는 것이 없다. 십자가에서 용서를 빼버리면 나무토막만 남게 된다.

그런데 인간이 살아가면서 어쩌면 가장 어려운 것이 용서라고 할 수 있다. 만일 내가 누구를 용서했다면 내가 지금 기적을 체험하고 있는 것이다. 용서는 분명히 하나님의 성품이다. 반대로 미움은 사탄의 것이다. 미움이 내 마음에 가득한 것은 사탄의 영향권에서 벗어나지 못하고 있다는 증거다.

용서는 내가 선택할 수 있는 것이 아니다. 이것은 하나님의 준엄한 명령이다. 선택이 아니고 명령이기 때문에 자기 감정이나 상태에 상관없이 용서해야 한다. 심리학자들은 이유 없이 가끔 토하는 사람은 대개 그 마음속에 분노의 문제를 해결하지 못해서 그렇다고 한다. 육체적으로 아무런 이상이 없는데 손과 발이 마비되는 사람이나 신경통, 위궤양, 밥만 먹으면 이유 없이 설사하는 사람들도 마음속에 미움과 분노를 품고 살아서 그렇다고 한다.

용서는 하나님의 명령이요, 용서해야 내가 건강하게 살 수 있는데, 용서를 할 수 없도록 막고 있는 장애물이 있다. 그 첫 번째는 자존심이다. 대부분의 사람들은 "네가 사과하면 나도 화해하겠다"고 하지만 자신은 절대로 먼저 하지 않겠다고 생각한다. 자존심 때문이다. 두 번째 장애물은 손해를 보지 않으려는 마음이다. 사람들은 "협상은 하겠다. 그러나 손해는 보지 않겠다"고 다짐한다. 손해 보지 않겠다고 그러는데 마음에 미움을 품고 정신적으로 육체적으로 영적으로 병들고, 메마른 삶을 살고 있는 자기 자신이 결국은 가장 큰 피해자이다.

용서는 하나님의 명령이라고 했다. 이 명령이 나에게 용서를 받아야 할 사람을 위한 명령이겠는가? 아니면 나를 위한 하나님의 계명이겠는가? 다른 누구를 위한 명령이 아니라 나 자신을 위한 명령임을 기억해야 한다.

야곱은 평생 두 개의 돌기둥을 세웠다. 하나는 벧엘에 세웠고 또 하나는 갈르엣에 세웠다. 이 두 개의 돌기둥이 곧 십자가 아니겠는가? 십자가를 통해 하나님과 화해하고, 또 사람들과도 진정한 화해를 이루어서 하나님이 주시는 놀라운 평안이 임하기를 바란다.

02
언약의 패밀리가 된 리브가

　몇 해 전에 평범한 신분의 케이트 미들턴(Kate Middleton)이 영국의 윌리엄 왕자와 세기적인 결혼식을 올리고 왕국의 왕세자비가 되는 행운의 주인공이 되었다. 뿐만 아니라 호주 타즈매니아 출신으로 당시 부동산 회사에서 마케팅을 하던 메리 도널드슨(Mary Donaldson)이 2000년 시드니 올림픽에 요트 경기를 하러 왔던 덴마크 황태자 프레더릭(Frederick)을 만나서 프린세스가 되었다고 해서 '21세기 신데렐라'라고 했다. 그들이 처음 만났다는 본다이 비치(Bondi Beach)의 선술집(Pub)에는 오늘도 행운을 기다리는 예쁜 아가씨들이 줄을 잇고 있다고 한다.
　필자도 종종 청년들로부터 어떻게 사모님과 결혼을 했느냐는 질문을 받는다. 필자와 잘 어울리지 않는 아내의 출중한 미모와 실제로 6살 차이가 있는데, 얼핏 보면 며느리와 시아버지 같아 보이기 때문에 필시 무슨 사연이 있을 것 같다는 묘한 호기심이 발동하는 것 같다. 그때마다 필자는 "나도 충분히 매력이 많은 사람이었다"고 항변하지만 믿어주는 사람이 별로 없다.

남의 결혼 이야기를 듣는 것은 무척 재미있고 흥미진진하다. 그런데 이상하리만큼 성경에는 결혼에 관한 에피소드가 없다. 성경에 나오는 거의 모든 인물들은 다 결혼을 한 사람들이었는데 그들의 결혼 이야기는 성경에 나오지 않는다. 유독 이삭과 리브가의 결혼에 대하여 창세기 24장 전체를 할애해서 자세하게 설명하고 있다. 간단하게 살펴보면, 아브라함의 종 엘리에셀이 나홀의 성에 이르러 우물가에서 하나님께 기도를 드렸다.

"성중의 딸들이 물 길러 나오겠사오니 내가 우물 곁에 서 있다가 물을 길러 오는 처자에게 나에게 물을 한 잔 달라고 했을 때, 기쁨으로 나뿐 아니라 낙타들에게도 물을 마시게 하겠다는 자가 있으면 그가 이삭을 위하여 정하신 자로 알겠습니다."

이 기도가 채 끝나기도 전에 리브가가 물동이를 어깨에 메고 왔다. 엘리에셀이 보니까 심히 아리따웠고 결혼을 하지 않은 처녀였다. 그래서 "나에게 물을 좀 마시게 하라"고 청했더니 주저하지 않고 물을 떠서 줄 뿐 아니라 엘리에셀이 하나님께 기도했던 대로 "당신의 낙타들을 위해서도 물을 마시게 하리이다" 하면서 낙타에게도 물을 떠다 먹였다. 엘리에셀의 기도가 그 자리에서 응답되었다. 그래서 네가 누구의 딸이냐고 물었더니 "밀가가 나홀에게서 낳은 아들 브두엘의 딸"이라고 했다. 아브라함의 동생 나홀이 밀가라는 여자와 결혼해서 아들 브두엘을 낳았는데, 리브가가 그의 딸이라는 말이다. 그렇다면 결국 리브가는 아브라함의 친족이라는 말이다.

엘리에셀이 이 말을 들으면서 얼마나 기뻐했을까? 아브라함이 엘리에셀에게 주문한 것은 딱 한 가지 "내 고향 내 족속에게로 가서 내 아들 이삭을 위하여 아내를 택하라"(창 24:4)고 했다. 리브가가 아무리 낙타에까지 물을 주었다 하더라도 그가 아브라함의 친족이 아니라면 그를 이삭의 아내로 삼을 수 없었다. 이제 남은 것은 브두엘과 그의 가족들이 엘리에셀을 믿고 리브가를 이삭의 아내로 허락해 주는 것이었다.

엘리에셀이 리브가를 따라 그의 집에 가서 리브가의 오라비 라반과 아버지 브두엘에게 자초지종(自初至終)을 다 설명했다. 라반과 브두엘이 이야기를 다 듣고 "이 일이 여호와께로 말미암았으니 우리는 가부를 말할 수 없노라 리브가가 당신 앞에 있으니 데리고 가서 여호와의 명령대로 그를 당신의 주인의 아들의 아내가 되게 하라"(창 24:50-51)고 했다. 이들이 들어 보니 하나님께서 하신 일이 분명했다. 그래서 분명히 드러난 하나님의 뜻 앞에서 가부(可否)를 말할 수 없노라고 했다.

거기서 하룻밤을 지내고 그다음 날 이른 아침에 엘리에셀이 서둘러 아브라함의 집으로 돌아가야겠다고 했다. 리브가의 가족들은 그렇게 갑자기 떠나지 말고 적어도 열흘 정도 있다가 석별의 정을 나눈 후에 떠나라고 만류했다. 그러나 엘리에셀은 아브라함이 애타게 기다릴 것을 생각하면 지체할 수 없다면서 길을 재촉하려고 했다. 이렇게 실랑이를 하다가 당사자인 리브가에게 물어보자고 했더니 의외로 리브가가 당장 엘리에셀을 따라가겠다고 했다.

리브가의 입장에서 생각해 보면 어젯저녁에 우물가에 물을 길러 갔다가 생전 처음 보는 엘리에셀을 만났고, 그다음 날 이 사람을 따라 시집을 가는 것이다. 이삭이 어떻게 생겼는지, 아브라함이 살고 있는 가나안 땅이라는 곳이 어떤 곳인지 아무것도 모른다. 게다가 석별의 정을 나눌 시간도 없이 그야말로 하룻밤 사이에 아버지의 집을 떠나겠다는 것이 쉬운 결단이겠는가?

메소포타미아 나홀의 성은 대도시로 당시에 이미 수세식 화장실이 있었고, 부요한 집은 냉난방 장치가 되어 있었다. 도로가 잘 포장되어 있었고, 공원도 있었다. 그러나 아브라함이 사는 헤브론은 천막을 치고 사는, 그야말로 아무것도 없는 광야다. 지금같이 교통이 편리해서 왔다갔다할 수 있는 형편도 아니다. 실제로 리브가는 이날 자기 친정집을 떠나서 결국 단 한 번도 자기 아버지의 집에 돌아오지 못하고 팔레스타인에서 죽었다.

이날 리브가와 그의 가족들의 결단으로 리브가는 언약의 패밀리가 되는 엄청난 특권을 누리게 되었다. 아브라함은 하나님이 직접 선택하셨고, 사라는 아브라함을 부르시기 전에 이미 아브라함의 아내였고, 이삭은 그들에게서 태어났으니까 태생적으로 언약의 패밀리가 되었다. 그렇다면 외부인으로 언약의 패밀리에 들어간 사람은 리브가가 첫 사람이다. 리브가는 역사상 가장 큰 행운의 주인공이 되었다.

　분명한 하나님의 뜻이 드러났을 때 믿음으로 결단하는 것은 이렇게 중요하다. 그런데 이 이야기에서 우리가 간과해서는 안 될 것이 있다. 그것은 이 모든 사건 속에서 역사하셨던 성령님이시다. 엘리에셀의 기도가 채 끝나기도 전에 성령님은 리브가를 대기시켰다가 우물가에 나오게 했고, 엘리에셀이 그의 집에 가서 자초지종을 이야기했을 때 그것을 하나님의 역사라고 인정하도록 성령께서 그들 심령 속에서 역사하셨다. 뿐만 아니라 리브가가 지체하지 않고 그를 따라가도록 성령께서 그 마음을 움직이셨다.
　먼 훗날 리브가가 자기가 어떻게 아브라함의 집에 시집을 와서 언약의 패밀리가 되었는지를 회고하면서 그때는 자기 믿음으로 결단한 것 같았지만 그날에 나에게 찾아오신 성령님의 은혜였다고 고백할 수밖에 없었을 것이다. 모든 것은 성령님의 역사하심 속에서 이루어졌다.

03
억지로 진 십자가

　호주 이민 사회에서 있었던 일이다. 보신탕을 아주 좋아하시는 한국 분이 호주에 이민을 갔다. 처음에는 한국보다 복잡하지도 않고, 공간도 넉넉하고, 공기도 깨끗하고, 사람들도 친절해서 좋아했다고 한다. 그런데 6개월쯤 지나니까 뭔지 모르게 허전하기 시작했다. 처음에는 그것이 향수병이려니 생각했는데, 곰곰이 생각해 보니 한국에서는 이틀이 멀다하고 보신탕을 먹었는데 6개월이 지나도록 냄새도 못 맡았으니 온 몸에 맥이 다 빠진 것 같았다.

　보신탕을 못 먹어서 그렇다고 생각하니까 더 먹고 싶어서 견딜 수가 없었다. 그래서 동지를 모았는데, 시골에서 개를 많이 잡아본 사람, 서울에서 정육점을 했던 사람이 거사에 합류하기로 했다. D-day는 부인들이 교회에 나가는 주일날 오전으로 택하고, 잡종견 하나를 구해서 비교적 한적한 곳에 사는 사람의 뒷마당에서 잡기로 했다.

워낙 먹고 싶은 사람들이 한마음으로 모였기 때문에 손발이 착착 맞아 순식간에 개를 잡고, 털을 그슬리려고 막 장작불을 지피는데, 'Oh my God!' 사이렌 소리가 울리면서 호주 경찰이 출동했다. 꼼짝없이 엄청난 벌금 내지는 감옥살이를 해야 할 판이었다. 벌금이나 감옥보다 이런 기사가 방송을 타고 나가면 한국 사람 위신이 어떻게 되겠는가? 경찰은 도착하자마자 카메라로 현장을 벌써 다 찍었고, 일당을 모두 연행해 가려고 했다. 살아보겠다고 남의 나라에 이민까지 갔는데, 6개월 만에 철장 신세를 지게 되었다. 그러나 이미 엎질러진 물이었다.

그런데 바로 이 순간에 전에 정육점을 했다는 사람이 갑자기 흐느끼면서 "아이고! 아이고! 불쌍한 우리 워리~" 하면서 통곡을 했다. 갑자기 터진 곡성으로 어리둥절해하던 경찰관에게 이 아저씨가 "사실은 애지중지하며 기르던 우리 '워리'가 어제 그만 죽었지 뭡니까? 우리 형편에 당신들처럼 개 공동묘지에 묻어줄 수도 없고, 그냥 뒷마당에 묻자니 냄새가 날 것 같고, 그래서 우리가 직접 화장(火葬)을 하고, 개를 위해 제사(祭祀)를 지내려고 이렇게 모인 것입니다"라고 둘러댔다. 화장을 하고 제사를 지낸다고 하고 보니까 거기 피워놓았던 장작불과 술병들이 설명이 된 것이다.

호주 경찰은 그제야 이렇게 착한 사람들을 우리가 오해했다고 오히려 사과하고, 이렇게 개를 사랑하는 한국 분이 다 계시다며 칭찬하고 돌아갔다. 이렇게 해서 끝났으면 얼마나 좋았을까? 그다음 날 엉뚱하게 그 지역신문에 "개를 유난히 사랑하는 Korean"이란 제목의 기사와 함께 현장에서 찍은 사진이 실렸다. 우리 한국 사람들은 이 기사를 읽고 무슨 일이 있었는지 대충 이해를 했겠지만, 호주 사람들은 정말 이 사람이 개를 사랑하는 사람이라고 생각하게 되었다. 그날 이후로 이분은 갑자기 '개를 유난히 사랑하는 Korean'이 되어버렸다. 그래서 할 수 없이 덩치가 송아지만한 목양견 한 마리와 푸들 두 마리를 사서 집에서 기르는데, 매일같이 이 개들을 끌고 나가 산책시키고, 사람들이 보는 데서 털을 빗어주는 벌을 받고 있다고 한다.

본래는 그런 사람이 아니었지만 어쩌다 '개를 유난히 사랑하는 한국 사람'이라는 이름이 붙어서 할 수 없이 개 세 마리를 끌고 산책을 다니고, 날마다 사람들 앞에서 털을 빗어주고 있지만 그렇게 하다 보면 정말 그 개들에게 정이 붙고 사랑하게 되지 않겠는가? 그래서 처음에는 벌로 개를 데리고 산책을 다녔겠지만 후에는 그것이 이 사람의 큰 즐거움이 되었을 것이다.

신앙생활하는 것도 이와 비슷한 점이 있다. 처음에는 '크리스천'이란 어쩌다 붙여진 이름 때문에 할 수 없이 붙잡혀서 끌려 다니기도 하고, 기도하는 척하고 엎드려 있기도 하고, 말씀이 다 이해가 되고 재미가 있어서라기보다는 매일매일 묵상해야 한다기에 밀린 숙제처럼 읽는다. 그러면서도 계속해서 내적인 갈등이 심하게 일어난다. '빈껍데기뿐인 이런 짓을 반복하는 것이 무슨 의미가 있을까?' '이제라도 양심선언하고 어쩌다 붙여진 크리스천이란 올무를 떼어버릴까?'

그런데 처음에는 그것이 그렇게 어색하고 낯설지만, 시간이 많이 흐르면 그것이 나의 새로운 습관이 되고, 좀 더 지나면 내 인격이 되어버린다. 그래서 크리스천이라는 그 귀한 이름처럼 예수님을 진정으로 사랑하게 되고, 성경말씀이 꿀과 송이 꿀처럼 느껴지고, 기도하고 찬양하는 것이 세상의 그 무엇보다 가장 큰 기쁨이 되는 것이다. 그러니까 은혜로 하나님의 자녀라는 이름이 붙으면 성숙은 그다음에 자연스럽게 따라오게 된다.

성경에 이와 비슷한 이야기가 나온다. 구레네 사람 시몬의 이야기이다. 이 사람은 아프리카 리비아의 수도인 트리폴리(Tripoli) 사람이었다. 아버지는 아프리카 흑인이었고 어머니는 유대인으로 유대교를 신봉했던 사람인 것 같다.

그래서 그는 다른 유대인들처럼 유월절 절기를 지키려고 아프리카의 구레네로부터 예루살렘을 방문했다가 파다하게 퍼져 있는 예수님에 대한 소문을 듣고 십자가를 지고 끌려가시는 예수님의 행렬을 뒤따르게 되었다. 그러다가 그야말로 얼떨결에 주님의 십자가를 대신 지고 골고다 언덕길을 올라가게 되었다.

믿음이 남달리 좋아서 그랬던 것도 아니고, 예수님을 누구보다 더 사랑해서 그랬던 것도 아니다. 그야말로 어쩌다 호기심에서 따라가다가 그런 일을 당했고, 이 사건 때문에 이날 이후 그는 예수님의 십자가를 대신 지고 간 사람이라는 이름이 붙어버렸다.

이 구레네 사람 시몬이 후에 어떻게 되었을까?

사도행전 13장 1절에 안디옥 교회의 선지자들과 교사들 이름 5명이 소개되는데, 그 첫 번째가 바나바요, 둘째가 바로 이 사람 니게르라 하는 시므온이고, 셋째는 이 사람의 친구 구레네 사람 루기오, 넷째는 분봉왕 헤롯의 젖동생 마나엔과 및 사울(사도 바울)이라고 했다.

사도행전에서 이름을 거명하는 순서가 대단히 중요한 의미가 있는데, 구레네 사람 시몬이 바나바 다음으로 거명이 된 것은 그가 안디옥 교회의 제2인자였다는 것을 의미한다. 억지로 예수님의 십자가를 지고 갔던 사람이었지만, 후에는 바나바와 바울과 같은 레벨의 안디옥 교회 큰 일꾼이 되었다.

시몬뿐만이 아니다. 그의 가족들도 하나님께 귀하게 쓰임을 받는 사람이 되었다. 로마서 16장 13절에서 사도 바울이 "주 안에서 택하심을 입은 루포와 그의 어머니에게 문안하라 그의 어머니는 곧 내 어머니니라"고 했는데, 여기서 루포는 구네레 사람 시몬의 아들이다. 마가복음 15장 21절을 보면 구레네 사람 시몬을 알렉산더와 루포의 아버지라고 했다. 그렇다면 루포의 어머니는 곧 시몬의 아내였다. 이 사람이 얼마나 사도 바울의 사역을 헌신적으로 돕고 어머니같이 품어주고 사랑해 주었으면 사도 바울이 내 어머니라고 했겠는가?

결국 구레네 사람 시몬은 그야말로 얼떨결에 예수님의 십자가를 지고 갈보리 산에 갔는데, 자기 자신뿐만 아니라 그의 자녀들과 부인까지 온 가족들이 하나님의 교회의 충성스런 일꾼이 되었다.

예수님이 십자가가 좋아서 지셨겠는가? 재미있어서 콧노래 부르며 갈보리 산에 오르셨는가? 예수님의 수난사 중에 가장 감동적인 부분은 겟세마네 동산에서 "아버지여 할 수만 있으면 이 잔을 내게서 지나가게 하옵소서"라는 대목이다. 이 절규 속에서 십자가에 대한 예수님의 인간적인 부담을 느낄 수 있다. 피할 수만 있다면 피하고 싶었지만, 그 길 외에 다른 길이 없기 때문에 할 수 없이 그 길을 가셨다.

그리고 보면 구네레 사람 시몬만 억지로 십자가를 진 것이 아니라 어찌 보면 예수님도 억지로 십자가를 지셨다. 그러나 그 억지로 진 십자가로 인해서 우리가 살았고 세상에 구원이 이루어졌다.

신앙생활이 처음부터 다 체질에 맞아서 하는 것은 아니다. 처음에는 억지 같지만 그래도 열심히 하다 보면 하나님이 은혜도 주시고, 감당할 수 있도록 처지와 환경도 허락해 주셔서 후에는 기쁨으로 그 길을 걸어가게 된다. 진정한 기쁨과 참된 자유가 올 때까지 주님이 가신 그 길을 걸어가기를 바란다.

04
금산교회의 조덕삼 이야기

전북 금산 모악산 기슭에 금산교회가 있다. 이 교회는 1905년에 선교사 테이트(Tate)라는 분이 세운 교회다. 이 교회가 세워질 당시에는 남녀칠세부동석이라 해서 남녀가 서로 같이 나란히 앉을 수가 없었다. 그래서 예배당을 ㄱ자로 짓고 한쪽 날개는 남자 석, 다른 한쪽 날개는 여자 석, 목사님은 ㄱ자 모퉁이에 서서 예배를 인도하셨는데, 그것도 여자 석 쪽에는 커튼을 치고 예배를 인도했다. 우리나라에 ㄱ자 교회들이 있지만 원형이 보존되어 문화재로 지정된 곳은 이 교회뿐이다.

이 교회에 조덕삼이라는 사람이 있었다. 이분은 그 일대에서 가장 큰 부자였고, 대대로 유교를 믿었던 보수적인 가문이었다. 그런데 이 사람에게 테이트 선교사가 복음을 전했고, 그가 예수님을 영접함으로 그의 사랑채에서부터 시작된 교회가 바로 금산교회이다.

이 조덕삼의 마부(馬夫)로 일하던 사람이 경상남도 남해 사람인 이자익이라는 청년이었다. 그는 3살 때 아버지를 잃고, 6살 때 어머니마저 잃은 고아였다. 먹을 것이 없어서 곡창지대라는 전라도 김제까지 왔다가 조덕삼의 집에서 마부로 일을 하게 되었다. 그리고 주인 조덕삼을 따라서 금산교회에서 신앙생활을 시작했다.

　　이 교회가 성장해서 교인이 100명쯤 되었을 때 장로님 한 분을 피택했다고 한다. 장로 후보에 조덕삼과 그의 마부 이자익이 함께 올라오게 되었는데, 투표를 마치고 개표를 해 보니까 놀랍게도 주인 조덕삼은 떨어지고, 그의 마부 이자익이 장로로 피택되었다. 양반과 상놈을 따지던 시대에 이런 일이 일어났다는 것은 천지가 개벽할 일이었다. 그러나 조덕삼은 이 교회의 결정을 하나님의 뜻으로 받아들이고 교인들에게 "나는 이자익 장로님을 받들어서 교회를 더욱 잘 섬기겠다"고 고백했다. 그래서 집에서는 주인과 마부로, 교회에서는 평신도와 장로님으로 두 사람 모두 열심히 자기 직분을 잘 감당했다.

　　후에 조덕삼도 장로가 되었지만 선임 장로인 이자익을 잘 받들었고, 이 교회에서는 이자익을 평양신학교에 보내 공부를 시켜 목사가 되게 했다. 이렇게 해서 목사가 된 이자익은 금산교회에서 목회하면서 대한예수교장로회 총회장을 세 번씩이나 역임한 한국 교회사에 전무후무한 사람이 되었다.

　　필자는 금산교회를 방문해서 그 교회 목사님으로부터 이 이야기를 들으면서 정말 큰 감명을 받았다. 그리스도의 복음 아래서 우리

안에 있었던 장벽들이 여지없이 무너져내린 생생한 증언이었기 때문이었다. 주인과 종이라는 수백 년 동안 지배했던 계층의 벽이 그리스도의 복음 아래서 일순간에 완전히 극복되었고, 영남 사람이 호남 지역에 와서 장로가 되고, 목사가 되고, 총회장도 세 번씩이나 되었다는 것은 놀라운 일이라 아니 할 수 없었다.

유대인들은 이방인들을 경멸했다. 그들은 하나님이 이방인을 만드신 이유가 지옥의 땔감으로 쓰시기 위함이라고까지 말한다. 이방인을 개[犬]로 취급했고, 이방인에게 자기 딸을 시집 보내는 사람은 돼지에게 준 것으로 간주했다. 심지어 이방인의 집에 들어가서 그와 함께 음식을 먹는 것조차 율법을 범하는 큰 죄로 간주했다.

율법에는 남자와 여자의 벽도 분명했다. 여자들은 아무리 많아도 사람의 수에 들어가지 않았다. 성전에도 유대인 남자가 들어갈 수 있는 영역과 유대인 여자들이 들어갈 수 있는 영역이 분명히 구분되어 있었다. 이스라엘의 모든 제도와 법은 남성 위주로 되어 있는 가부장적인 사회였다.

이런 폐쇄적인 사회에 그리스도의 복음이 들어가면서 모든 장벽이 무너지기 시작했다.

"너희는 유대인이나 헬라인이나 종이나 자유인이나 남자나 여자나 다 그리스도 예수 안에서 하나이니라"(갈 3:28).

마치 베를린의 장벽이 무너졌듯이 그리스도의 복음이 모든 차별과 갈등의 벽을 무너뜨리기 시작했다.

복음 안에서 모든 장벽이 무너지고 서로 손에 손을 잡고 아름다운 세상을 만들어가는 것이 오늘 우리 그리스도인들에게 주신 하나님의 꿈이요, 사명임을 기억하고 금산교회에서 있었던 진정한 기적이 조국 교회와 분단의 아픔을 겪고 있는 한반도에 다시 재현되기를 소망한다.

05
다비다 할머니가 애써 찬양 단복을 만드는 이유

얼마 전에 아내와 함께 옷 수선 집에 갔다가 거기서 만난 할머니 이야기를 하려고 한다. 이 할머니는 평생 동안 옷을 수선하면서 소박하게 살아오신 분으로 시드니에 있는 어떤 교회에 출석하시는 분이었다. 옷 수선을 부탁하면서 가급적 빨리 해 달라고 했더니 이 할머니께서 지금 급히 하고 있는 일이 있다면서 자기가 만들고 있는 옷을 보여주며 이런 이야기를 해 주셨다.

이분이 출석하시는 교회에서 찬양팀이 예배시간에 찬양을 인도하는데, 찬양 팀원 중에 젊은 자매들이 노출이 조금 심한 옷을 입었는가 보다. 예배를 마치고 나서 이 일로 인해 교회에서 문제가 되었다. 많은 교인들이 "교회에서 그것도 강단에서 찬양을 인도하는 사람이 그렇게 입고 사람들 앞에 나설 수 있느냐?"며 수군거리며 혀를 차고 있었다.

이 할머니가 지나가다 우연히 이 이야기를 듣게 되었다. 이런 이야기가 어린 학생들의 귀에 들어가게 되면 나름대로 열심히 봉사한다고 하는데 얼마나 상처를 받게 될 것인가를 생각하니까 할머니의 마음이 많이 아팠다.

할머니는 이 문제로 기도하다가 자기가 전에 양장도 했고 옷도 만들 수 있으니까 찬양팀이 다같이 입을 수 있는 단복을 만들어서 입히면 되겠다는 생각이 번뜩 떠올랐다. 그래서 집에 돌아오자마자 일을 시작해서 벌써 여러 벌을 만들었고, 앞으로 주일날까지 몇 벌을 더 만들어야 한다고 했다.

나는 할머니가 보여주는 그 옷들을 바라보면서 그 옛날 욥바의 다비다를 만난 것 같은 기쁨을 느꼈다. 이 옷들이 찬양 팀원들에게 입혀지고, 이 옷을 입고 사람들 앞에 서서 하나님을 찬양할 때 교인들이 얼마나 은혜를 받고, 또 하나님이 얼마나 기뻐하실까?

'이 옷을 왜 갑자기 지어왔는지?' 그리고 '급히 만들기 위해서 할머니가 침침한 눈으로 얼마나 오랜 시간 수고했는지?' 이 모든 사연을 일일이 다 말하지 않는다 할지라도 교인들과 찬양팀을 향한 할머니의 사랑과 주님을 향한 그 순수한 열정이 마음과 마음으로 전해지리라고 믿어졌다.

나는 집으로 돌아오는 길에 마음이 너무 훈훈했다. 이런 할머니가 많으면 세상이 점점 밝아지겠다는 생각이 들었다. '이러니 저러니' 하면서 말하는 사람들은 많다. 그들이 하는 말은 다 옳다. 그러나 비록 문제를 정확하게 지적하였다고 해도 그 많은 말들이 사실 그 문제를 해결하는 것은 아니다. 그저 말만 할 뿐이지 이 할머니처럼 자기가 수고해서 누구의 마음도 상하게 하지 않고 문제를 해결하려고 땀을 흘리는 사람은 적다.

"성이 무너졌다"고 외치기는 쉽다. 그러나 느헤미야처럼 무너진 성을 재건하기 위해서 자기의 삶을 드리기는 쉽지 않다. 언제나 역사는 입술로 외치는 사람들에 의해서 쓰여지는 것이 아니다. 소리 없이 수고의 땀을 흘렸던 이 할머니와 같은 사람들에 의해서 교회는 회복되었고 역사는 발전되어왔다.

잘 알려진 이야기지만, 어떤 회사 입사 시험에 응시자의 가치관을 알아보기 위한 문제가 출제되었다고 한다.

"당신은 거센 폭풍우가 몰아치는 밤길에 운전을 하고 있습니다. 마침 버스 정류장을 지나치는데, 그곳에는 세 사람이 버스를 기다리고 있었습니다. 병으로 죽어가고 있는 할머니, 전에 당신의 생명을 구해 준 의사, 당신이 꿈에도 그리던 이상형의 사람, 그러나 지금 당신 차에는 단 한 명만을 태울 좌석밖에 없습니다. 당신은 세 사람 중에 누구를 태우겠습니까? 선택하시고, 그 이유를 설명하십시오."

참 재미있는 문제인데, 독자 같으면 누구를 택하겠는가?

첫째, 생명이 무엇보다 가장 중요하니까 죽어가는 할머니를 태워 목숨을 우선 구할 수도 있을 것이다. 둘째, 의사를 태워서 자기가 받은 은혜를 갚을 수도 있을 것이다. 셋째, 이 기회가 지나고 나면 이상

형을 다시는 만나지 못할 수도 있기 때문에 그 사람을 태워서 행복한 결혼을 할 수 있을 것이다. 이 회사 응시자 200명 중에서 그 많은 경쟁자들을 제치고 최종적으로 합격한 사람의 답이 무엇이었을까?

그 답은 "내가 차에서 내려 의사 선생님께 자동차 키를 드리면서 할머니를 모시고 병원으로 가서 치료해 드리라고 부탁하고, 나는 이상형의 사람과 함께 비를 맞으며 버스를 기다리겠다"였다고 한다.

자기가 차에서 내리겠다는 생각을 하지 못하니까 답이 없다. 자기가 내려서 비를 맞겠다는 생각을 하면 모든 일이 다 풀리게 되어 있다. 어쩌면 세상의 모든 문제는 내가 희생하겠다는 생각을 하지 않기 때문에 해답을 찾지 못하고 있는 것이 아닐까? 자신의 당연한 권리를 스스로 포기할 때 사실은 우리 모두가 함께 더 많은 것을, 그 풍성함을 누리게 될 것이다.

06
숫자놀음의 희생양

오늘 우리 시대는 숫자가 엄청난 위력을 발하는 시대라고 할 수 있다. 우리 시대는 모든 것이 다 숫자로 표기된다. 모든 상품에 붙어 있는 바코드도 숫자이고, 컴퓨터의 모든 프로그램이 0과 1, 즉 2진법 수로 되어 있고, 사람도 다 숫자로 표기가 된다. 죄수들이 감옥에 갇히면 이름 대신 죄수번호로 통하고, 우리나라에서는 주민등록번호가 그 사람을 대신한다. 사람들이 우려하는 것처럼 앞으로 만일 베리칩을 사람 몸에 삽입하게 된다면 베리칩 속에 내장되어 있는 18자리 숫자가 결국 그 사람의 모든 것을 지배하게 될 것이다.

이와 같이 숫자의 위력이 커지다 보니까 사람들이 숫자놀음에 빠지게 된다. 일반적으로 숫자가 크면 성공한 사람이고, 작으면 실패자다. 그래서 많은 사람들이 자기를 크게 보이기 위해서 숫자를 부풀린다. 교회도 예외가 아니다. 우리나라 교회에서 보고하는 교인 수를 다 합치면 우리나라 국민 수보다 더 많다는 말이 있을 정도다.

요한복음 6장에는 오병이어 사건이 나온다. 그 이전에 무슨 일이 있었는가? 2장에서는 예수님이 물로 포도주를 만드신 사건, 4장에서는 고관의 아들이 죽기 직전에 치유받은 사건, 5장에서는 38년 된 병자가 고침 받았고, 그리고 6장에서 오병이어 사건이 이어진다. 거기 있던 사람들은 남자만 5,000명이었다고 한다. 그렇다면 여자와 어린 아이 그리고 노인들을 다 포함하면 최소한 만 명은 훨씬 넘었을 것이다. 이날 왜 이렇게 많은 사람들이 모였겠는가? 그동안 예수님이 행하셨던 기적 때문이다. 그날도 예수님이 또 어떤 능력을 행하실 것을 기대하면서 많은 사람들이 벳새다 들녘에 모여들었다.

예수님은 빌립에게 "우리가 어디서 떡을 사서 이 사람들을 먹이겠느냐?"고 물으셨다. 빌립은 "200데나리온 가지고도 부족하리이다"라고 대답했다. 빌립은 늘 숫자로 모든 문제를 풀이하려던 사람이다. 그는 200데나리온도 당장 없거니와 혹시 있다고 하더라도 어디 가서 이 많은 사람들이 먹을 양식을 당장에 사올 수 있겠느냐며 하늘이 두 쪽이 나더라도 해결할 수 없는 문제라고 자신있게 대답했다.

오병이어 사건은 유난히 숫자가 많이 나온다. 보리떡 다섯 개, 물고기 두 마리, 5,000명, 남은 열두 광주리, 12제자, 200데나리온……. 그런데 세상에는 숫자로 풀이할 수 없는 일이 사실상 훨씬 더 많다.

예수님이 오병이어를 들고 기도하셨다. 기도를 마치는 순간에 '뻥' 하면서 그것이 5,000명이 먹고도 남을 떡덩이가 되었는가? 만일 그랬다면 아마 예수님은 그 음식더미에 깔려 돌아가셨을 것이다. 여전히 보리떡 다섯 개와 물고기 두 마리였다.

　필자는 가만히 생각해 보았다. 제자들은 12명이고, 보리떡 다섯 개와 물고기 두 마리니까 보리떡 다섯 개를 반씩 쪼개서 열 제자에게 나누어 주고, 물고기 두 마리는 한 마리씩 제자 둘에게 주셨을 것이다. 그러니까 어떤 제자는 보리떡 반쪽을 받았고, 또 어떤 제자는 물고기 한 마리를 받았다. 이렇게 나누어 주시고는 제자들에게 사람들을 50명씩 100명씩 무리지어 앉게 한 후에 나누어 주라고 하셨다.

　속된 표현이지만, 보리떡 반쪽을 누구 코에 붙이겠는가? 내가 대표로 먹겠다고 홀딱 먹어버렸다면 오병이어의 기적은 역사상 없었다. 숫자로는 도저히 계산이 나오지 않는 문제였지만, 말씀에 순종하며 나아갔던 제자들의 손에서 오병이어의 기적이 일어났다.

　왜 사람들은 숫자에 집착할까? 숫자는 눈에 보이고, 계산하면 딱 떨어지고 확실하기 때문이다. 그래서 사람들은 가장 확실한 것은 숫자뿐이라고 생각한다. 그러나 이것이 우리가 빠지기 쉬운 함정이다. 하나님은 숫자에 갇혀 계시는 분이 아니다.

　숫자가 지배하는 이 시대에 우리는 기드온의 이야기를 깊이 묵상할 필요가 있다. 사람들은 이스라엘의 군인 수가 상대에 비해서 너무 적다고 두려워서 아우성인데, 하나님은 오히려 너무 많다고 하셨다. 하나님의 눈에 많고 적음은 그야말로 단지 숫자 차이 이상 아무것도 아니었다. 하나님은 얼마든지 300명으로 미디안의 군사 135,000명을 물리칠 수 있었다. 숫자를 초월해서 얼마든지 놀라운 일을 행하시는 주님의 권능을 믿어라. 이것이 첨단 과학시대를 사는 성도들에게 꼭 필요한 양식이다.

07
스프링벅의 슬픈 이야기

아프리카 남부 시테프 평원에 스프링벅(springbuck)이라는 사슴이 있다. 체중은 35kg, 신장은 1.5m 정도라고 하니까 작지 않은 사슴과에 속한다. 이 스프링벅은 대단히 기묘한 습성을 가지고 있다고 한다. 가끔 시테프 평원에서 이 사슴들이 대이동을 하는데, 처음에는 자기 발 밑에 있는 풀을 뜯어 먹으면서 서서히 움직이지만 어느 순간부터는 매우 빠른 속도로 무리지어 달리기 시작한다. 누가 먼저 그랬는지는 알 수 없지만 앞에 있는 것들은 뒤에서 밀어붙이니까 밟히지 않기 위해서 뛸 수밖에 없고, 뒤에 있는 것들은 뒤처지지 않으려고 따라붙다 보니 속도가 점점 빨라지게 된다.

이렇게 큰 무리를 이루어 질주하다가 절벽 같은 것이 나오면 멈추어 서야 하는데 불행하게도 멈출 수가 없다. 왜냐하면 뒤에서 밀어붙이는 힘이 너무 크기 때문이다. 그래서 수백 마리의 스프링벅이 연쇄적으로 계곡에 떨어져 죽는 사고가 종종 발생한다고 한다.

　이 이야기는 거대한 도시에서 살고 있는 오늘 우리의 모습을 보여주고 있다는 생각이 든다. 세월이 정말 화살같이 지나가고 있다. 떠밀려서 뛰었는지, 따라잡기 위해서 그랬는지 자기 자신도 알 수 없다. 어디로 가고 있는지, 그 끝에는 무엇이 있는지 알지도 못한 채 그냥 뛰었다. 남들이 뛰니까 나도 같이 뛰었다. 생명을 위협하는 낭떠러지가 나오면 당연히 속도를 줄이고 멈추어 서야 하지만, 나 혼자만 멈추어 설 수가 없다는 것이 오늘 우리 시대의 비극이다. 그래서 어떤 이는 도시에 사는 현대인을 액셀레이터는 있지만 브레이크가 고장난 자동차와 같다고 했다.

　필자는 잠시 세계의 중심이라 할 수 있는 뉴욕의 맨해튼에 다녀왔다. 한때 미국이 잘 나가던 시절에 그들은 바벨탑을 쌓아올리듯 앞다투어 세계에서 가장 높은 빌딩을 지어갔다. 하늘을 찌르는 듯한 고층빌딩, 바둑판의 선처럼 좁은 도로에 홍수처럼 떠밀려가는 자동차의 물결, 여기저기서 울려대는 경적소리, 지나가는 관광객들을 붙잡고 호객하는 흑인 상인들, 밤낮을 구분하지 않고 현란하게 번쩍거리는 네온사인, 그리고 인종 전시장을 방불케 하는 전 세계에서 몰려와 거리를 가득 메운 사람들……. 맨해튼에서는 자기라는 존재를 고집할 수 없다. 그저 거기 있는 사람들과 함께 스프링벅처럼 흘러가야 했다.

　어떤 대중가요 가수가 "내 인생은 나의 것"이라고 노래를 했다. 그러나 우리는 나의 생애를 살아온 것이 아니라 도시라고 하는 거대한 기계의 한 부속품처럼 살고 있지 않은가?

삶과 죽음이 한 뼘 차이라는 말이 실감 나는 시대이다. 며칠 전에 나와 함께 음식을 먹고, 신바람이 나서 이야기하던 친구들이 갑자기 하나님의 부름을 받았다. 죽음이라는 뜻의 사(死) 자를 가만히 들여다보면, 어느 날[一] 석양[夕]에 비수[匕]같이 날아드는 것이 죽음이다. 이것이 우리의 인생이라면 왔다가 가는 무슨 흔적이라도 남겨야 하지 않겠는가?

부활하신 예수님의 손과 옆구리에는 못자국과 창을 받으신 흔적이 그대로 남아 있었다. 이것이 우리를 구원하신 사랑의 징표였다. 사도 바울은 내 몸에 예수 그리스도의 흔적이 있다고 했다. 복음을 전하는 과정에서 채찍에 맞은 상처들을 말할 것이다.

어느 날 주님이 우리를 부르실 때 주님 앞에 보여드릴 무슨 흔적을 가지고 있는가? 정신없이, 하여튼 열심히 산다고 살았는데 주님 앞에 보여드릴 것이 무엇인가? 평생을 무엇을 위해 살았다고 주님 앞에 고백하겠는가? 열매가 있고 없고를 떠나서 인생을 사는 목적이 무엇인가?

어떤 사람이 '나는 화살을 쏘면 백발백중할 수 있다'고 장담했다. 어떻게 그럴 수 있느냐고 하니까 먼저 화살을 벽에 쏘고 그 후에 가서 꼽힌 화살을 중심으로 과녁을 그리면 된다고 했다. 만화 같은 이야기다. 그런데 실제로 인생을 그렇게 사는 사람이 적잖이 있다. 되는 대로 살다가 후에 가서 자기 편할 대로 인생의 과녁을 그려넣으며 자신을 합리화하는 사람들이다.

　하루를 살더라도, 한 걸음을 내딛더라도 분명한 목적의식이 있어야 한다. 당신은 그때 왜 그렇게 했느냐고 물으면 대답할 말이 있어야 한다. 사람들이 뛴다고 나도 같이 뛴다면 얼마나 무책임한 사람인가? 아무리 사람들이 다 저리로 간다 하더라도 나는 이리로 가야 할 분명한 이유가 있다면 그 길을 고집스레 가야 한다. 외롭더라도 힘들더라도 왕따를 당하는 한이 있어도…….

08
칠면조 시대

　구약성경에 나오는 교회에 대한 대표적인 이미지 가운데 하나가 도피성이다. 도피성은 부지중에 죄를 지은 사람들이 이 성에 살면서 자기 생명을 구할 수 있는 곳이다. 그러니까 도피성에 사는 사람은 너 나 할 것 없이 다 죄인이다. 죄인이 아니라면 도피성에 살 이유가 없다. 그의 현재 주소지가 도피성이라는 것은 그가 죄인이라는 것을 객관적으로 증명하는 것이다.
　한번 상상해 보자. 어느 날 도피성에 사는 사람들끼리 서로 둘러앉아서 서로의 죄를 고발하며 정죄하고 있다면 얼마나 우스운 꼴인가? 다 같은 죄인이 누가 누구를 정죄할 수 있겠는가? 예수님께서 "너희 중에 죄 없는 사람이 먼저 돌로 치라" 하신 것처럼 다른 사람을 정죄하려면 먼저 자기 자신이 깨끗해야 하는데, 자기도 도피성에 살고 있으면서 누구를 정죄할 수 있겠는가?

교회는 도피성과 같이 자기가 죄인임을 고백하고 인정한 사람들의 모임이다. 이와 같이 교회를 죄인들의 공동체라 고백한다면 최소한 다른 사람을 정죄할 수는 없다. 우리는 다른 사람을 정죄할 만한 신분도 아니고 그렇게 의로운 사람도 아니다.

그런데 실상은 어떤가? 교회는 그 어느 곳보다 세상을 정죄하고, 다른 사람을 정죄하고 있다. 상대적으로 그들보다 조금 도덕적으로 바르게 살고 있다는 자기 의(義) 때문이다. 예수님이 가장 싫어하셨던 바리새인들처럼 자기는 일주일에 두 번씩 금식을 하고 소득의 십일조를 바치는데, 이방인들은 이런 것을 하지 않는다고 그들을 정죄한다. 기도와 구제와 금식은 유대인의 3대 의무였다. 이것은 오늘날 우리 그리스도인들도 마땅히 감당해야 할 거룩한 의무이다. 그러나 자기가 이런 것을 한다고 해서 하지 못하는 사람들을 정죄하는 것이 바로 바리새인들의 저주받은 의(義)다.

교회 안팎에서 "목사라는 사람이 그럴 수 있어?", "집사라는 사람이 그래?" 이런 말을 흔히 듣게 된다. 교인이라고 조금은 다를 줄 알았는데 그 기대치에 못 미쳤을 때 흔히 하는 말이다. 그러나 자기가 죄인이라는 사실을 진지하게 고민한 사람이라면 "목사도 사람이니까 얼마든지 그럴 수 있어!"라고 말할 수 있어야 한다.

고린도전서 13장에서 사랑의 특성을 말하면서 "사랑은 모든 것을 참으며"라고 했는데, 여기서 '참다'라는 말은 헬라어로 '스테고'(stego)이다. 이 말의 본뜻은 '~으로 덮어준다'이다. 하나님은 우리의 죄와 허물을 예수님의 보혈로 덮어주시는 분이다. 그러나 사탄은 우리의 죄를 끊임없이 드러내고 고발한다.

어떤 사람은 우리 시대를 '칠면조 시대'라고 했다. 칠면조와 같은 가금류는 거의 대부분 마찬가지인데 붉은색에 굉장히 예민하다. 그래서 누가 상처가 나서 피를 흘리면 울타리 안에 있는 모든 칠면조들이 그 상처 난 곳을 계속해서 쪼아대 결국은 피를 다 쏟고 죽게 된다. 이런 칠면조의 특성이 교회 안에도 들어와서 또아리를 틀고 있지 않은가? 그래서 어려운 일을 당했을 때 제일 먼저 찾아와서 도움을 청해야 할 곳이 바로 교회인데, 과연 교회가 이들의 도피성이 되어주고 있는가?

09
어느 계명이 크니이까?

히브리어로 된 십계명의 총 글자 수가 613개라고 한다. 그래서 율법학자들이 이 십계명의 글자 수에 맞추어서 구약성경에 나오는 계명을 613가지로 정리했다. 그 중 '~하라'는 적극적인 계명은 248개 항목인데, 이것은 우리 몸의 지체(肢體) 수와 일치하고, '~하지 말라'는 소극적인 계명이 365개 항목인데, 이것은 일 년의 날 수이다.

유대인들은 이것을 613개의 고리로 생각했다. 땅에서부터 천국까지 613개의 고리로 각각 연결되어 있어서 하나를 지키면 사다리처럼 한 칸 붙잡고 올라간다고 생각했다. 그러나 만일 부지중에 그 중 하나라도 어기면 고리가 벌어져서 다 쏟아지고 그동안 지켰던 모든 것이 순식간에 다 무효가 된다고 생각했다. 그래서 유대인들이 율법에 그렇게 집착하는 것이다.

이 성문화된 613개의 율법을 기억하기 쉽게 10가지로 요약한 것이 십계명이다. 그러니까 십계명을 온전히 잘 지키면 결과적으로 613개의 구약의 율법을 다 지키는 셈이 된다. 이것을 다시 미가 선지자가 3가지로 요약을 했다. 구약의 황금률이라는 미가 6장 8절에서 "사람아 주께서 선한 것이 무엇임을 네게 보이셨나니 여호와께서 네게 구하시는 것은 ① 오직 정의를 행하며, ② 인자를 사랑하며, ③ 겸손하게 네 하나님과 함께 행하는 것"이라고 했다. 유대의 율법학자들은 율법을 이렇게 정리하고 이스라엘 백성들에게 가르쳤다.

한번은 율법사가 예수님께 "율법 중에서 어느 계명이 크니이까?"라고 물었다. 이 말은 '우리는 지금까지 이렇게 율법을 정리하여 가르쳐 왔는데 당신 생각은 어떤가?'라는 뜻이다. 이때 예수님께서 구약성경의 대표적인 구절 두 곳을 인용하셨다. 그 첫째는 흔히 쉐마라고 하는 신명기 6장 5절의 "너는 마음을 다하고 뜻을 다하고 힘을 다하여 네 하나님 여호와를 사랑하라"이다. 이 말씀은 유대의 어린아이들이 암송해야 할 첫 번째 성구요, 이것을 메주자라고 하는 함(函)에 넣어 문설주에 붙여놓고 집에 들어갈 때와 밖에 나갈 때 반드시 읽도록 했다.

둘째는 레위기 19장 18절인데, 레위기 19장을 보면 약자들을 위한 특별 보호법이 많이 나온다. 추수 규정, 품삯 규정, 재판 규정 등, 그 끝에 "네 이웃을 네 몸과 같이 사랑하라"고 하셨다. 결국 하나님을 사랑하고 이웃을 사랑하는 것, 이 두 계명이 온 율법과 선지자의 강령(綱領)이라고 하셨다.

그런데 얼핏 보기에는 두 가지인데 사실상은 하나이다. 왜냐하면

"둘째도 그와 같으니"라는 연결구로 첫째와 연결되어 있기 때문이다. 하나님 사랑과 이웃 사랑은 둘이 아니라 하나다.

필자는 오늘 우리 기독교의 문제를, 요한복음 3장 16절은 잘 암송하는데 요한일서 3장 16절은 암송하지 못하는 데 있다고 생각한다. 요한복음 3장 16절은 "하나님이 세상을 이처럼 사랑하사 독생자를 주셨으니 이는 그를 믿는 자마다 멸망하지 않고 영생을 얻게 하려 하심이라"이다. 기독교인이라면 이 구절을 암송하지 못하는 사람이 없다. 그럼 요한일서 3장 16절은 무엇인가?

> "그가 우리를 위하여 목숨을 버리셨으니 우리가 이로써 사랑을 알고 우리도 형제들을 위하여 목숨을 버리는 것이 마땅하니라."

십자가를 통해서 예수님의 사랑을 알게 되었다면 이제 형제를 위하여 목숨을 버리는 것이 마땅한 일이다.

하나님은 영이시기 때문에 우리처럼 몸이 없으신 분이다. 몸이 있다면 맛있는 음식도 만들어 드리고, 고운 옷도 지어 드릴 수 있을 것이다. 그러나 하나님은 몸이 없기 때문에 아무리 하나님을 사랑한다고 해도 주님께 아무것도 해 드릴 수 없다. 그래서 실제로 하나님을 사랑하는 것은 이웃에 대한 사랑으로 표현될 수밖에 없다. 이 사랑은 단순한 휴머니즘이 아니다. 이웃을 향한 우리의 사랑은 그 근본이 하나님에 대한 사랑에서 시작된 것이다. 하나님께 드리는 사랑을 이웃에게 행하는 것이다.

요한일서 4장 21절에서는 "우리가 이 계명을 주께 받았나니 하나님을 사랑하는 자는 또한 그 형제를 사랑할지니라"라고 했다. 하나님을 사랑하는 자는 마땅히 그 형제를 사랑해야 한다.

누가복음 10장에서는 이 이야기 끝에 율법사가 "그럼 우리의 이웃이 누구인가?"라고 질문한 것으로 되어 있다. 이때 예수님이 선한 사마리아인의 비유를 드셨다. 제사장, 레위인, 사마리아 사람이 지나갔는데, 예수님이 율법사에게 "이 세 사람 중에 누가 강도 만난 자의 이웃이 되겠느냐?"라고 다시 물으셨다. 율법사는 "누가 나의 이웃입니까?"라고 물었는데, 예수님은 "누가 이 강도 만난 사람의 이웃이 되겠느냐?"라고 물으셨다. 이 두 질문의 차이를 알겠는가? 율법사는 나를 중심으로 질문했고, 예수님은 강도 만난 사람을 중심으로 누가 이 사람의 이웃인지를 물으셨다.

보통 사람들이 말하는 이웃의 개념은 내가 알고 지내는 사람이든지, 우리 집 가까운 곳에 사는 동네 사람이든지, 같은 교회나 같은 직장에 다니는 교인이나 동료들을 이웃이라 생각하기 쉽다. 언제나 이웃이라는 개념의 중심에 내가 있다. 그러나 예수님은 나의 도움을 필요로 하는 사람을 나의 이웃이라고 하셨다. 나는 전혀 알지 못하는 사람이라 할지라도, 한 번도 만나본 적도 없고, 앞으로 평생 가도 만날 일이 전혀 없는 사람이라도 그가 나의 도움을 필요로 한다면 그는 분명히 내가 부인할 수 없는 나의 이웃이다.

지금도 지구촌 곳곳에서 강도 만난 사람들이 나의 도움을 청하고 있는데 만일 그것을 외면하고 지나간다면 나는 십계명을 비롯한 모든 법을 어긴 사람이 되고 만다.

10 관습(慣習)과 구원(救援) 사이

사도행전 10장에 이방인의 첫 열매라 할 수 있는 고넬료의 집에 성령님이 임하시고, 베드로가 그에게 세례를 베푼 기사가 나온다. 복음이 드디어 유대인의 벽을 넘어 이방인에게까지 확장된 역사적인 사건이다. 얼마나 감격스런 일인가? 예수님께서 "오직 성령이 너희에게 임하시면 너희가 권능을 받고 예루살렘과 온 유대와 사마리아와 땅 끝까지 이르러 내 증인이 되리라"(행 1:8)고 하셨는데, 드디어 땅 끝 선교가 고넬료의 집에서부터 시작되었다. 우리는 이방인으로 그리스도인이 된 사람들이기 때문에 우리의 믿음의 조상은 아브라함이 아니라 고넬료라 해야 옳다. 이런 의미에서 고넬료가 성령을 받고 예수님을 영접한 것은 중요한 의미를 지니는 사건이다.

고넬료의 집에 성령님이 임하시고 그가 세례를 받았다는 소식이 예루살렘 교회에 알려졌다. 이 소식을 전해 들은 예루살렘 교회의 반응이 어떠했을 것 같은가? 이방인에게도 우리가 받은 똑같은 성령이 임했다고 기뻐했을 것 같은가? 당연히 그랬어야 했다. 그런데 정반대로 할례자들이 베드로를 비난하기 시작했다고 한다(행 11:2).

여기서 할례자들은 할례당이라고도 하는데, 유대인으로서 복음을 받아들이고 기독교에 입교한 예루살렘 교회 교인들을 말한다. 이들은 우리가 예수의 복음을 받아들였다 하더라도 혈통적으로 유대인이니까 모세의 율법에 충실하여 당연히 할례도 받아야 하고, 각종 정결례를 비롯한 모든 율법을 준수해야 한다고 생각했다. 예수 믿는 것은 믿는 것이고, 유대인이라면 우리 조상들의 규례와 전통들을 고수해야 한다고 주장했다.

그런데 이 기사를 자세히 읽어보면, 할례자들이 베드로를 비난한 것은 이방인에게 복음을 전하고 세례를 베풀었던 것을 문제 삼은 것이 아니라 베드로가 이방인의 집에 들어가서 그와 함께 음식을 먹은 것을 문제 삼았다(행 11:3). 유대인들은 이방인과 교제(交際)하는 것을 불법으로 간주했다. 그래서 엄격한 유대인들은 이방인의 집에 들어가지도 않았고, 이방인과 같이 음식 먹는 일은 아주 위험한 일로 생각했다. 유대인들은 그들이 먹을 수 있는 음식과 먹을 수 없는 것을 분명하게 구분하고 있다. 그러나 이방인들은 이런 규례를 지키지 않았다.

더 심각한 것은 이방인들의 먹는 음식 중에는 이교도의 신전(神殿)에 바쳐졌던 음식들이 있다. 우리 조상들도 음복(飲福)이라고 해서 제사를 드린 음식을 이웃과 나누어 먹었듯이, 그들도 우상에게 제사하고 그 제사상에 차렸던 음식을 이웃을 초청해서 나누어 먹는 것을 제사의 일부분으로 간주했다. 그러니까 이방인들의 집에 들어가서 그들과 함께 음식을 먹는 것은 이방 신에게 제사하는 것과 결국은 마찬가지이기 때문에 아예 이방인과 같이 음식을 먹는 것 자체를 법으로 금했다. 그런데 베드로가 이 규례를 어기고 이방인의 집에 들어가서 그들과 함께 음식을 먹었다고 하니까 예루살렘 교인들이 베드로를 비난하고 나서게 된 것이다.

실제로 이 사건의 핵심은 이방인의 첫 열매라고 할 수 있는 고넬료가 예수님을 영접하고 세례를 받은 것인데 문제는 엉뚱한 곳에서 불거졌다. 이방인에게 복음을 전하고 세례를 베푼 것이 구원에 관한 문제라면, 그의 집에 들어가서 음식을 먹은 것은 그들의 관습과 생활규범에 관한 문제이다. 예루살렘 교회가 이것을 문제 삼은 것은 누가 구원받고 하나님의 자녀가 되는 것보다 그들이 지켜왔던 관습을 고수하는 것이 더 중요한 문제라고 생각했기 때문이다. 결국 유대교의 전통을 지키고 고수하는 것이 땅 끝까지 이르러 내 증인이 되라 하셨던 주님의 명령보다 더 중요하다고 생각했다.

이 기사에서 우리가 기억해야 할 것은 여기서 할례당은 유대교를 신봉하는 유대교인들이 아니라 이미 예수님을 영접한 그리스도인들이요, 예수님에 대한 경험이 있었던 사람들이라는 점이다. 이들은 복음이 온 세상에 전파되어야 하고, 하나님은 유대인뿐만 아니라 이방인까지도 구원하기를 원하신다는 말씀을 여러 차례 들었던 사람들이다. 그리고 성령 받으면 땅 끝까지 가서 복음을 전해야 된다는 사실도 알았다. 그럼에도 불구하고 막상 고넬료가 구원을 받았다는 소식을 듣자 마치 일어나지 말아야 할 일이 터진 것처럼 화를 내고 따지고 들었다.

이런 어처구니없는 일은 오늘날 현대교회에서도 일어나고 있다. 구원받고 하나님의 자녀가 되는 문제는 생명에 관한 문제요, 천하보다도 소중한 생명을 구원하는 일인데, 전통문제, 관습문제, 사소한 규례문제로 복음 전하는 일을 가로막고 있다면 과연 하나님이 기뻐하시겠는가?

필자가 섬겼던 이민 교회에서 있었던 일이다. 당시 교회 시설이 제대로 갖추어져 있지 못했기 때문에 식당이 교인들의 수에 비해 많이 부족했다. 그러다 보니 자연히 나이든 어르신들은 식당에서 식사를 하실 수 있지만 젊은이들과 어린아이들은 교육관에서 식사를 하기도 하고, 그 자리도 없는 사람들은 대접에 밥을 말아 서서 먹어야 했다. 그나마 날씨가 좋으면 그런 대로 담장에 기대어 먹을 수 있지만 비라도 오면 대책이 없었다.

필자는 교인들이 국밥을 들고 서서 먹는 것을 보고 마음이 너무 아팠다. 제일 좋게는 예배당도 따로 있고, 식당도 따로 있어서 예배 마치고 다같이 식당에 가서 둘러앉아 이야기꽃을 피우면서 식사를 할 수 있다면 얼마나 좋을까? 그러나 만일 그렇게 하려면 아마 식당이 예배당보다 훨씬 커야 할 것이다. 예배당은 의자만 있으면 나란히 앉아 예배할 수 있지만 식당은 식탁과 의자가 있어야 하기 때문에 훨씬 많은 공간이 필요하다.

아이들이 예배드리는 교육관에서 식사를 하는 것은 관례처럼 해 오고 있어도 아무 문제가 되지 않지만 어른들이 예배드리는 대예배실은 마치 성역처럼 점심을 들고 들어오면 안 되는 것으로 되어 있었다. 그러다 비가 오는 날이면 어쩔 수 없이 눈치를 살피며 살금살금 들어와서 밥을 먹는 사람들이 생겨났다.

필자는 이런 광경을 지켜보면서 몇 가지 의문을 갖게 되었다. 아이들이 예배하는 교육관에서 밥 먹는 것은 상관없고, 어른들이 예배하는 대예배실에서는 안 된다는 것도 그렇고, 또 비가 오는 날에는 상관없고 비가 오지 않으면 안 된다는 것도 그렇다. 예배실에서 밥을 먹는 것이 신학적으로 옳지 않은 일이라면 비가 오든지 말든지 차라리 굶는 한이 있어도 먹지 말아야지, 비가 온다고 어쩔 수 없으니까 그때는 양해를 하고 날씨가 좋은 날은 안 된다는 것도 필자는 이해할 수 없었다. 과연 하나님은 무엇을 원하실까?

물론 하나님께 예배하는 곳을 식당처럼 취급해서는 안 된다. 그렇다고 예배당을 거룩하게 구별하기 위해서 성도들을 밥그릇을 든 채 밖으로 쫓아내는 것을 하나님이 과연 기뻐하실까? 예배당을 성역화 하는 것을 과연 예수님이 기뻐하실까? 예배당을 고수하기 위해서 또 엄청난 비용을 들여서 식당을 건축하는 것을 하나님이 과연 원하실까? 혹시 이와 같은 고집과 주장은, 고넬료의 집에 성령님이 임하시고 세례를 받아 새 생명을 얻는 엄청난 사건이 발생했는데 그것은 안중에도 없고, 베드로가 이방인과 함께 음식을 먹었다고 비난하는 할례당과 같은 고집을 반복하는 것은 아닐까?

11
상처를 입은 치유자

스스로 왕이 된 가시나무 왕 아비멜렉(삿 9장)과 사사 입다(삿 10-11장)는 공통점이 많은 사람이다. 두 사람은 똑같이 첩의 자식으로 태어났다. 아비멜렉은 기드온이 세겜 여인에게서 난 첩의 소생이고, 입다는 길르앗이 기생에게서 낳은 아들이었다. 두 사람은 똑같이 정실의 자식들과 갈등을 겪었다. 아비멜렉은 자기 형제 70명을 다 칼로 찔러 죽였고, 입다는 자기 형제들에게 쫓겨났다. 아비멜렉은 자기 어머니의 고향 세겜 땅에서 정권을 탈취했는데, 입다는 쫓겨갔다가 길르앗의 장로들이 그를 찾아가서 정식으로 초빙하여 군대장관이 되었다.

그런데 아비멜렉은 여인이 던진 돌에 맞아 두개골이 깨져 죽었고, 입다는 하나님께서 이스라엘을 구원하는 일에 귀하게 사용하셨는데, 성경에는 '입다를 머리로 삼으셨다'는 말이 반복되고 있다(삿 11:8,

9, 11). 이것은 두개골이 깨져 죽은 아비멜렉과 입다를 의도적으로 대비하기 위함이다.

상처를 자기가 원해서 받는 사람은 아무도 없다. 아비멜렉이나 입다가 첩의 소생으로 태어나고 싶어서 그렇게 태어났겠는가? 상처를 받는 것은 어떻게 보면 자기 의사와 상관없이 운명적으로 주어진 것이다. 그런데 상처를 받았다고 해서 다 아비멜렉과 같이 불행한 인생을 사는 것은 아니다. 입다와 같이 상처를 입은 사람이 오히려 다른 사람을 치료하고 회복하는 일에 얼마든지 쓰임 받을 수도 있다. 그래서 입다에게 붙여진 별명은 상처 입은 치유자이다.

헨리 나우웬(Henri J. Nouwen)이 《상처 입은 치유자》라는 아주 유명한 책을 썼다. 진정한 의미에서 상처 입은 치유자는 누구이겠는가? 예수님이시다. 예수님은 육신의 아버지 요셉이 죽은 후에 청소년 가장으로서 가난과 씨름을 했고, 공생애를 시작하면서 고향 갈릴리 사람들에게 배척을 당하셨으며, 동족인 유대인들에게 배신을 당하셨고, 심지어는 사랑하는 제자들에게도 배신을 당하셨다. 그리고 십자가에서 당하신 육체와 정신적 고통 그리고 영혼의 고통은 더 이상 말할 필요가 없다.

예수님은 당신 자신이 상처를 입은 사람이었기 때문에 상처를 입은 사람들을 치유하신 분이다. 이런 의미에서 예수님의 성육신은 상처 입은 치유자로 살기 위한 사건이었다고 말할 수 있다.

코카콜라나 삼성과 같은 기업이나 미국이나 독일과 같은 나라의 브랜드 값이 보통 사람들의 상상을 초월한다고 한다. 그 이름만 보고 제품을 신뢰하고 상품을 구입한다. 그렇다면 세상에서 최고의 브랜드 가치를 가진 것이 무엇일까? 예수님의 이름이다.

예수의 이름에는 권세가 있다. 예수의 이름 앞에서 모든 더러운 것과 악한 영들이 쫓겨난다. 마귀의 권세를 멸하시고, 모든 저주를 다 해결하신 분이다. 뿐만 아니라 우리에게 새 생명을 주시고, 그의 이름으로 기도하면 확실히 응답하시고, 우리에게 진정한 평안과 기쁨을 주시는 분이다.

그렇기 때문에 누구든지 예수님을 믿고 진정으로 그분을 만나면 입다와 같이 상처 입은 치유자가 될 수 있다. 그러나 예수님을 인격적으로 만나지 못하면 아비멜렉과 같이 상처 입은 파탄자가 되고 말 것이다.

12
수건으로 허리를 동이시고

우리나라 대중가요 중에 사랑을 주제로 한 노래들이 많은데, 대부분 사랑의 기쁨을 말하기보다는 사랑의 슬픔을 노래한 것이 많다. 심지어 어떤 가수는 '사랑은 눈물의 씨앗'이라고 노래하기도 했다. 왜 사랑이 눈물의 씨앗일까? 인간의 사랑은 영원하지 않기 때문이다. 불꽃처럼 타오르던 사랑도 시간이 흐르면서 싸늘하게 식고, 퇴색하고, 나중에는 그것이 미움으로 바뀌어 결국은 눈물을 흘리게 하기 때문이다. 이처럼 인간의 사랑은 영원한 것도 완전한 것도 아니다.

그러나 하나님의 사랑은 영원하다. 요한복음 13장 1절에 "유월절 전에 예수께서 자기가 세상을 떠나 아버지께로 돌아가실 때가 이른 줄 아시고 세상에 있는 자기 사람들을 사랑하시되 끝까지 사랑하시니라"라고 했다. 예수님은 사람들을 사랑하시되 끝까지 사랑하시는 분이다.

요한복음 13장은 세족식(洗足式) 사건에 대한 기사이다. 이 세족식 사건은 예수님이 그의 제자들을 어떻게 사랑하셨는지를 보여주는 가장 생생하고도 감동적인 이야기다.

예수님 당시 팔레스타인은 도로 포장이 잘되어 있지 않아서 비가 오지 않는 건기에는 먼지가 아주 많고, 비가 내리는 우기에는 진흙 길이 되어버린다. 그런데 사람들은 샌들을 신었다. 장화나 구두를 신고 다녀야 진흙이나 먼지로부터 발을 보호할 수 있을 텐데 샌들을 신고 다니니까 발이 진흙과 먼지에 그대로 노출되어버렸다. 그래서 집집마다 문 앞에 물 항아리를 놓고 손님이 제 집에 들어오면 그 집의 종이 물과 수건을 가지고 와서 손님의 더러워진 발을 씻어주는 것이 이 나라의 풍습이다. 그러니까 다른 사람의 발을 씻어주는 것은 종들이 하는 일이다.

예수님의 일행 중에는 종이 없었다. 모르긴 해도 순번제로 돌아가면서 서로의 발을 씻어주었을 것이다. 그런데 왜 이날은 예수님께서 제자들의 발을 씻어주셨을까?

이 사건이 있기 전 요한복음 12장에서는 예수님이 나귀 새끼를 타고 예루살렘 성에 입성하시는 사건이 기록되어 있다. 예수님이 예루살렘에 입성하실 때 많은 사람들이 나와서 종려나무 가지를 흔들면서 "호산나 찬송하리로다 주의 이름으로 오시는 이 곧 이스라엘의 왕이시여"라고 외쳤다. 예수님이 사람들의 환호를 받으면서 예루살렘에 입성하시니까 제자들은 흥분하기 시작했다. 이제 곧 예수님이 왕이 되실 것이라고 생각했다.

병행구절인 누가복음 22장 24절에는 "또 그들 사이에 그 중 누가 크냐 하는 다툼이 난지라"라고 했다. 제자들은 '예수님이 왕이 되시면 우리 중에 누가 더 높은 자리를 차지하게 될 것인가?'라는 생각에 빠져 들떠 있었다. 그들은 당장에 무슨 재상이라도 된 것 같은 착각에 빠져 있었다. 그래서 예수님의 일행이 다락방에 들어왔는데 누구도 물과 수건을 가지고 와서 제자들의 발을 씻으려는 사람이 없었다.

이때 예수님께서 조용히 일어나 겉옷을 벗고 수건으로 허리를 동이고 제자들의 발을 씻어주기 시작하셨다. 성경에 나오는 여러 가지 사건 중에서 가장 숭고하고 엄숙한 사건이다. 하나님의 아들 예수 그리스도께서 그의 사랑하는 제자들의 발을 씻어주셨다. 예수님은 세상에 있는 자기 사람들을 사랑하되 끝까지 사랑하신다고 했는데, 이 사랑이 제자들의 발을 씻는 모습으로 고백되고 있는 현장이다.

사랑 그것은 다르게 말하면 섬김이다. 사랑은 섬김으로 표현될 수밖에 없다. 섬김이 없는 사랑은 거짓말이다. 세상에는 사랑이란 말이 너무나 흔하다. 그런데 사랑의 진정한 모습인 섬김은 찾아보기 쉽지 않다. 홍수가 나면 마실 물이 없는 것처럼 사랑이란 말의 홍수 속에서 우리는 사랑의 진실한 모습을 찾아볼 수 없다. 이것이 오늘 우리 시대의 비극 중의 비극이다.

우리가 다른 사람을 섬기려면 그보다 낮아져야 한다. 스스로 낮아지지 않고 그 앞에 무릎을 꿇지 않고는 그를 섬길 수 없다. 그런데 낮아지는 것은 높아지는 것보다 사실 훨씬 어렵다.

이제는 고인이 되었지만 마더 테레사를 가까이하는 사람마다 그녀의 숭고한 인격에 감동을 받지 않은 사람이 없다. 어느 날 테레사가 한 어린이의 피고름을 만지면서 치료를 하고 있었다. 이 광경을 지켜보고 있던 어떤 사람이 그녀에게 다가가서 이런 질문을 했다.

"수녀님! 당신은 잘사는 사람, 편안하게 살아가는 사람, 그리고 높은 권세 있는 사람들을 바라볼 때에 시기심이 생기지 않습니까? 여기서 이런 삶으로 만족하십니까?"

이때 마더 테레사는 "허리를 굽히고 섬기는 사람에게는 위를 쳐다볼 시간이 없습니다"라고 짧게 대답했다고 한다. 허리를 굽히지 않고는 사랑할 수가 없다. 사랑은 말의 유희가 아니다. 사랑은 수건을 동이고 허리를 굽히는 것으로부터 시작된다.

필자는 신학대학원을 졸업하고 영락교회 기도원에서 오랫동안 기도원 목사로 사역을 했다. 이제 와서 하는 고백이지만 나는 소위 말하는 기도원파가 아니다. 이 산 저 산 돌아다니면서 산기도를 하던 사람이 아니다. 그런데 어느 날 보니까 내가 기도원에서 말씀을 전하고 기도회를 인도하고 있는 기도원 목사가 되어 있었다. 신학대학 교수가 되고 싶어서 신학대학에 들어갔던 사람이 기도원 목사가 되었으니 하나님의 섭리라고밖에 어떻게 설명할 수 있겠는가?

30대 초반의 젊은 나이에 400-500명이 모이는 큰 집회를 한 주간에 열 번씩 인도하고, 다양한 영적 체험을 가진 성도들을 만나 상담하는 것이 나에게는 큰 부담이 아닐 수 없었다. 사람들은 내가 기도원 목사라고 하니까 그 직함만 보고 무슨 신비한 능력이 많으리라고 생각했다. 방언은 기본이고, 손을 얹고 기도하면 각종 질병이 떠나가고, 더러운 귀신을 쫓아내는 축사(逐邪)와 같은 놀라운 은사들이 있으리라고 생각했다.

그런데 나는 사실 아직 방언도 못 하는 사람이다. 어떤 기도원에서는 개도 방언한다는 농담을 하던데, 나는 기도원에서 만 7년이나 사역을 했지만 아직도 방언을 못 한다. 그래서 한때는 방언의 은사를 달라고 기도를 열심히 했다. 작정기도를 여러 번 했지만 소용이 없었다. 소문을 들으니까 방언학교가 있다는데 다급한 마음에 아무도 모르게 거기라도 가서 배울까 생각도 해 보았지만 내 마음이 전혀 허락지를 않았다.

방언을 못 하면 신유의 은사라도 있어야 기도원 목사 노릇을 할 수 있는 것 아니겠는가? 앉은뱅이가 벌떡 일어나고, 소경의 눈이 열리고, 귀머거리의 귀와 입이 열리는 일들이 매일은 아니어도 가끔은 있어야 신령하다고 사람들이 몰려들지 않겠는가?

그런데 내 기억으로 앉은뱅이는 7년 동안 아예 한 명도 오지 않았던 것 같고, 기도원 근처에 맹인학교가 있어서 이분들이 단체로 검은 안경을 끼고 와서 특송을 종종 하셨는데, 내려갈 때는 지팡이를 던져 버리고 갔다는 사람이 하나도 없었다. 귀신들린 사람들을 데리고 와서 기도해 달라고 했다. 신비한 일들을 경험하고 이것이 성령으로 말미혹음인지 아니면 미혹케 하는 영의 역사인지 분별해 달라고 했다. 병원에서도 어쩔 수 없다는 사람들을 데리고 와서 고쳐달라고 애원했다.

필자는 날마다 이런 사람들을 만나야 했다. 그러니 신유의 은사, 축사의 은사, 예언의 은사, 심지어는 방언도 못 하는 사람이 기도원 목사라고 자리를 지키고 있는 것이 나에게는 큰 부담일 수밖에 없었다. 그래서 나는 새벽마다 놀라운 권능을 달라고 부르짖었다. 정성이 부족해서 그런 줄 알고 시간을 작정하고 기도도 했고, 아침 금식을 하면서 40일 작정기도도 여러 번 했다. 아니 7년 동안 나는 아침을 먹어 본 기억이 거의 없다.

분명히 내 사역 초반의 기도제목은 오직 능력 충만이었다. 말씀을 맡은 자로서 예언의 은사를 주시고, 각종 은사들을 주셔서 크게 쓰임받는 종이 되게 하여 주시기를 위해 기도했다. 이것이 매일같이 부르짖는 나의 기도였다.

당시에 추양(秋陽) 한경직 목사님이 생존해 계셨다. 그리고 이분이 영락교회에서 목회하실 때 설교를 준비하고 기도하셨던 숲속의 작은 집을 필자가 사무실로 사용하고 있었다. 목사님께서 옛날에 말씀 묵상하시던 자리, 기도하시던 자리가 그리워질 때마다 갑자기 기도원에 오셨다. 그러면 필자가 하루종일 이분을 가까이서 모시는 영광을 누렸다. 목사님이 방에 들어가 기도하고 계시면 나는 그 문간에 앉아서 목사님의 기도 소리를 듣고 있었다. 워낙 연세가 많으시고 기력이 쇠하신 분이니까 혹시라도 기도하시다가 어떻게 되실까 염려가 되었기 때문이다. 그때 나는 엘리 제사장을 곁에서 섬겼던 어린 사무엘이 된 것 같은 기쁨이 있었다.

목사님과 함께 시간을 종종 보내면서, 목사님께서 한 사람 한 사람을 주목하여 보시던 그 진지한 눈빛 속에서 나는 그분의 깊은 영성에 매료되기 시작했다. 이분의 그 깊은 영성이 어디에서 왔을까? 나는 목회를 시작하는 사람으로 그 비밀을 알고 싶었다. 그러다가 이런 일이 있었다. 새해 초가 되어서 목사님께 세배드리려고 남한산성의 사택에 올라갔다. 그날 목사님은 상태가 몹시 좋지 않으셨다. 그럼에도 불구하고 "이 목사님이 오셨으니 예배를 드려 달라" 하시기에 예배를 드리고 세배를 올렸다.

목사님은 허름한 소파에 앉아계셨는데, 내가 세배를 드리고 나니까 손가락으로 당신의 무릎을 가르치며 뭐라고 말씀을 하시는데, 기관지가 약한 데다 호흡 곤란이 심해져서 뭐라 말씀하시는지 나는 알아들을 수가 없었다. 그러자 목사님을 곁에서 모시던 장로님이 설명을 해 주셨는데, "이 목사님이 세배를 하셨는데, 내가 지금 무릎이 아파서 같이 절을 하지 못해 죄송하다"고 하셨다고 했다.

당시 나는 38세 된 그 교회 부목사 중에서도 가장 어린 부목사였고, 목사님은 98세이신 그 교회 원로목사였다. 98세 되신 원로목사님께서 38살짜리 그 교회 부목사에게 맞절을 하지 못해서 죄송하다는 말씀을 하시리라고는 정말 꿈에도 상상치 못했다. 나는 그 순간 묵직

한 망치로 얻어맞은 것 같은 충격을 받았다. 이것이 추양 한경직 목사님의 힘이었다. 사람들이 그를 따르고 존경하는 이유가 바로 여기에 있었다. 그리고 얼마 후부터 내 기도가 달라졌다.

"주여, 신비한 능력 없어도 좋사오니 섬김의 영을 부어주셔서 주님의 백성들을 섬기게 하시옵소서!"

사랑은 낮아짐과 섬김이다. 기독교의 영성은 하나님의 아들 예수 그리스도께서 사람들을 섬기기 위해서 종의 형체를 입고 세상에 오심으로부터 시작되었다(빌 2:5-11). 수건으로 허리를 동이고 제자들의 발을 씻어주셨던 예수님의 영성을 오늘 우리가 회복해야 한다. 이것이 오늘 그리스도인들의 존재양식이 되어야 한다.

예수님 이야기로 가득한 교회

1판 1쇄 인쇄 _ 2017년 2월 10일
1판 1쇄 발행 _ 2017년 2월 15일

지은이 _ 이춘복
펴낸이 _ 이형규
펴낸곳 _ 쿰란출판사

주소 _ 서울특별시 종로구 이화장길6
편집부 _ 745-1007, 745-1301~2, 747-1212, 743-1300
영업부 _ 747-1004, FAX 745-8490
본사평생전화번호 _ 0502-756-1004
홈페이지 _ http://www.qumran.co.kr
E-mail _ qrbooks@gmail.com/qrbooks@daum.net
한글인터넷주소 _ 쿰란, 쿰란출판사
등록 _ 제1-670호(1988.2.27)
책임교열 _ 송은주

ⓒ 이춘복 2017 ISBN 978-89-6562-981-8 03230

책값은 뒤표지에 있습니다.
이 출판물은 저작권법에 의해 보호를 받는 저작물이므로 무단 복제할 수 없습니다.
파본(破本)은 구입처에서 교환해 드립니다.